폭력의 고고학

개정판

Pierre Clastres
Recherches d'anthropologie politique

폭력의 고고학

정치 인류학 연구

피에르 클라스트르 지음
변지현 · 이종영 옮김

울력

폭력의 고고학: 정치 인류학 연구

지은이 | 피에르 클라스트르
옮긴이 | 변지현 · 이종영
펴낸이 | 강동호
펴낸곳 | 도서출판 울력
1판 1쇄 | 2002년 11월 30일
2판 1쇄 | 2021년 3월 5일
등록번호 | 제25100-2002-000004호(2002. 12. 3)
주소 | 서울시 구로구 개봉로23가길 111. 108-402(개봉동)
전화 | (02) 2614-4054
FAX | (0502) 500-4055
E-mail | ulyuck@hanmail.net
값 | 17,000원

ISBN | 979-11-85136-61-5 93380

· 잘못된 책은 바꾸어 드립니다.
· 옮긴이와 협의하여 인지는 생략합니다.

차례

일러두기
1. 이 책은 *Recherches d'anthropologie politique*(Seuil, 1980)을 번역하였다.
2. 이 책은 원서의 체제를 따랐다. 그리고 원서의 이탤릭체는 중고딕 서체로 표시해 강조
   하였다.
3. 원서의 주는 각주로 처리하였고, 옮긴이 주는 '옮긴이'라고 표시하였다.
4. 개정판은 초판의 외래어 표기(특히 스페인어와 포르투갈어 표기)를 중심으로 수정하였다.
   인명과 종족 명 중에서 언어권이 정확하게 확인되지 않는 것은 초판의 표기를 따랐다.
5. 개정판에서는 국립국어원의 표준국어대사전에 표제어로 올라 있는 것은 붙여 쓰고, 그
   렇지 않은 것은 띄어쓰기를 원칙으로 하였다.

제1장
마지막 서클[1]

여행이여 안녕,
야만인들이여 안녕…
— 레비스트로스

"물소리가 들린다! 개울이다."

숲에 가려 아직 강이 보이지는 않았지만, 큰 바위에 부딪히는 물소리가 뚜렷이 들려왔다. 우리는 15분 내지 20분가량 걸어서 카누에 닿았다. 그다지 이른 시각은 아니었다. 얼마 후 나는 깡충거리다가 넘어져 부식토의 진흙 속에 코를 박았다. 그 부식토는 햇빛이 아무리 비춰도 마르지 않을 것 같았다…. 아마존의 숲을 여행한다는 것은 보통 일이 아니다.

내가 자크 리조(Jacques Lizot)와 함께 베네수엘라 최남단을 거쳐 현지에서는 와이카(Waika)라는 이름으로 알려져 있는 야노마미(Yanomami) 인디언 부족의 땅을 여행한 지 이제 거의 두 달이 되어 간다. 그들의 영토는 남아메리카에서 사람들의 발길이 닿지 않은 마지막 지대이다. 베네수엘라 쪽과 동시에 브라질 쪽에서도 막다른 곳인 이곳의 아마존 지

---

1. *Les Temps Modernes*, n° 298, 1971년 5월호, 1917-1940쪽에 실렸다.

대는 현재까지도 사람들의 발길을 가로막는 자연적인 장애물로 둘러싸여 있다. 끊임없이 펼쳐지는 숲, 근원으로 다가감에 따라 항해가 불가능해지는 강, 질병과 말라리아를 비롯한 모든 것으로부터 멀리 떨어진 거리는 이곳을 접근하기 어려운 곳으로 만들었다. 이러한 모든 점은 식민지 행정가들에게는 매력적이지 않지만, 남아메리카는 물론 세계에서도 최후의 자유로운 원시사회라 할 수 있는 야노마미족에게는 매우 유리한 요소가 된다. 정치가나 기업가, 경제인 들은 4세기 전의 스페인 정복자들처럼 상상력을 발동시켜 이 미지의 지역에 새로운 멋진 엘도라도가 있어서 석유, 다이아몬드, 희귀 광물 등 모든 것을 발견할 수 있으리라고 생각했다. 그때까지 야노마미족은 그들 영토의 배타적 지배자로 머물 수 있었다. 실제로 그들 중 많은 숫자가 과거와 마찬가지로 백인을 본 적이 없었고, 20년 전까지만 해도 나베(*Nabe*, 백인)의 존재조차 아는 사람이 거의 없었다. 민족학자에게는 대단한 보고(寶庫)인 셈이다. 리조는 이 인디언들을 연구하는데, 그는 이미 2년간 계속해서 그들과 함께 생활을 하였고, 그들의 언어를 매우 잘 구사한다. 그는 이제 다시 한 번 더 그곳에 체류하려 한다. 나는 몇 달간 그와 함께 그곳에서 지낼 예정이다.

우리는 카라카스에서 물건을 구입하면서 11월의 첫 보름간을 소비했다. 우리가 산 물건들은 카누에 매달 모터, 총, 식량, 전투용 칼, 도끼, 수 킬로미터에 달하는 낚시용 나일론 끈, 크기가 서로 다른 수천 개의 낚싯바늘, 여러 개의 성냥갑 상자, 열 개의 재봉실 실패(화살에 깃털을 달기 위하여 사용된다), 남자들이 짧은 치마(파뉴)를 만들 때 사용하는 붉은 천 등이다. 우리는 검은색, 흰색, 붉은색, 푸른색의 아주 작은 구슬 십여 킬로그램을 파리에서 가져왔다. 내가 그 많은 양을 보고 놀라자 리조는 짧게 대답했다. "거기 가서 보면 알게 될 거야. 생각보다 훨씬 빨리 없어진다고." 사실 야노마미족은 대단히 소비를 많이 하는 사람들이어서 환영을 받기 위해서가 아니라 단순히 받아들여지기 위해서도 이렇게 준비를 해야 한다.

작은 군용 쌍발기가 우리를 실어다 주었다. 비행사는 무게가 너무 많이 나가는 우리의 짐을 모두 실어 주려 하지 않았다. 그래서 우리는 식량을 포기했다. 우리는 이제 식량을 인디언에게 의존하며 살아갈 수밖에 없다. 우리는 네 시간 동안 비행하여 사바나 지대를 거치고 아마존의 거대한 정글 입구를 지나 남쪽으로 1,200km 떨어진 곳에 있는 활주로에 착륙했다. 그 활주로는 10년 전 살레지오 선교회의 선교사들이 오카모(Ocamo)강과 오리노코(Orénoque)강의 합류 지점에 만든 것이다. 우리는 잠시 휴식을 취한 뒤, 예언자처럼 수염을 기른, 쾌활하고 호감이 가는 뚱뚱한 이탈리아인 선교사와 작별을 했다. 카누에 모터를 붙이고 출발하여, 4시간 동안 상류로 거슬러 올라갔다.

오리노코강을 칭송해야만 할까? 이 강은 그럴 가치가 있다. 이 강은 근원에 가까운 곳에서도 젊은이 같지 않고 굽이굽이마다 힘을 들이는, 참을성이 많은 늙은 강이다. 델타에서 수천 킬로미터 떨어진 곳에서도 강은 여전히 매우 넓다. 모터의 소음과 선체 아래로 흘러가는 물만 없다면 마치 멈추어 있는 것처럼 여겨질 것이다. 경치랄 것도 없이 모든 것이 비슷하고, 모든 장소가 다음 장소와 동일했다. 물, 하늘, 강의 양쪽 둔덕, 무한히 뻗어 있는 거대한 숲의 선… 우리는 배 안에서 이 모든 것을 바라보았다. 커다란 흰 새들이 나무에서 날아올라 미련하게도 우리 앞으로 떼를 지어 날아갔다. 그들은 결국 배를 피해야 한다는 사실을 깨닫고는 뒤로 갔다. 거북이와 악어 몇 마리, 모래톱과 구별이 되지 않는 색깔의 커다란 독사… 그 이외에는 별 다른 것이 없다. 짐승들은 밤에 나오기 때문이다.

석양이다. 거대한 숲 위로 산들이 피라미드같이 솟아 있다. 그 산들에는 악한 유령들이 많이 살고 있어 인디언들은 절대로 그곳에 가지 않는 다. 우리는 강의 좌안 쪽으로 합류하는 마바카(Mavaca)의 하구를 지나 쳤다. 이제 몇 백 미터만 가면 된다. 높은 둑 위에서 작은 그림자 하나가 횃불을 흔들면서 우리가 던지는 닻줄을 잡는다. 우리는 마바카의 비찬 시테리(Bichaansiteri)족의 영토에 도착한 것이다. 리조는 그들의 차부노 (chabuno, 집단 가옥) 가까이에 집을 지었다. 민족학자와 "야만인들" 사 이에는 재회의 기쁨이 넘쳤다. 내가 보기에 인디언들은 그를 다시 만나 서 진심으로 반가워하는 것 같았다(그가 매우 사람 좋은 백인 축에 속하는 것은 사실이다). 그 자리에서 한 가지 문제가 해결되었다. 즉 나는 그의 형 으로 소개되었다… 벌써 샤먼의 노랫소리가 밤을 뚫고 들려왔다.

우리는 지체하지 않고 다음 날 새벽에 파타나와테리(Patanawateri)족 을 방문하기 위해 출발했다. 그곳은 제법 멀리 떨어져 있었다. 우선 반나 절 동안 배를 타고 상류로 거슬러 올라간 다음, 인디언의 속도에 맞 춰 하루 온종일을 꼬박 걸어야 했다. 이 방문의 이유는 리조와 항상 팀을 이루는 젊은 원주민의 어머니 때문이었다. 그녀는 다른 집단으 로 출가했지만 파타나와테리족 출신이었고, 수 주일 전부터 친척을 만 나기 위해 그곳에 와 있었다. 아들은 어머니를 보러 가길 원했다(사실은 이러한 혈연적인 이유 이외에 전혀 다른 이유도 있었지만, 그것에 대해서는 나중 에 다시 말하겠다). 그런데 아들의 집단(=아버지의 집단) 때문에 문제가 약 간 복잡해졌다. 아들의 집단이 어머니의 출신 집단과 원수지간이었기 때 문이다. 한창 전사로 활동할 연령이었던 그 젊은이는 그곳에 가기만 해 도 화살을 맞을 위험이 있었다. 그러나 젊은이의 외삼촌인 파타나와테리 족의 지도자는 "내 여동생의 아들에게 손대는 자는 가만두지 않겠다!" 라고 전사들에게 알렸다. 그래서 우리는 그곳에 갈 수 있게 되었다.

하지만 거기까지 가는 것은 고생스러운 일이었다. 오리노코강의 남쪽 지대는 완전히 늪지대였다. 우리는 종종 물이 가득 찬 웅덩이에 허리까지 빠지고 수초에 발이 감긴 채 진흙 속으로 빠져들지 않기 위해서 허우적거리면서도, 한편으로 다른 사람들의 속도에 맞추어 따라가려 애써야 했다. 다른 사람들은 **나베**(백인)가 곤경에 빠져 있는 것을 보고 박장대소했다. 물속에는 커다란 독사들이 있을 수도 있었다. 오염되지 않은 하늘과 태양 아래서 우리는 항상 똑같은 숲을 계속해서 전진해 나가야 했다. 아마존이 지상의 마지막 천국이라고? 오히려 지옥에 가깝다는 생각이 든다. 생각은 사람마다 다를 것이다. 이에 대해선 더 이상 말하지 말자.

밤이 되어 수직으로 세운 임시 텐트에서 야영을 했다. 그물 침대를 매단 후 불을 지피고 가져온 음식, 특히 재 속에 넣어 구운 바나나를 먹었다. 우리는 옆 사람이 더 많이 먹지 못하도록 눈을 크게 뜨고 서로를 감시했다. 연배가 두 세대 사이에 끼어 있던 우리의 안내인은 믿을 수 없을 만큼 식욕이 왕성했다. 그는 가능했다면 아마 내 몫의 음식까지 기꺼이 먹어 치웠을 것이다.

다음 날 정오경 우리는 시냇물에서 재빨리 목욕을 했다. 차부노에 거의 도착했으니 몸을 씻는 것은 당연한 예의이다. 깨끗한 모습으로 방문하는 것이 마땅하기 때문이다. 우리는 서둘러 바나나 나무 백여 그루가 자라고 있는 매우 큰 밭을 가로질렀다. 두 젊은이는 "우루쿠(urucu)"로 얼굴을 칠했다. 몇 발자국 더 걸어가니 원형의 커다란 차일이 나타났다. 우리는 서둘러 헤베웨(Hebewe)의 외숙모가 살고 있는 지역으로 향했다. 놀라운 일은 서너 명의 노인을 제외하고는 거기에 남자가 한 명도 없다는 것이었다. 커다란 차부노는 적어도 백오십 명은 수용할 수 있을 정도였다. 가운데에서는 한 무리의 아이들이 놀고 있었고, 앙상한 개들이 힘없이 짖어댔다. 헤베웨의 어머니와 외숙모들은 그에게 끊임없이 불만을 늘어놓았다. 어머니는 아들이 자기를 별로 생각하지 않는다고 여겼다. "내가 얼마나 오랫동안 너를 기다렸는지 아니? 그런데 너는 오지 않더구나. 너 같은 아들을 두다니 참 불행한 일이야!" 그는 그물 침대 속에 길게 누워서 어머니의 말을 철저하게 무시했다. 그사이에 우리는 정성이 담긴 따끈한 바나나 죽을 대접받았다. 그뿐 아니라 우리가 거기서 머무는 사흘 동안, 상냥하고 섬세한 헤베웨의 어머니는 우리에게 조금씩 끊임없이 음식을 대접했다. 숲의 과일, 늪지의 작은 게나 물고기, 맥(tapir) 고기 등이었고, 언제나 바나나(재에 익힌 녹색 바나나)가 곁들여졌다. 즐거운 휴가였다. 우리는 먹고 마시고 그물 침대에 누워 빈둥거리면서 잡담을 하고 방귀를 뀌어댔다(야노마미족은 방귀를 많이 뀌게 하는 바나나 때문에 이런 면에서는 전문가의 경지에 달해 있었다. 밤의 고요 속에서 방귀 소리는 계속되는 일제 사격처럼 들렸다. 반면 우리들의 방귀 소리는 그들의 것처럼 크지 않고 거의 들리지도 않았다…).

  그곳의 평화로운 게으름은 대부분 남자들이 없다는 데서 기인하는 것이었다. 여자들은 남자들보다 훨씬 더 신중하고 덜 오만했다. 남자들은 적인 아수부에테리(Hasubueteri)족과 전쟁을 하러 갔다. 야노마미족은 기습을 한다. 새벽에 잠자고 있을 때 공격을 하는 것이다. 그들은 지붕 위에서 화살을 쏘아대었고, 사람들이 부상당하거나 또는 매우 드물게 사망하는 것은, 화살의 낙하에 따른, 순전히 우연이었다. 그런 다음 공격자는 전속력으로 도주를 했다. 상대편이 곧 반격을 하기 때문이다. 우리는 전사들이 돌아오기를 기다렸다. 리조는 전사들이 매우 인상적인 의식을 행할 거라고 나에게 말했다. 그러나 신세를 지면서 그곳에 너무 오랫동안 있을 수는 없었다. 게다가 우리의 친구들은 서둘러 돌아가고 싶어 했다. 그들은 목적을 달성했고 더 머물 이유가 없었던 것이다. 우리가 도착한 날 헤베웨는 자기 어머니와 오랫동안 얘기를 했다.

그는 어머니에게 친척들에 대해 질문했고 사촌들이 누구인지 알고 싶어 했다. 그러나 그가 관심을 가졌던 것은 혈통에 대한 지식이 아니라, 누가 자기의 친척이 아닌지, 즉 그가 잘 수 있는 여자들이 누구인지 아는 것이었다. 실상 자기의 집단, 즉 카로이테리(Karohiteri)족은 모두가 친척이었고 모든 여자들이 금지되어 있었다. 그러므로 여자들을 찾기 위해서는 다른 곳으로 가야 했다. 이것이 바로 그의 방문의 주된 목적이었다. 그는 목적을 달성했다. 밤이 되자 그의 외숙모들이 열넷 또는 열다섯 살 정도로 보이는 소녀를 그에게 데리고 왔다. 그들은 내 옆의 그물 침대 속에 함께 있었다. 그러나 잠시의 소란, 그물 침대를 뒤흔드는 격렬한 움직임, 숨을 죽인 말소리뿐, 일이 잘 되어 가는 것 같지 않았다. 소녀의 마음이 내키지 않는 듯했다. 그들은 한참 동안 싸우다가 드디어 소녀가 떠나 버렸다. 우리는 헤베웨를 놀렸다. 그러나 그는 포기하지 않았다. 몇 분 후 가슴이 보일 듯 말듯 조금 솟아오른 열둘 내지 열세 살 정도의 귀여운 소녀가 도착했던 것이다. 그녀는 그를 마음에 들어 했고 그들의 뒤척임은 극히 소리를 죽여 밤새도록 계속되었다. 그는 그녀를 일곱 번 또는 여덟 번 칭찬해야 했고 그녀는 불평할 여지가 없었다.

그곳을 떠나기 몇 분 전, 선물을 분배했다. 무엇인가를 원했던 사람들은 모두 원하는 것을 얻었다. 우리의 재고가 허락하는 한에서, 그리고 언제나 다른 것과의 교환을 통해서 말이다. 화살촉, 화살통, 깃털, 귀고리 같은 것들이 그들이 우리에게 준 것이다. 또는 일종의 신용 거래를 하는 사람들도 있다. "낚시용 실을 주시오. 당신이 다음번에 오면 물고기를 주기로 하지요." 야노마미족은 자기들끼리도 무언가를 받으면 반드시 다른 것을 준다. 또 같은 것을 돌려줄 수도 있다. 재화의 교환은 단순히 양자를 만족시키는 거래로 볼 수 없으며 하나의 의무이기도 해서, 교환 제의를 거절하는 것(이는 상상도 할 수 없는 일이다)은 적대 행위로 해석되며 전쟁으로 귀착될 수 있는 폭력과도 같은 것이다. 사람들은 누군가가 자기네 영역에 들어오면 "나는 매우 관대한 사람이다. 당신은 어떤가?" 혹은 "당신 가방 속에는 무엇이 있나? 자, 이 바나나를 가지게"라고 말한다.

돌아오는 길은 피곤했고, 하루가 걸렸다. 젊은이들은 돌아오는 길에 전사들을 만날까 봐 걱정했다. 사실 무슨 일이 일어날지 알 수 없었다. 그들 중 한 명은 자신이 리조의 배낭을 지겠다고 고집을 부렸다. "당신은 총을 가지고 앞서서 가세요. 누가 공격을 하면 당신이 우리를 방어해 줘야 해요." 우리는 아무도 만나지 않고 저녁 때 강가에 도착했다. 그러나 우리가 길을 가는 도중, 그들은 우리에게 훤히 트인 한 장소를 가리켰다. 거기서 지난해 전쟁에서 부상당한 한 전사가 죽었다고 했다. 그의 전우들은 장작을 쌓고 시체를 태워 그 재를 차부노로 가져갔다.

우리는 집에서 이틀간 휴식을 취했다. 우리에게는 휴식이 필요했다. 비찬시테리족은 꽤 큰 집단이다. 차부노는 오리노코강 우안의 것과 그 맞은편의 것, 둘로 나뉜다. 강 우안의 차부노 옆에는 살레지오 선교회가 세워져 있고(그 지역에 세 개가 있는데 모두 강가에 있다), 우리가 거주하는 맞은편 차부노 옆에는 양키 개신교도 가족이 체류한다. 나는 광신적이고 어리석으며 문맹에 가까운 그런 부류의 사람들을 다른 데서도 많이 보았기 때문에 그들을 보고 별반 놀라지 않는다. 그들은 선교에 있어 참패를 하고 있다. (살레지오회가 선교를 더 잘하고 있는 것은 아니지만, 인디언들은 그들을 더 편하게 생각한다.) 강 우안 집단의 지도자와 샤먼은 이 미국인에 대해 불만을 가지고 있다. 끊임없이 마약을 끊으라고 설교를 해대고 또 **헤쿠라**(요술사가 기도 드리는 영들)는 존재하지 않으며 우두머리는 세 부인 중 두 부인을 포기해야 한다고 주장하기 때문이다. "이 사람이 귀찮게 굴기 시작했어요. 금년에는 더 먼 곳에 차부노를 지어서 그와 거리를 두어야겠어요." 우리도 그 의견에 전적으로 동의했다. 이 아칸소 촌뜨기에게는 매일 저녁 마약에 취한 샤먼이 차부노에서 노래하고 춤추는 소리를 듣는 것이 얼마나 큰 고통일까…. 그는 이를 보고 사탄을 연상할 것이다.

오후에 소동이 벌어져 고함 소리가 들렸다. 모두가 둑으로 나왔고, 남자들은 활과 몽둥이로 무장을 했다. 우두머리는 횃불을 흔들었다. 무슨 일이 일어난 것일까? 맞은편 집단의 남자가 와서 유부녀를 데려갔다고 한다. 공격을 당한 집단의 사람들이 무리 지어 카누를 타고 강을 건너 상대편에게 따지러 갔다. 거기서 적어도 한 시간 동안 욕설들, 히스테릭한 고함들, 요란스러운 비난이 폭발했다. 마치 서로를 죽일 듯한 분위기였지만, 모두가 재미있어 하는 것 같았다. 특히 양 진영의 늙은 여자들은 정말 술과 같은 효력을 발휘했다. 그녀들은 남자들을 자극하여 무시무시하게 화를 내며 공격적으로 싸우도록 만들었다. 아내를 빼앗긴 남편은 방망이를 짚고서 미동도 하지 않았다. 그는 상대방에게 단독 결투를 신청했지만, 상대방 남자는 여자와 함께 불도 가지지 않고 숲으로 도망쳤다. 그러므로 결투는 행해지지 않았다. 점차 소동은 가라앉고 모두가 평정을 되찾아 집으로 돌아갔다. 그들의 진지함을 의심할 수는 없지만, 여기서는 이런 일들이 흔히 일어났다. 많은 남자들이 그러한 결투에서 얻은 커다란 흉터를 머리털을 민 머리꼭대기에 지니고 있었다. 아내를 빼앗긴 남편은 며칠 후 그녀를 되찾는다. 그녀는 굶주리고 사랑을 하느라 지쳐 집으로 돌아온다. 그녀가 호되게 야단을 맞을 것은 확실하다. 야노마미족은 아내에게 항상 부드럽지만은 않다.

오카모강은 오리노코강과 합류하기 전에도 제법 큰 강이다. 오카모강의 풍경은 언제나 밋밋하고 계속 숲으로 이어져 있다. 그러나 항해는 덜 지루한 편이다. 모래 언덕, 수면 높이의 바위, 길을 막고 있는 커다란 나무들을 주의해야 한다. 우리는 남쪽의 야노마미족이 시타리(Shiitari)족이라고 부르는 자들의 영토인 오카모강 상류로 향하고 있다. 세 명의 인디언이 우리와 함께 가는데, 그중에는 헤베웨와 우안의 비찬시테리족의 지도자도 끼여 있다. 이 지도자는 출발할 때 머리끝부터 발끝까지 옷을 차려입고 나타났다. 장딴지까지 내려오는 셔츠와 바지를 입었고 놀랍게도 농구화를 신고 있었다. 평상시 그는 다른 사람들처럼 벌거벗고 다녔으며 허리 근처에서 끈을 묶어 성기만을 잡아맬 뿐이었다. 그가 옷을 입은 이유를 설명했다. "시타리족은 대단한 요술사들이라서 분명히 길에 마법을 걸었을 거야. 농구화를 신어서 발을 보호해야 해." 그가 우리와 함께 그곳에 가는 이유는 20년도 넘게 보지 못한 큰형이 거기 살고 있기 때문이었다. 우리는 새로운 집단들을 방문해 그들과 교역하기를 원했다. 모든 여행은 강을 통해 이루어졌으므로 우리는 많은 물건을 운반할 수 있었고, 걸어갈 때처럼 무게의 제한이 없었다.

지형은 조금씩 변했다. 산맥이 강의 우안을 굽어보고 있었고, 그 아래에는 식물이 듬성듬성 나 있는 일종의 초원이 숲 대신 펼쳐져 있었다. 햇빛을 받아 반짝이는 폭포가 뚜렷이 보이기도 했다. 저녁 메뉴는 리조가 낮에 잡은 오리였다. 나는 여느 때와 마찬가지로 그것을 끓이지 말고 구워 먹자고 주장했다. 인디언들은 불만스러워했지만 내 의견을 받아들였다. 그들이 오리를 굽는 동안, 나는 주위를 둘러보았다. 이백 미터도 채 떨어지지 않은 곳에서 나는 임시 야영지가 있는 것을 발견했다. 백인에게 주위는 온통 적대적인 자연일 뿐이었고, 이 숲은 실제로 눈에 띄지 않는 사람들로 가득 차 있었다. 야노마미족은 이 숲을 구석구석 누비고 다니며 살고 있었다. 한두 시간만 걸으면, 원정을 하고 있는 수렵인들, 방문 집단들, 야생 과일을 수집하는 군단(群團, bandes) 등의 야영 흔적을 볼 수 있었다.

오리는 곧 훌륭하게 구워졌다. 우리는 그것을 먹었다. 소금이 없어도 맛있었다. 그러나 10분쯤 흘렀을 때 우리의 세 인디언 친구는 우는 시늉을 했다. "우리는 병에 걸렸어! 아야, 아야!" "어떻게 된 일이지요?" "당신들이 우리에게 억지로 고기를 날로 먹게 했잖아!" 그것은 뻔뻔스러운 자기기만이었지만, 건장한 사람들이 배를 쓰다듬는 모습은 우스꽝스러워 눈물이 나올 지경이었다. 그들은 우리가 웃는 것을 보고 놀라, 스스로 치료를 하기 위해 다른 것을 먹기로 결정했다. 한 사람은 물고기를 잡으러 갔고, 총을 쏠 줄 아는 다른 사람은 근처에서 울고 있는 자고새를 찾으러 갔다… 총소리가 나고 자고새가 땅에 떨어졌다. 낚시꾼도 곧 두 마리의 커다란 식인 물고기를 가지고 돌아왔다. 이 강에는 식인 물고기가 많이 살았다. 자고새는 맛이 좋지만 물고기는 아무 맛도 없다. 이제 인디언들은 고기를 냄비에 넣고 마음껏 끓일 수 있었다… 그것들은 금방 뼈와 가시만 남았다.

다음 날 우리는 네 대의 카누와 마주쳤다. 야노마미족이 하류의 집단들과 교역을 하러 강을 타고 내려가고 있었다. 배는 마약 더미로 가득 차 있었다. 모든 인디언들(적어도 남자들)이 "에베나(ebena)"를 많이 사용했고, 샤먼은 많은 분량을 흡입하지 않고는(코로 흡입) 일을 하지 못했다. 그러나 이 환각제를 생산하는 나무는 자라는 곳이 정해져 있었고, 시에라 파리마(Sierra Parima) 같은 곳에서는 전혀 자라지 않았다. 반면 시타리족은 마약 생산을 거의 독점하다시피 했다. 이 나무들이 그들 지역의 초원 어디서나 자생했기 때문에 그들은 이 나무들을 재배할 필요조차 없었다. 그들은 마약을 많이 수확했고, 에베나는 여러 집단들 사이에서 계속 교환되어 그것이 자라지 않는 곳의 사람들에게까지 도달했다.

우리는 그들과 얘기하기 위해 잠깐 배를 멈췄다. 우리가 자기네 마을을 방문한다는 것을 알고 그들 중 세 명이 우리 배로 건너와 우리와 함께 강을 거슬러 올라갔다. 둘은 젊고 한 사람은 나이가 지긋했다. 정오가 되기 전에 우리는 작은 포구에 닿았다. 그곳은 아라타포라(Aratapora) 급류(急流)였다. 그들은 차부노가 아직 멀었다고 말했다. 급류 때문에 카누에서 짐을 내려 상류 쪽으로 오백 미터를 옮겨야 했고, 다시 카누를 거품이 이는 강 위에 띄웠다. 물살은 급했지만 사람 수가 많아서 두 시간은 족히 걸렸다. 우리는 여울 가에서 잠시 휴식을 취했다. 그곳은 경치가 아름다웠고, 숲은 다른 곳처럼 숨 막히는 듯하지 않았으며, 옆에는 매우 큰 바위가 비죽비죽 튀어나와 있는 고운 모래사장이 펼쳐져 있었다. 어떤 것은 2cm 이상 깊이 파인 수십 개의 침식 자국이 바위 표면에 줄무늬를 그리고 있었다. 그것은 일종의 연마기(鍊磨器)였다. 거기에는 돌도끼를 만드는 데 필요한 것, 즉 모래, 물, 돌이 모두 갖춰져 있었다. 그러나 바위에 그렇게 홈을 내놓은 것은 야노마미족이 아니다. 그들은 돌을 갈줄 모른다. 그들은 가끔 숲이나 강가에서 하늘의 정령이 만들었다고 여기는 갈아 만든 도끼를 발견한다. 그들은 그것을 도자기에 에베나 낟알을 넣고 으깨는 데 사용한다. 그렇다면 이 도끼를 만든 끈기 있는 사람들은 누구인가? 모른다. 어쨌든 현재 야노마미족이 살고 있는 장소를 과거에 점유했었던 거주자들은 수 세기 전에 사라져 버렸다. 그들의 노동의 흔적만이 이 지역 여기저기에 남아 있다.

우리는 카누에 다시 짐을 싣고 떠나 15분 후에 도착했다… 사실상 차부노는 강 아주 가까이에 있었다. 차부노에서 강물이 포효하는 소리가 들릴 정도였다. 인디언들은 우리에게 거짓말을 했다. 그들은 백인과 함께 모터가 달린 배를 타고 나타나는 모습을 보이고 싶었던 것이다. 그래서 그들은 쉽게 걸어서 갈 수도 있는 길을 2시간 동안 고생을 하며 카누를 타게 했던 것이다. 이제 그들은 자랑스럽게 느끼는 것이 아니라 허세를 부리고 있었다. 주민들(오십 명 정도)이 강둑에서 그들을 불렀다. 그들 중 턱수염을 기른 남자가 우리의 비찬시테리족 친구의 형이었다. 그들은 즉시 서로를 알아보았다. 형은 매우 흥분했고, 우리를 자기 집으로 데려가면서 말을 많이 했다. 동생은 만족스럽지 않았지만, 손님으로서 그것을 내비치지 못하는 것 같았다. 그는 입을 가리고 보일 듯 말 듯 불만스런 표정을 지으며 그물 침대에 누워 잠시 시간을 보냈다. 그 후 우리는 바나나 죽을 먹으며 휴식을 취했다. 이것은 예의였다. 형은 방문을 축하하기 위하여 마약을 하는 모임을 조직하고 에베나를 준비했다. 많은 사람들이 자기 집으로 달려가서 옷을 걸치고 다시 모습을 나타냈다. 두 명의 건장한 남자는 긴 치마를 입었다. 실상 남자와 여자의 옷에 차이가 없었다. 우리의 친구들은 백인들과 더 교류가 많았으므로 우리가 그들을 보고 웃어도 기분이 상하지 않았다. (선교사가 쇠붙이 도구나 낚시용 끈 등과는 달리 아무런 필요도 없는 옷을 인디언에게 나누어 주는 것은 어리석은 고정관념이다. 전자는 노동을 용이하게 해 주어 큰 도움을 주었지만, 금방 때가 타는 옷은 재산이 아닌 순수한 위광재가 되었다.) 이들은 우리에게 음식을 대접하며 선교사들을 더 한층 비판했다. "그들은 정말 야만인이야! 그들은 손님에게 물고기를 내장도 빼지 않고 대접하거든!"

가루로 빻아 말려 다른 식물성 식품과 섞은 고운 녹색 가루인 에베나가 준비되었다. 그들은 갈대 대롱을 옆 사람 코에 대고 세게 불어 가루를 머리까지 보낸다. 모든 사람이 둥글게 웅크리고 앉아 마약을 했다. 그들은 재채기나 기침을 하고 얼굴을 찌푸리며 침을 뱉고 또 흘렸다. 마약은 품질이 좋고 독해 모두들 만족했다. 이는 샤먼의 의식을 위한 시작이었다. 방문한 동생도 자기 집단에서 지도자의 지위를 지니고 있는 중간 등급의 샤먼이었다. 낮은 단계의 작은 샤먼은 가족이나 개를 보살폈다. 백인들에게 개는 생명체의 위계 속에서 인간과 비슷한 지위를 갖는다. 개가 죽으면 사람처럼 화장을 하기도 한다. 그러나 인디언들은 개를 별로 존중하지 않는 편이다. 그들은 개에게 먹이를 주지 않는다. 개들은 어쩔 수 없이 차부노의 오물 처리장을 책임진다.

높은 평가를 받는 샤먼들은 경험이나 지식, 알고 있는 노래와 불러낼 수 있는 영의 숫자에 있어 다른 샤먼을 능가한다. 비찬시테리족에게는 이러한 샤먼이 한 사람 있었다. 그는 환자가 없을 때에도 거의 매일 의식을 행했다(그는 많은 마약을 필요로 했다). 적 집단의 샤먼이 내보내는 모든 화(禍)와 영으로부터 쉴 틈 없이 공동체를 보호해야 했기 때문이다. 그 자신도 다른 사람들을 멸망시킬 수 있는 질병들을 외부로 보내기를 서슴지 않았다. 인디언들에게는 유령들이 인간 세상에 자주 등장한다.

같은 멜로디가 집요하게 반복되는 노래들이 소리의 특정한 효과를 가져온다. 그레고리안 성가와 팝송의 중간에 위치하는 이 노래들은 듣기에 아름다울 뿐만 아니라, 춤의 느릿한 움직임, 십자로 교차시키거나 차양에 직각이 되도록 올린 팔 동작과 정확하게 조화를 이루었다. 이러한 의식의 진지함을 의심할 수 없다. 도중에 샤먼은 때때로 동작을 멈추고 아내에게 소리를 쳤다. "모(某) 조상께 올릴 바나나를 빨리 가져와! 그분께 드리는 것을 잊었어!" 혹은 우리에게 다가와 "리조! 낚시용 끈이 좀 필요하네!"라고 말하고는 다시 의식을 집행했다.

우리는 밤 사냥을 하기 위해 오카모강을 조금 거슬러 오르다가, 강가에 막 정착한 야노마미족의 작은 집단과 마주쳤다. 이는 예기치 못한 일이었다. 아직 차부노가 다 지어지지도 않았다. 우리는 그들이 만난 첫 백인이었고, 구경거리가 되었다. 반면 우리에게 그들은 다른 집단과 별다를 것이 없었고 놀라울 것도 없었다. 현재는 모든 부족이, 심지어 수년간 백인과 접촉이 없던 부족조차도 금속 도구를 소유하고 있다. 오리노코 강가의 집단들과 내륙 지방의 부족들 사이의 차이는 근소하다. 전자의 집단들의 외모는 (옷 때문에) 점점 거지를 닮아 가고 있지만, 사회적·종교적 생활은 (적어도 지금까지는) 선교사의 시도에 전혀 영향을 받지 않았다. 간단히 말해서, 아직 "야만적인" 야노마미족, 즉 오만한 이교도 전사와 대조되는 "문명화된" 야노마미족(이러한 상태는 무시무시한 붕괴를 의미한다)은 존재하지 않는다.

네 명의 젊은 청년이 둑 위에서 요란한 몸짓을 하고 있었다. 우리는 다가가서 말을 걸었다. 그들은 기뻐서 어쩔 줄 몰라 했고 기쁨을 숨기려 하지 않았다. 그들은 처음 보는 백인 앞에 너무 흥분한 나머지 제대로 말을 잇지 못했다. 계속 혀를 차느라 쏟아져 나오는 말이 자꾸 끊어졌다. 또 그들은 박자를 맞추어 자기 엉덩이를 철썩철썩 때리면서 그 자리에서 깡충깡충 뛰었다. 이러한 그들의 모습을 보는 것은 매우 기쁜 일이었다. 호감이 가는 시타리인들. 몇 시간 후 그곳을 떠나면서 우리는 리조가 사냥한 악어 세 마리 가운데 하나를 그들에게 주었다.

떠나오는 날 우리는 우리의 물건들을 마약과 교환했다. 개인적으로 사용하기 위해서가 아니라 마약을 매우 필요로 하는 파리마의 부족들에게 가져다주기 위해서였다. 그것은 훌륭한 통행증 역할을 할 것이다. 지도자는 교환에 만족했다. 그는 동생이 데려온 친구들과의 거래가 흡족하다고 결론지었고, 얼마 후 동생을 방문하겠다고 약속했다. 동생은 자기가 가진 옷 전부(그는 선교사에게서 쉽게 옷을 얻을 수 있었다)를 주고서 에베나를 많이 손에 넣었다. 강 언덕을 떠나는 순간 작은 사건이 발생했다. 우리가 이곳으로 올 때 배에 태워 주었던 열서너 살 정도의 소년 하나가 갑자기 카누로 뛰어오른 것이다. 그는 우리와 함께 떠나 많은 지역을 보고 싶어 했다. 그의 어머니가 그를 잡기 위해 물에 뛰어들었다. 그는 무거운 카누용 노를 잡고 어머니를 때리려 했다. 그러자 여자들이 와서 그녀를 구해 주었고, 화를 내며 그를 배에서 끌어내렸다. 그는 계속 어머니를 원망했다. 야노마미 사회는 소년들에게 대단히 방임적이다. 사람들은 소년들이 원하는 거의 모든 일을 허용한다. 사람들은 어린 시절부터 폭력적이고 공격적인 행위를 하도록 조장하기조차 한다. 어린이들은 자주 거친 놀이들을 하면서 논다. 이러한 일은 보통 인디언들에게선 찾아보기 힘든 일이다. 어린이들이 얻어맞고 돌아와 "엄마! 저 애가 나를 때렸어!"라고 소리치면, 부모는 그들을 달래지 않고 "너는 그 녀석을 더 세게 때려 줘!"라고 말한다. 이러한 교육을 통해 얻으려 하는 결과는 전사를 길러 내는 것이다.

우리는 강을 쉽게 항해했다. 갈 때 보았던 공간들이 거꾸로 지나갔다. 이제는 재미가 없었다. 밤을 보내기 위해 야영을 했다. 잠이 들고 몇 시간이 지나지 않아 소나기가 쏟아졌다. 재빨리 그물 침대를 내려 아쉬운 대로 커다란 나무 잎사귀 아래로 피신했다. 소나기가 지나가자 우리는 다시 누워 잠이 들었다. 한 시간 후, 비가 내리고 놀라 깨어 피신하는 그 모든 것이 다시 시작되었다. 힘든 새해 첫날 밤이었다.

우리는 마카바에 돌아와 2주일 전에 시작된 파타나와테리족과 아수부에테리족의 전투 결과를 알게 되었다. 집계 결과는 후자 집단에서 네 명이 사망(총 인원 4~50명 가운데)한 막대한 것으로서, 그중 세 명은 총기에 의해 사망하였다. 어떻게 된 일일까? 전자의 집단은 이번 공격을 위해 다른 집단, 즉 마에코도테리(Mahekodoteri)족과 동맹을 맺었다. 그들은 그 지역의 거의 모든 부족들과 항구적인 전쟁 상태에 있는 매우 호전적인 부족이었다. (그들은 적의 친구인 리조도 기꺼이 죽였을 것이다.) 그들의 차부노 근처에는 세 개의 살레지오 선교회 중 하나가 있었다. 선교사들은 지난 15년간 인디언들의 전투적인 성향을 조금도 약화시키지 못했다. 어쩌면 잘된 일이리라. 저항을 한다는 것은 건강하다는 신호이니까.

　잔인한 마에코도테리족이 서너 자루의 총을 소유하게 된 것은 오래 전의 일이다. 어떠한 경우에도 전쟁에는 사용하지 않고 사냥에만 사용한다는 약속을 받고 선교사들이 준 것이다. 그러나 전사들에게 손쉽게 승리를 거둘 수 있는 방법을 포기하라고 하는 것은 매우 힘든 일이다. 그들은 성자가 아니다. 이번에 그들은 활을 가지고 싸우는 다른 야노마미족에게 백인들처럼 총을 쏘았다. 이는 충분히 예상 가능한 일이었다. 80명가량의 공격자들이 새벽에 차부노에 일제히 화살을 퍼붓고 숲으로 도망갔다. 그러나 자기들의 지역으로 돌아가는 대신 상대편을 기다렸다. 한 집단이 공격을 받았을 때 전사들은 반격을 하게 되어 있다. 그렇게 하지 않으면 비겁한 자들로 소문이 날 것이다. 그러한 사실은 금방 알려지게 되고, 그들의 차부노는 (여자를 납치하고 재산을 약탈하기 위해 또는 단순히 전쟁의 쾌감을 위해) 다른 집단의 공격 대상이 될 것이다. 그래서 아수부에테리족은 함정에 빠졌던 것이다. 그들이 반격에 나서자 전혀 예상하지 못했던 총소리가 나고 한 사람이 쓰러졌다. 다른 사람들이 활을 쏘아서 그를 완전히 죽였다. 동료들은 대경실색하여 혼란에 빠졌다. 그들은 헤엄을 쳐 강을 건너려고 오리노코강에 뛰어들었다. 그들 중 세 사람이, 둘은 총에 맞아, 하나는 화살에 맞아 죽었다. 간신히 구조된 부상자 한 명은 치명상을 입었다. 즉 화살이 배를 관통했던 것이다… 적에 대한 분노가 끓어올랐다… 이제 아수부에테리족은 복수를 준비하고 있다. 아버지에서 아들로 복수의 열정이 이어져 내려간다.

　이번 사건으로 화가 난 선교사들은 리조의 의견에 따라 몇 달 동안 인디언에게 더 이상 총알을 주지 않겠다는 결정을 내렸다. 현명한 결정이다. 마에코도테리족은 이번의 첫 성공에 우쭐하여 이제부터 전투 때마다 총을 사용할 것이고, 자신들의 우세에 힘입어 공격을 강화할 것이기 때문이다. 활을 갖고는 불가능한 대량 살육이 일어날 수도 있다. (매우 드문 한 가지 예외가 있다. 한 집단이 살육의 의도를 가지고 다른 집단을 축제에 초대하는 것이다. 몇 년 전 비찬시테리족도 남쪽 부족들의 초대에 응했다가 배반당해 차부노 안에서 활을 맞고 30명이 목숨을 잃었다.)

우리는 1월의 첫 3주간을 마바카와 오리노코강의 다른 지류인 마나비체(Manaviche) 강변의 집단들 사이를 평화롭게 왔다 갔다 하며 지냈다. 우리는 식량이 많이 부족해서 이삼 일 동안 잠시 인디언을 방문해 배를 채우기로 했다. 고기나 생선이 없을 때에도 항상 바나나가 있었다(바나나는 여섯 종류 이상이 경작되었다). 리조의 가장 친한 친구인 카로이테리의 집에 체류하는 것은 매우 편안했다. 우리는 거기서 긴장을 풀 수 있었다. 사람들은 친절했고 우리에게 거의 아무것도 요구하지 않았다. 샤먼은 나에게 맥 고기를 주었고 그의 집에 머물 것을 권했다. 다른 집단과는 매우 다른 분위기였다. 다른 집단에서는 도착하자마자 사람들이 우리를 성가시게 한다. "이것 주세요, 저것 주세요, 낚싯바늘이 떨어졌어요, 큰 칼이 필요해요, 가방 속에는 무엇이 있나요? 이 칼 참 좋군요!" 등등 끝이 없다. 그들은 지칠 줄 모른다. 리조가 그들에게서 받은 인상은 우리의 물건들을 훔치려 할 뿐이라는 것이다. 내가 외워서 백 번도 넘게 말한 몇 안 되는 문장은 다음과 같은 것들이다. "나에게도 별로 없어요, 이제 하나도 없어요, 다 떨어졌어요, 기다려요! 나중에 줄게요!" 아, 피곤한 야노마미족.

그들은 유머 감각이 있으며 농담을 매우 좋아한다. 우선 그들은 자기들끼리도 진실을 말하지 않는 경향이 있다. 그들은 못 말리는 거짓말쟁이들이다. 하나의 정보를 검증하기 위해서는 인내심을 요하는 오랜 검토와 확인이 필요하다. 파리마에 있을 때 우리는 교차로를 만난 적이 있었다. 우리를 안내하던 젊은이에게 우리의 목적지가 어느 쪽인지 묻자 그는 모른다고 대답했다. (아마도 그는 그 길을 이미 오십 번은 다녔을 것이다.) "왜 거짓말을 했지요?" "모르겠어요." 하루는 내가 그들에게 새의 이름을 물었는데, 한번은 성기를 의미하는 단어를 댔고, 다음번에는 맥이라고 대답했다. 특히 젊은이들은 익살을 즐긴다. "우리와 함께 정원에 가자! 너를 얼간이로 만들 거야!" 헤베웨는 우리와 함께 파타나와테리족을 방문했을 때 열두 살가량 되는 소년을 불렀다. "남색을 하면 내 총을 주지." 주위의 사람들은 모두 웃음을 터뜨렸다. 이는 매우 훌륭한 농담에 속했다. 젊은이들은 같은 또래의 방문객에 대해서는 무자비하다. 어떤 구실을 대서라도 그들을 정원으로 끌어내어 제압하곤 성기를 노출시키는 것이다. 이것은 최고의 모욕이다. 가장 흔한 농담은 그물 침대에서 아무것도 모르고 잠들어 있을 때 지독한 냄새와 함께 폭음이 터지는 것이다. 얼굴에서 2, 3cm 떨어진 데에서 인디언이 방금 방귀를 뀐 것이다….

차부노의 생활은 주로 일상적인 것이다. 어디서나 마찬가지로 일상적인 질서의 단절 — 전쟁, 축제, 싸움 등 — 은 매일 일어나는 일이 아니다. 가장 확실한 활동은 식량과 식량을 획득할 수단(활, 화살, 밧줄, 면포 등)을 생산하는 것이다. 인디언들이 영양실조에 걸려 있다고 생각하지 마라. 야노마미족은 기본적으로 농경, 수렵, 어로 — 사냥감은 풍부한 편이다 — 와 채취를 하면서 생계를 대단히 잘 꾸려 나간다. 그러므로 사람들의 필요가 모두 충족될뿐더러 축제 동안 소비될 잉여의 생산도 가능하다. 이런 관점에서 볼 때, 이곳은 풍요로운 사회이다. 그러나 필요의 질서는 금욕적으로 결정된다(반면 선교사들은 몇몇 집단에서 불필요한 의복에 대한 인위적 욕구를 창출해 내고 있다). 다른 한편, 수태 능력, 유아 살해, 자연선택은 양적으로나 질적으로 인구를 적정선에서 유지시켜 주고 있다. 높은 사망률은 두 살까지의 유아에게 주로 해당된다. 가장 강인한 자들만 살아남는다. 남녀노소를 막론하고 거의 모든 사람들이 건강하고 튼튼하게 보이는 것은 이러한 연유에서이다. 그들은 개미처럼 많지는 않다. 하지만 그들의 몸은 벌거벗고 다녀도 될 만큼의 품위가 있다.

남아메리카에서는 한결같이 인디언들이 게으르다고 말한다. 실상 인디언들은 기독교인이 아니며 이마에 땀을 흘려서 빵을 먹어야 한다고 생각하지 않는다. 보통은 자신들이 땀을 흘리려 하기보다는 다른 사람들의 빵을 먹으려 한다. 그들에게 즐거움과 노동은 별개의 것이다. 야노마미족의 경우 하루에 1인당 세 시간의 평균적인 (성인의) 활동을 하면 사회의 모든 필요가 충족된다. 리조는 엄격한 시간 측정 방법으로 이를 계산해 보았다. 이것은 새로운 사실이 아니다. 대부분의 원시사회가 그러하다는 사실은 이미 알려져 있다.

이들은 하루에 21시간을 아무 일도 하지 않으면서 지내므로 이들의 문명을 오락의 문명이라고 할 수 있으리라. 그들은 지루해하지 않으며, 낮잠, 익살, 논쟁, 마약, 식사, 목욕 등으로 시간을 보낸다. 성생활도 포함된다. 그들이 성생활만 생각하는 것은 아니다. 그러나 성은 중요하다. "야페시(Yapeshi)!"라는 말을 자주 듣는데, 이는 "사랑을 하고 싶다!"는 의미이다…. 마바카에서 어느 날 한 남자와 한 여자가 집의 아래층에서 싸우고 있었다. 불평, 고함, 비난, 웃음소리가 들렸다. 무엇인가 요구 사항이 있는 듯한 여자는 남자의 다리 사이로 손을 뻗어 불알을 움켜쥐었다. 남자가 도망가려고 조금만 움직여도 여자는 불알을 눌러 쥐었다. 남자는 매우 아팠을 것이지만, 여자는 손을 놓지 않았다. "이 여자는 성교를 하고 싶어 해! 이 여자는 성교를 원해!" 내가 보기에 그들은 그 후 그것을 했을 것이다.

사람들 사이의 관계만으로는 공동체 생활이 충족되지 않는다. 자연현상이 사회적인 사건이 된다. 어떤 의미에서 자연이란 존재하지 않는다.

예를 들어 이상기후는 곧바로 문화적인 용어로 해석된다. 카로이테리족 지역에서 오후 늦게 기왓장을 날려 버릴 듯한 격렬한 바람의 소용돌이가 지나간 후 소나기가 오기 시작했다. 즉시 모든 샤먼(여섯, 일곱 명)이 자세를 취하고 차양을 따라 서서 큰 소리를 지르고 몸짓을 해 가며 광풍을 내쫓으려 했다. 리조와 나도 팔을 휘두르며 소리를 지르는 임무를 부여받았다. 이 돌풍은 적 집단의 샤먼들이 보낸 악한 영들이라는 것이다.

마바카에 있을 때, 갑자기 절박하면서도 구슬픈 날카로운 외침 소리들이 사방에서 터져 나왔다. 차부노 주위에 이십 명 가량의 여자들이 흩어져 있었다. 그녀들은 각자 잎사귀 다발을 가지고 바닥을 쳤다. 그녀들은 마치 그것을 가지고 무엇인가를 쫓으려는 것 같았다. 한 아이가 많이 아파 영혼이 그를 떠나가자, 여자들은 영혼이 다시 몸에 돌아와 건강을 되찾도록 영혼을 부르고 있었던 것이다. 그녀들은 영혼을 찾았고, 이제 일렬로 서서 다발을 흔들어 영혼을 차부노 쪽으로 밀어넣고 있는 중이었다. 그녀들은 기품과 열성을 갖고 있었다… 우리 옆에는 샤먼이 있었다. 그는 낮은 소리로 관련된 신화와 여성들의 의식을 설명해 주었다. 리조는 그것을 열심히 적었다. 그러더니 그는 우리 사회 여자들도 그런 일을 하는지 물었다. "그래요. 그렇지만 아주 오래 전의 일이지요. 이제는 모두 잊어버렸답니다." 우리는 비참한 기분이 들었다.

나는 장례식도 보았다. 카로이테리족 지역에 있을 때였다… 자정 무렵 우리는 샤먼의 격한 노랫소리에 잠을 깼다. 샤먼은 누군가를 치료하고 있었다. 한동안 노래가 지속되더니, 그는 입을 다물었다. 그때 커다란 통곡 소리가 밤을 뚫고 울려 퍼졌다. 돌이킬 수 없는 일을 앞에 놓고 여자들이 내지르는 비극적 합창이었다. 한 아이가 방금 죽은 것이다. 아이의 친척들과 조부모들은 엄마 품에 웅크리고 있는 작은 시체 주위에서 노래를 불렀다. 그 노래는 아침나절까지 밤새도록 끊이지 않고 이어졌다. 다음 날 갈라지고 쉰 목소리는 가슴을 찢는 듯했다. 집단의 다른 여자들이 교대하여 애도를 했고, 남자들은 그물 침대 곁을 떠나지 않았다. 참기 어려운 비통한 일이었다. 태양 아래에서 아이의 아버지는 노래를 부르면서 장작을 준비했다. 그동안 할머니가 포대에 싸여 있는 죽은 손자 주위에서 춤을 추었다. 대여섯 발자국 앞으로 나갔다가 두세 발자국 뒤로 물러나는 춤이었다. 모든 여자들이 상을 당한 집의 차양 아래에 모였고, 남자들은 손에 활과 화살을 들고 장작을 둘러쌌다.

아버지가 시체를 장작 위에 놓자 여자들은 통곡을 했고, 남자들도 울음을 터뜨렸다. 우리도 같은 고통을 느꼈다. 누구나 그 고통에 감염되지 않을 수 없었다. 아버지는 활과 화살을 부러뜨려 불 속에 던졌다. 연기가 솟아오르자 샤먼은 황급히 연기가 하늘로 똑바로 올라가게 만들었다. 연기에는 해로운 영이 있기 때문이다. 약 다섯 시간이 흐르고 재가 식었을 때, 가까운 친척 한 사람이 타지 않고 남은 뼈 조각들을 바구니에 조심스럽게 주워 담았다. 이것은 가루로 만든 뒤 호리병에 넣어 보관하며, 나중에 장례 축제에 사용한다. 다음 날 새벽 모든 사람이 강으로 나와, 여자들과 아이들은 정성껏 몸을 씻고 남자들은 연기의 해로운 발산물로 오염된 활을 씻는다.

1월 20일경 우리는 시에라 파리마로 탐험을 떠났다. 우선 이틀 정도 강을 거슬러 올라가야 했다. 마에코도테리족의 차부노 앞을 지날 때, 여러 명의 인디언이 나와 몸짓과 말로 우리를 위협했다. 리조는 배가 강 한가운데로 계속 나아가도록 주의했다. 그들이 우리에게 화살을 쏠 것을 염려한 때문이었다. 첫 하구는 쉽게 통과했다. 커다란 수달이 바위 위에서 졸고 있다가 수면에 파문도 일으키지 않고 물속으로 뛰어들었다. 우리의 친구가 손을 뻗어 몇 차례 칡 줄기를 끊자, 밤을 보낼 은신처가 만들어졌다. 금속 도구의 유통이 갑자기 끊어진다고 해도 인디언과 환경의 관계는 크게 손상되지 않을 것 같았다. 전통적인 기술을 다시 사용할 수 있기 때문이다(불이 금속을 대체한다). 리조가 큰 짐승을 죽였는데, 놓치는 바람에 그것은 물결에 휩쓸려 내려갔다. 혹시 나뭇가지에라도 걸려 있지 않을까 해서 한 시간이나 찾아다녔지만 허사였다. 50킬로그램은 충분히 나가는 고기였으므로 아까웠다. 그곳에서 우리는 연마기도 발견했다. 다음 날 또 다른 급류가 우리를 멈춰 세웠다. 그 급류를 탈 수가 없어서, 거기부터는 걸어가야 했다. 오리노코강 상류는 항해가 거의 불가능했다. 강폭이 점점 축소되면서 작은 여울로 변했다. 우리는 불과 얼마 전에 발견된 강의 근원과 매우 가까운 곳에 도달했다.

하루가 저물어 우리는 높은 암벽이 내려다보이는 수이미웨이테리 (Suimiweiteri)족의 차부노에서 밤을 지냈다. 언제나와 같은 접대 의례가 행해졌다. 우리는 여기서 구하기 힘든 마약을 우두머리에게 주었고, 모두가 그것을 즉시 다듬어 소비했다. "여기에 머무세요. 다른 사람들에게 가지 말아요. 나쁜 사람들이에요!" 그들이 강권했다. 그들은 우리의 안녕을 염려해서 이런 말을 하는 것이 아니라, 우리가 다른 집단에게 선물을 나누어 주는 것을 원치 않을 뿐이다. 그들은 우리가 가진 물건들을 탐냈다. 그래도 그들은 우리에게 길 안내자를 딸려 보냈다. 한 집단이 교환을 하기 위해 다른 집단을 초대하는 경우가 자주 있다. 그러나 교환을 하고 나서 그들이 받은 것보다 준 것이 많다고 판단되면, 이미 길을 떠난 상대방을 지체없이 따라잡아 협박을 가해, 상대편에게서 받은 선물은 돌려주지 않으면서 그들이 준 선물은 반환하도록 만든다. 계약의 개념에 대해 듣는다면 그들은 아마 비웃으리라. 그들은 약속을 지킨다는 관념을 가지고 있지 않다. 그들과 살기 위해서는 우리도 알아서 처신하는 수밖에 없다.

한밤중에 젊은 여자가 아파서 신음하는 소리를 점점 크게 내지르는 바람에 모두가 잠이 깨었다. 즉시 진단이 내려졌다. 유령이 여자의 분신 동물인 수달을 빼앗아갔다는 것이다. 그래서 다른 여자들이 한동안 환자로 하여금 이리저리 거닐면서 수달의 울음소리를 흉내 내도록 하여 수달이 돌아오도록 했다. 처방은 효과를 거두어 새벽녘에 그녀는 건강을 되찾았다…. 사회들은 그들이 치료할 수 있는 병들만을 허용하며, 병리학의 영역에 정통해 있는 듯 보인다. 아마도 그래서 과학과 기술로 새로운 치료법을 수없이 개발해 내는 우리의 문명이 그다지도 많은 질병에 둘러싸여 있는 것은 아닐까? 치료법과 질병 사이의 경쟁은 무엇의 승리로 끝날까? 어쨌건 상관없다.

파리마는 아래에 골짜기들이 있는 진짜 산맥은 아니다. 오히려 원뿔형과 피라미드형 산들이 첩첩이 무질서하게 모여 있다. 그중 높은 것은 천 미터가 넘는다. 산들은 아래쪽의 늪지로 인해 서로 분리되어 있다. 그 지역의 차부노들 사이의 길은 산꼭대기로 나 있어서 오르락내리락 한다. 거기에 가는 것은 힘은 들지만 그만한 가치가 있고(건강하다면), 괴어 있는 물속에서 질척거리거나 다리로 쓰이는 썩은 통나무 위에서 미끄러지는 것보다는 덜 피곤하다. 네 시간 후 우리는 이히루비테리(Ihirubiteri)족이 사는 곳에 닿았다. 우리를 붙잡아 두려는 사람들의 강권(언제나 다른 사람들에게 나누어 줄 선물이 문제가 된다)에도 불구하고 우리는 거기에서 잠깐 멈추었을 뿐이다(돌아올 때 환영받기 위해 에베나를 주고 올 시간 정도밖에는 없었다). 시간이 많이 걸렸다. 그래도 모든 여행에 끝이 있어서 다행이다. 저녁 무렵 우리는 마토와테리(Matowateri)족 지역에 당도했다.

우리의 노고에 대한 보상이 있었다. 그것은 여기까지 오는 수고를 갚아 주는 것이었다. 우리는 차부노에 들어가자마자 즉시 열렬한 환영을 받았다. 그들은 리조를 알아보았다. 우리는 활과 화살을 흔드는 열 명 정도의 사람들에게 둘러싸였다. 그들은 "쇼리! 쇼리! 형제! 형제! 이 바나나를 좀 들게. 이것도! 우리는 친구야. 노히! 친구!"라고 소리 지르면서 우리 주위를 돌며 춤을 추었다. 우리의 팔에 바나나가 너무 많이 얹히면, 그것을 가져가고 다른 바나나를 얹었다. 그것은 환희였다. 할렐루야! 헤이! 헤이! 그래도 그들은 우리를 조금 쉬도록 놓아주었다. 그러나 그것은 오랜 시간도 충분한 시간도 아니었다. 이해할 수 없는 소리를 지르는 흥분한 무리가 나를 잡고 어디론가 데려갔기 때문이다.

우선 우리는 차부노에서 백인을 한 번도 본 적이 없는 사람들 사이에 둘러싸이게 되었다. 남자들은 처음에는 두려워하여 우리를 제대로 쳐다보지도 못하고 서로 다른 자들 뒤로 가려고 했다(여자들은 차양 아래에 있었다). 그러나 그들은 곧 조심성을 버리고 가까이 다가와 우리를 만져 보았고, 급기야 그들을 멈출 길이 없게 되었다. 그들은 리조보다 나에게 더 관심을 가졌다. 그 이유를 말하려면 우선 내 모습을 묘사해야 한다. 우리는 걷는 동안 웃통을 벗은 채 짧은 바지를 입고 농구화를 신고 있었다. 우리의 모습은 눈에 띄게 두드러졌고 특히 내 가슴을 덮고 있는 털이 그러했다. 그것이 인디언들을 매혹시켰다. 나는 그들이 처음 보는, 깃털 없는 두발 달린 동물이었다. 그들은 놀라움을 감추지 않았다. "아 코이! 털 많은 것 좀 봐! 와 코이! 당신은 털이 참 많네요! 완전히 새잖아! 정말 새라니까! 이 털 좀 봤어?" 그들은 좀처럼 소동을 그치지 않고 열광했다. 그들은 그물 침대에 편안히 누워 있는 부인들이 이 구경거리를 잘 감상할 수 있도록 내가 차부노를 한 바퀴 돌 것을 강력히 원했다. 그들은 내 의견을 묻지 않았다. 나는 이미 말했듯이 처음에는 귀가 멀 듯한 갈채를 받았지만, 이제는 이리저리로 왔다 갔다 하는 신기한 짐승으로 전락했다. 그때 나는 자랑스러운 것과는 거리가 멀었고 오히려 수난을 받는 그리스도와 같은 느낌이었다. 여자들은 나를 바라보는 것에 만족하지 않았다. 그녀들은 나를 만져 보고 털이 정말로 붙어 있는지 확인하기 위해 잡아당기고 또 뽑고 했으므로, 나는 자신을 보호하기가 힘들었다. 돌아오면서 나는 바나나를 많이 받았다. 그러니 수확이 없었던 것은 아니다… 그동안 리조는 의리 없이 자지러지게 웃고 있었다.

우리가 체류하는 동안 샤머니즘 의례가 있었고, 우리가 가져간 마약이 환영을 받았다. 샤면은 많이 춤추고 노래했으며 악한 영과 격렬한 싸움을 벌였다. 결국 그는 악한 영을 바구니에 가두는 데 성공했다. 그런 다음 그는 도끼로 내려쳐서 악한 영을 죽이고는 싸움으로 완전히 탈진하여 숨을 헐떡이며 땅에 쓰러졌다. 구경하던 사람들은 열렬히 그를 응원했다.

우리는 파리마 내부로 더 들어가는 대신, 지금까지 온 길을 되돌아갔다. 잊지 않고 우리는 가는 길에 지나치기만 했던 이히루비테리족의 차부노에서 멈추었다. 거기서 우리는 죽은 자의 재를 의례적으로 먹는 "레아우(reahu)"라는 야노마미족의 가장 엄숙한 축제에 참석할 수 있었다. 차부노에서 몇 킬로미터 떨어진 곳에서 우리는 이히루비테리족의 손님들이 거처하고 있는 임시 야영지를 지나쳤다. 그들은 오후의 축제를 준비하고 있었다. 그들은 잊지 않고 우리에게서 낚싯바늘 몇 통, 낚싯줄 몇 꾸러미를 받아갔다. 항상 그렇다.

차부노에서 지도자는 우리를 자기 옆에 앉혔다. 그는 우리에게 바나나 죽과 감자를 주었다. 우아하게 덜렁거리는 그의 불알 두 쪽이 매우 컸다. 그 불알은 우리에게 강한 인상을 주었다. 하지만 그 불알의 소유주는 정상으로 보였다. 아래쪽에서는 손님들이 준비하고 있었고, 여기에서도 모두들 분주했다. 각자는 자기 집 앞을 정성스레 청소했고, 가득한 개똥, 뼛조각, 물고기 가시, 부서진 바구니, 과일 씨, 나뭇조각 등을 나무나 손으로 치워 차부노 둘레는 금방 깨끗해졌다. 모든 것이 깨끗해졌을 때 사람들은 잠시 낮잠을 잤다. 짧으나마 조용한 시간이 펼쳐졌다.

바야흐로 축제가 시작되었다. 열두 살 정도의 두 소년이 밀리듯 차부노로 뛰어 들어와 활과 화살을 위로 올리고 서로 반대 방향으로 그곳을 왔다 갔다 하면서 춤을 추었다. 그들은 손님을 소개하는 춤을 시작했다. 그들이 출구로 나가자, 곧 두 청년이 그들의 뒤를 이어 들어왔고, 그 다음에는 어른들이 들어왔는데, 그들은 항상 둘씩이었고 노래를 불렀다. 그들은 다섯 내지 여섯 걸음마다 멈추어 서서 그 자리에서 춤을 추었는데, 때로는 땅바닥에 무기를 던졌다. 어떤 이들은 금속 도끼와 큰칼을 휘둘렀다. 리조의 말에 따르면, 원칙적으로 그들이 춤을 출 때 가지고 나오는 것은 교환하려는 물건이라고 한다. 사람들은 그렇게 해서 무엇과 교환해야 할지 미리 알게 되며 계산을 시작한다.

모든 차양에서 외침과 휘파람 소리가 퍼져 나왔다. 구경꾼들은 환호를 하며 박수를 치고 큰 소리로 칭찬을 했다. 그들은 진지한 것일까? 나는 야노마미족을 알게 되면서 조심을 하게 되었고, 오히려 그들이 "이 자들은 춤도 제대로 못 추는군" 하고 말하리라는 생각이 들었다. 나로서는 그들에게 칭찬을 아끼고 싶지 않다. 그들 모두는 아름답게 칠을 했고, 그들의 벌거벗은 몸 위에 붉고 검은 원과 선들이 진동하면서 움직였다. 흰색으로 칠한 사람들도 있었다. 어떤 사람들은 귀와 팔에 화려한 깃털 장식을 했고, 오후의 강렬한 햇빛이 숲의 가장 풍부한 빛깔 위에 반짝였다.

남자들이 짝을 지어 차례로 나온 뒤(이번에는 여자들은 춤추지 않았다), 모두가 함께 같은 노래와 리듬에 맞춰 장내를 일주했다. 아름다운 광경이었다.

손님들이 차부노에 배치된 뒤, 축제의 동기가 된 의례가 행해졌다. 두 집단에서 죽은 자와 친족 관계에 있는 남자들이 시체를 태운 재를 먹었다. 여자들과 아이들은 이 식사에서 제외되었다. 보트처럼 양끝을 동여

맨 커다란 잎이 바나나 죽으로 가득 채워졌다. 그 무게를 달아볼 수는 없지만, 10킬로그램 또는 리터는 충분히 될 것 같았다. 재는 퓌레 속에서 희석되어 아무런 맛도 나지 않았다. 사람의 시체를 먹는 것이므로 이것은 분명히 식인 풍습이지만, 남아메리카의 다른 곳에 존재하는 식인 풍습과 비교할 때 훨씬 약화된 형태이다. 회식자들은 그릇 주위에 웅크리고 앉아 호리병박으로 퓌레를 떠먹었다. 남자들의 장례 연회의 배경 음악으로 여자들의 진혼곡이 깔렸다. 모든 것은 조용히 진행되었고, 식사에 참가하지 않는 사람들도 그들의 의식 순서를 따랐다. 레아우 축제는 그들 생활의 중요한 부분이다. 공기 속에는 성스러운 기운이 감돌았다. 우리가 그 성찬식에 가까이 다가가는 것을 보면 그들은 아마 좋아하지 않을 것이다. 사진을 찍을 생각도 하지 말아야 한다… 죽음과 관련된 일에는 신중해야 한다.

이제 주인이 손님에게 예의를 갖춰야 할 차례이다. 색칠을 하고 깃털을 달고 장식을 한 남자들이 춤을 추었다. 그러나 그들은 손님들을 위해서 노력해야 한다고 생각하는 것 같지 않았고, 춤도 별로 열심히 추는 것 같지 않았다. 그 후 교환이 시작되었다. 차부노 안은 웅성거리기 시작했다. 사람들은 물건을 보여 주고 활촉이 얼마나 큰지, 지팡이가 곧은지, 끈이 질긴지, 장식품이 아름다운지 등등을 따져 보았다. 물건들이 오고 갔다. 모든 것은 비교적 조용한 가운데 상호 불신의 분위기 속에서 이루어졌다. 서로 손해를 보지 않으려고 신경을 썼다.

이미 밤이 깊었지만 축제는 계속되었다. 지금은 두 집단의 청년들(20~25명 정도)이 사냥 의례를 행하고 있었다. 그들이 함께 여러 시간 동안 활과 화살을 높이 든 채 노래하고 춤추면서 발을 굴러 쿵쿵거리는 소리가 밤하늘로 울려 퍼졌다. 그들의 합창은 놀라운 생명력으로 넘쳐 흘렀다.

우리는 전혀 눈을 붙이지 못했다. 젊은 사냥꾼들의 춤이 끝난 후, 두 집단은 서로 작별을 고하면서 새벽까지 분리 의례를 행했다. 그것은 일종의 논전(論戰)이었다. 한 집단의 남자가 앉아서 성스러운 시를 낭독하는 것처럼 일련의 문장들을 크고 빠르게 외친다. 그러면 차부노의 반대편 끝에서 상대편이 대답하게 되어 있는데, 그는 앞의 사람이 말한 것을 틀리지도 않고, 말 한 마디도 빼놓지 않고, 같은 속도로 되풀이해야 한다. 여기에서 그들이 주고받는 말의 내용은 전혀 특별한 것이 아니며, 단지 적을 실패하게 해서 조롱거리로 만들려고 수천 번 반복된 소식들을 교환하는 것이다. 두 남자가 논전을 끝내면 다른 남자들이 대신하여 끝없이 계속했다.

새벽 햇살이 비추자 모든 것이 중단되었다. 축제는 끝이 났다. 손님들은 레아우를 조직한 사람들이 미리 준비해 놓은 커다란 음식 꾸러미 두 개를 받았다. 그것은 고기와 바나나로, 잎사귀로 잘 포장되어 있었다(야노마미족은 포장의 전문가이다). 이것은 출발을 알리는 신호였다. 그들은 조용하고 신속하게 숲속으로 사라졌다….

우리는 오리노코강을 향해 걸었다. 잠시 배설을 하기 위해 걸음을 멈추었다. 인디언들은 우리가 오줌을 누는 방식에 흥미를 갖는다. 그들은 웅크리고 앉아서 오줌을 눈다. 그들은 오줌이 땅에 떨어지는 소리를 듣는다. 그들 중 하나는 내 모습을 주의 깊게 관찰한다. "당신은 마치 노인처럼 오줌을 누는군," "왜?" "노란색이니까." 우리의 귀환은 금의환향과는 거리가 먼 소박한 것이었다. 앞에서 걷고 있던 리조가 "물소리가 들려! 강이야!"라고 외쳤을 때, 나는 상냥하게 "벌써!" 따위의 대답을 하는 대신 피곤한 표정을 지었다.

천년의 전쟁과 천년의 축제! 이것이 야노마미족에 대한 나의 바람이다. 그들은 문명에 포위된 마지막 원주민이다. 죽음의 그림자가 사방에서 뻗쳐 온다… 나중에는 어떻게 될 것인가? 이 같은 궁극적 자유의 마지막 서클이 한번 부러지면 어쩌면 더 편안해질 수도 있다. 어쩌면 한 번도 깰 수 없이 잠들어 버릴 수도 있다…. 어느 날 차부노 주위에 유정탑(油井塔)이 생길지도 모르고, 언덕 사면에 다이아몬드 광산의 갱도가 생길지도 모른다. 길에는 경찰이 있고 강가에는 상점들이 들어설 수도 있다…. 모든 곳에 조화가 펼쳐질 것이다.

제2장

야만적 민족지[1]

야노아마족에 대하여

　어떠한 트집으로도 이 책이 받아 마땅한 존경과 호의를 손상시킬 수 없다고 나는 공언한다. 또 나는 이 훌륭한 책의 거의 익명적 저자인 엘레나 발레로(Elena Valero)가 순수한 독자들의 영혼에 불러일으킨 경탄을 증언하려 한다. 이탈리아의 운 좋은 의사인 에토레 비오카가 엘레나의 이야기를 녹음했다. 그러면 이제 본론으로 들어가 보자.

　이 책은 한 여자의 22년간의 생활을 이야기한 자서전이다. 저자의 운명 자체가 매력적인 이야기이지만, 그것이 이 책의 주된 테마는 아니다. 왜냐하면 발레로의 개인적인 체험을 통해 원시사회에서의 사회생활의 다양한 차이들과 세밀한 풍부함이 단호하면서도 섬세한 필치로 묘사되어 있기 때문이다. 베네수엘라와 브라질의 접경지대인 파리마(Parima) 산맥에 살고 있는 야노아마(Yanoama) 인디언 부족이 바로 그 원시사회

---

1. *l'Homme*, cahier 1, vol. IX, 1969, 58-65쪽에 수록되었다. Ettore Biocca, *Yanoama, récit d'une femme brésilienne enlevée par les Indiens*(야노아마족, 인디언에게 납치된 브라질 여인의 이야기), Plon, 1968에 대한 일종의 서평이다.

이다. 발레로가 인디언들과 만난 것은 열한 살 때인 1939년이었다. 그녀와 인디언들과의 첫 만남은 독 묻은 화살이 그녀의 배에 꽂히면서 이루어졌다. 당시에는 아직 미개간지였던 이 지역으로 값비싼 목재를 찾으러 온 브라질 출신의 백인인 그녀의 가족을 전쟁 중이던 인디언 집단이 공격했던 것이다. 그녀의 부모와 두 형제는 도망을 했고, 그녀는 인디언들의 수중에 놓이게 되었다. 읽고 쓰는 것을 배웠고 이미 첫 영성체도 받은 이 소녀는 인생에서 가장 상상하기 힘들고 갑작스러운 단절을 경험하게 된다. 인디언들은 그녀를 데려다가 입양했다. 그녀는 그들 집단의 여자가 되어 차례로 두 남자의 아내가 되고 네 소년의 어머니가 되었다. 그리고 22년 후인 1961년 그녀는 부족과 숲을 버리고 백인 세계로 돌아온다. 그러므로 그 22년은 엘레나가 처음에는 고통과 눈물 속에서, 그 후에는 좀 더 평온하고 심지어 행복하게까지 야노아마 인디언의 생활을 배운 수련 기간이었다. 우연의 힘에 의해 문명 세계 너머로 밀려난 이 여자는, 황금기를 지나 존속하고 있는 인디언들의 문화적 우주에 통합·동화되고 또 그것을 그 가장 세부적 차원에 이르기까지 자신의 가장 내밀한 것으로 내면화하도록 강요받았다. 결국 엘레나의 입을 통해 인디언들이 말을 한 셈이다. 그녀 덕분에 그들의 세계와 그들의 이-세계-내-존재(être-en-ce-monde), 즉 우리의 문명이 아니고 그들의 문명에서 유래하는 자유로운 담화의 방식이 서서히 윤곽을 드러냈다.

한마디로 말해, 틀림없이 최초로, 그리고 진정 기적적으로, 원시 문화 스스로가 자신에 대해 말하고, 신석기시대가 자신의 위세를 직접 노출했으며, 인디언 사회가 **내부로부터** 자신을 묘사했다고 말할 수 있다. 처음으로 우리는 불법 침입을 하지 않으면서, 껍데기를 깨뜨리지 않고 달걀 속으로 들어갈 수 있었다. 이것은 축하할 만한 매우 희귀한 기회이다. 그것이 어떻게 가능했을까? 엘레나 발레로가 어느 날 긴 여행을 중지하기로 결정했기 때문이다. 그러한 결정이 아니었다면 그녀의 이야기는 결코 만들어지지 않았을 것이다. 그러므로 어떤 의미에선 엘레나가 인디언 사회와 오랫동안 관계를 맺었음에도 불구하고 인디언 사회는 그녀를 밀어냈다고 할 수 있다. 그래서 우리가 그녀의 책을 통해 그 속으로 파고들 수 있게 된 것이다. 그녀의 출발은 우리로 하여금 원시사회에 도착한 어린 소녀, 거꾸로 된 "문화 접변"을 생각하도록 해 주었다. 이러한 사색은 어떻게 엘레나가 그렇게 철저히 인디언이 될 수 있었으며, 반면 또 어떻게 그것을 중단할 수 있었을까 하는 질문을 낳았다. 이 사례는 이중적 흥미를 자아낸다. 한편으로 그녀의 비범한 성격에 의해서이고, 다른 한편으로 백인 사회에 대한 인디언의 반응에 대한 조명, 냉소주의자나 순진한 자들이 주저 없이 문화 접변이라 부르는 끔찍한 붕괴에 대한 조명에 의해서이다. 소녀의 나이는 우리의 주목을 끈다. 그녀는 유괴에 의해 폭력적으로 인디언 사회에 들어갔다. 그녀의 연령은 이러한 트라우마를 수용하는 동시에 새로운 생활에 적응하기에 이상적인 연령이었을 뿐 아니라, 그녀가 완전히 인디언이 되는 것을 막고 나중에 그녀로 하여금 결코 잊지 않았던 백인 사회로 돌아오도록 만든 거리 또는 간격을 유지하기에도 적절한 연령이었던 것 같다.[2] 그녀가 몇 살만 더 어려서 백인 문명에 아직 완전히 통합되어 있지 않았더라면, 그녀는 급진적 도약을 해서 야노아마족이 되어 버렸을 것이고 고향을 생각하는 일은 없었을 것이다.

---

2. 『야노아마족』같은 책과 다른 지역, 특히 북아메리카에서 수집된 인디언의 자서전들의 차이가 여기에 있다. 아무리 재능이 있고 기억력이 좋은 자료 제공자라 할지라도 자기 세계에 너무 깊이 빠져 있고 밀착해 있거나, 혹은 반대로 서구 문명과의 접촉으로 파괴된 자기 세계와 너무 분리되어 있다. 그리하여 극단적인 경우 그들은 자기 사회에 대해 말할 수 없거나 또는 죽은 담화만을 말한다. 이것이 바로 인디언이 결코 『야노아마족』을 쓸 수 없는 이유, 이 책이 독자적 가치를 갖는 이유이다.

엘레나가 인디언에게 유괴된 유일한 백인 어린이는 아니다. 하지만 대부분의 경우 그들은 완전히 사라져 버렸다. 이유는 간단하다. 그들은 너무 어려서 곧 죽었거나 고향에 대한 기억을 잃어버렸을 것이다. 우리에게 행운을 가져다준 엘레나의 특이성은 그녀가 열한 살로서 이미 돌이킬 수 없이 백인이며 서구인이었다는 점이다. 그녀의 이야기에 따르면, 그녀는 22년 후에도 모국어인 포르투갈어를 완전히 잊지 않고 말하거나 이해할 수 있었다. 또 잡혀간 뒤 오랫동안 그녀가 위태로운 상황에 처할 때 주기도문과 성모 마리아께 바치는 기도를 암송할 수 있었다는 것도 지적해야 한다. 반면 그녀가 좀 더 나이가 많았다면, 즉 소녀치고는 거의 성인에 가까웠다면 충격을 잘 견디지 못하고 또 놀라운 삶의 의지도 갖지 못하여 어려움을 잘 모면할 수 없었을 것이다. 아직 사춘기에 도달하지 않았던 그녀는 차부노를 도망쳐 불도 없이 홀로 숲속에서 7개월을 살기도 했다. 그녀는 인디언의 방식대로 마찰을 해서 불을 얻으려고 했지만 허사였다. 요컨대 나이와 성격이 도움이 되었다. 게다가 여자는 남자보다 훨씬 유리했다. 그녀와 같은 나이의 소년이 잡혔다면 인디언 세계의 일을 배운다는 것이 그다지 쉽지 않았을 것이다. 잡혀간 지 얼마 후, 그녀는 마찬가지로 잡혀 온 지 얼마 되지 않은 같은 또래의 브라질 소년을 만났다. 그녀는 그 후 한 번도 그에 대한 소식을 듣지 못했다. 유괴된 여자는 공동체의 잉여 재산, 거저 얻은 선물, 횡재이지만, 남자는 여자만 취할 뿐이고 반대급부로 주는 것이 없다. 그를 살려 두어서 이득 되는 것이 전혀 없는 것이다.

책 전체를 통해 엘레나가 자신을 향하는 만큼이나 인디언 사회를 대면하고 있었음이 드러난다. 우리는 그녀에게서 관찰에의 취향, 경탄하는 능력, 질문하고 비교하는 경향을 발견할 수 있다. 이러한 재능들은 민족학적인 것이다. 엘레나가 이러한 능력을 사용할 수 있었던 것은 인디언

생활에 완전히 포섭되지 않은 채 항상 거리를 유지하면서 야노아마족에게는 물론 자기 자신에게도 언제나 나파그누마(Napagnouma), 즉 백인의 딸로 남아 있었기 때문이다. 우리의 여주인공이 발전시킨 민족학은 심지어 항거의 성격을 갖기도 한다. 예를 들어 그녀는 인디언들의 종교적 신앙, 그리고 샤먼에게 영감을 주고 사람들을 보호하는 동식물과 자연의 "영"인 "헤쿠라(Hékoura)"의 존재에 오랫동안 회의를 품어 왔다. "여자들이 나에게 그러한 것들을 믿지 않느냐고 물었다. 그러면 나는 그런 것을 믿지 않으며 헤쿠라 같은 것들은 한 번도 본 적이 없다고 대답했다." 어떤 관습들은 그녀에게 혐오감을 불러일으켰고, 그녀는 아무런 주저 없이 이러한 혐오감을 인디언들에게 드러냈다. 특히 죽은 부모 뼈의 재를 먹는 족내 식인(endocannibale) 의례에 그녀는 큰 혐오감을 느꼈다. 서구 문화의 뚜렷한 특징인, 식인 풍습에 대한 거부감이 거기에서 숨김없이 나타난다. 엘레나는 식인 풍습에 대해 남편과 토론을 벌였던 이야기를 했다. 남편은 "당신들은 부모를 땅 밑에 파묻어 벌레들이 먹게 하지. 당신들은 부모를 사랑하지 않아"라고 말한다. 그녀는 용감하게 반대한다. "내 말은 진실이야. 당신들은 시체를 태운 다음 뼈를 모아 빻잖아. 죽은 다음까지도 당신들은 그들에게 고통을 주는 거야. 그리고 당신들은 그 재를 바나나 죽에 넣고 먹은 다음, 숲에 가서 배설을 하잖아. 그 뼈들도 역시 땅 속으로 들어가는 거야." 남편은 심각한 표정으로 그녀를 바라보다가 말한다. "아무에게도 그런 말을 하지 마라." 이를 비롯한 다른 많은 사실들은 엘레나가 인디언과의 관계에서 자유로웠고 그들과 차이를 유지하려고 항상 애썼음을 보여 준다. 그녀는 첫 남편인 푸시웨(Fusiwe)와의 결혼 생활 기간을 제외하고는 고향에 돌아간다는 생각을 결코 버리지 않았음을 이러한 사실들이 나타내 준다. 그녀는 이야기의 제2부에서 첫 남편을 부드러움과 애정 그리고 또한 번민으로 가득 찬 고대 영웅의 대단한 모습으로 그렸다. 자신이 쓴 『저명한 사람들의 초상』이란 책에 위대한 우두머리 투피남바 코니암벡(Tupinamba Coniambec)을 포함시켰던 테베(Thévet)는 푸시웨의 초상도 거기에 추가했어야만 했을 것이다. 그가 그녀의 팔을 몽둥이로 부러뜨렸을 때에 그랬던 것처럼, 간혹 그녀는 분노를 폭발시켰다. 하지만 엘레나가 남편에 대해 말할 때 보이는 인디언 특유의 수줍음과 조심성은 그녀와 남편을 결합시켰던 관계가 얼마나 깊은 것이었는지 짐작하게 해 준다. 그녀는 말한다. "푸시웨의 아내가 되었을 때 나는 나모에테리(Namoétéri)족과 함께 머물겠다고 생각했다. 그날 이후 나는 더 이상 도망갈 생각을 하지 않았다. 푸시웨는 크고 강했다."

엘레나 발레로의 전설적인 인생 역정이 기반하고 있는 지평은 어떠한 것일까? 그것은 이 에우리디케(Euridice)가, 그녀가, 저승에서 돌아왔다는 점에서 가히 전설적이다. 그 저승은 이중적이다. 우선 야노아마 인디언 사회와 같은 원시사회가 서구 문명 너머에 하나의 한계선, 서구 문명에 대한 진리의 거울을 구성하기 때문이다. 둘째로는 이 인디언들의 문화는 이제 이미 죽었거나 또는 죽어 가고 있기 때문이다. 그녀는 이중적으로 귀환한 나파그누마이다.

야노아마족은 어떤 민족일까? 그들을 묘사하고 있는 이 책은 민족지적인 풍부성을 대단히 많이 지니고 있다. 이 집단들의 다양한 생활 측면에 대한 수많은 세부 묘사들, 깊이 있고 복합적인 관찰들, 정확하고 풍부한 기술들은 감당하기 힘들 지경이다. 그러므로 이 이야기가 펼쳐 내는 매우 풍부한 자료 모두를 취하는 것은 포기하고 중요한 부분들만을 언급하기로 하자. 하지만 한 가지 흥미로운 시도를 하면서 즐길 수도 있을 것이다. 그것은 야노아마족과 관련되는 글만을 읽고 모든 직접적 소여들을 정리·분석하여 일종의 민족지적 연구를 한 다음, 비오카가 이 인디언들에 대해 쓴 네 권의 책과 비교하는 것이다. 이러한 비교는 큰 성과가 있을 것이다.

이 책에서 특히 우리의 관심을 끄는 것은 족내 식인 풍습이다. 식인 풍습이 존재한다는 사실 자체는 오래 전부터 알려져 있고, 북서 아마존 지역에는 다른 지역보다 약화된 형태의 의례적인 식인 풍습이 존재한다는 사실도 이미 알려져 있다. 사람이 죽으면 시체를 바구니에 넣어 살이 썩어 없어질 때까지 나무 위에 매달아 놓거나, 혹은 즉시 시체를 태운다. 그러나 어떤 경우에도 뼈를 수습한 뒤 빻아서 가루로 만들어 호리병박에 보관한다. 그리고 의식을 치를 때 그것을 바나나 죽에 섞어 먹는다. 야노아마족의 입을 통해 과야키(Guayaki)족의 식인 풍습 이론과 똑같은 이론을 다시 듣는 것은 충격적이다. 과야키족의 식인 풍습은 약화된 것이 아니며, 야노아마족의 식인 풍습과 대칭된다. 과야키족은 살을 구워 먹으며 뼈를 태워 버린다. 그러나 두 경우 모두 인디언의 사고는 이 의례를 죽은 자와 산 자 사이의 화해의 수단으로 본다. 또 모두 먼 친구까지 초청하여 큰 축제를 열고 죽은 친족을 집단적으로 먹으며, 홀로 먹는 경우란 존재하지 않는다. 그러나 뼛가루나 구운 살을 반드시 식물성 식품(야노아마족은 바나나 죽, 과야키족은 핀도pindo의 진액)에 섞어 먹는다. 족내 식인 풍습은 동질적 공간에 분포되는데, 형태는 다양하지만 하나의 이론에 포괄된다. 그러나 예컨대 투피-과라니(Tupi-Guarani)족이 행하는 것과 같은 족외 식인 풍습을 포함시키지 않고서 하나의 이론을 구성할 수 있을까? 두 가지 형태의 식인 풍습은 하나의 분석에 포괄되는 동일한 장(場)에 속하는 것이 아닐까? 북부 아마존의 식인 풍습을 "초기 농경"과 연결시키는 볼하드(Volhard)와 보글라(Boglar)의 가설은 완전한 설득력을 갖지 못한다. 현재 진행되고 있는 연구들은 앞으로 이 점에 대해 많은 것을 밝혀 줄 것이다(「족내 식인 풍습과 과부의 제거」라는 장의 제목은 이해하기 힘들다. 식인 풍습도, 과부의 제거도, 양자 간의 관계도 문제 삼지 않기 때문이다).

『야노아마족』이 이 테마에 대해 제공하는 수많은 정보들은 샤머니즘을 이해하는 데에도 귀중한 자료이다. 이 책에는 야노아마족 의사들의 치료 방법이 세밀하게 기술되어 있고, 사람들을 보호하는 "영"인 헤쿠라의 도움을 요청하기 위해 샤먼이 부르는 노래들이 적혀 있다. 샤먼이 되기 위해서는 모든 종류의 헤쿠라를 부르는 노래를 알아야 한다. 한 장에서는 한 젊은이가 나이 든 의사들의 엄격한 지도 아래 어떻게 샤먼의 직무를 배우는지 상세히 기술하고 있다. 그 공부는 결코 쉬운 일이 아니다. 금욕, 단식, 야노아마족이 대단히 많이 사용하는 환각제인 에베나의 반복적 흡입, 스승이 가르치는 노래를 외우기 위해 기울이는 계속적인 지적 노력 등으로 인해 신참자는 헤쿠라의 은총과 도움을 받는 데 필요한 신체적인 탈진과 절망 상태에 이르게 된다. "아버지! 저기에 헤쿠라들이 와요. 그들은 숫자가 많아요. 아버지, 그들은 춤을 추면서 나를 향해 와요. 이제 됐어요, 나도 헤쿠라가 돼요!…"헤쿠라를 도구적인 시각으로 이해하는 것은 잘못된 생각일 것이다. 헤쿠라들은 직업적인 필요에 따라 그들을 부르고 이용하는 샤먼의 외부에 중립적인 도구로 존재하는 것이 아니라, 샤먼의 자아의 본질이며 존재의 근원이자, 사람들의 모임과 신들의 세력권에서 샤먼을 지탱시켜 주는 생명력이다. 샤먼의 이러한 존재적 특성의 지표는 그들을 부르는 호칭의 하나가 헤쿠라라는 사실이다. 이는 화살을 맞고 죽어 가는 젊은 샤먼의 어둡고 비극적인 종말에서도 잘 드러난다. 엘레나는 다음과 같이 쓴다. "그는 자기 아버지 쪽으로 몸을 돌리며 말했다. 아버지, 아버지가 올 때까지 내 옆에서 나를 살려 주었던 마지막 헤쿠라, 파초리웨(Pachoriwe, 원숭이 헤쿠라)가 이제 나를 떠나가네요. […] 그는 나무줄기를 움켜잡더니 뻣뻣해져 죽었다." 샤머니즘 현상에 대한 지배적 관념들은 이에 대해 어떻게 말할까? 무엇이 이 젊은이를 "사로잡아" 그가 죽기 전의 소원대로 아버지를 마지막으로 볼 때까지 몇 시간 동안 죽음을 연기시켜 준 것일까? 실상 민족학적 사고의 빈약한 범주로는 인디언의 사고의 깊이와 농밀함을 가늠할 수 없고, 또 우리의 사고와의 차이를 포착할 수 없다. 인류학은 보잘것없는 확실성을 지키기 위해, 미지의 영역으로 남아 있는 장(場)을 멀리하고 있다(아마도 타조처럼). 정신, 영혼, 육체, 황홀경 등과 같은 개념들은 이 장을 경계 짓지 못하고 있고, 그러나 그 한가운데에서 죽음이 빈정거리듯 질문을 던진다.

우연으로 인하여 나파그누마(엘레나)는 우두머리인 푸시웨의 부인이 된다. 푸시웨에게는 이미 네 명의 아내가 있었다. 그녀는 다섯 번째 아내였고 그녀 뒤에도 아내가 있었다. 푸시웨는 눈에 띄게 그녀를 총애했고 그녀가 다른 부인들에게 명령을 내리도록 했지만, 그녀는 그것을 대단히 싫어했다. 그러나 문제는 그것이 아니다. 우리의 흥미를 끄는 것은 그녀가 남편에 대해 말할 때 남아메리카 대륙 전역에서 동일하게 나타나는 인디언 우두머리의 초상을 그려내고 있다는 점이다. 우리는 여기에서 웅변술이나 가수로서의 재능, 관대함, 여러 명의 아내, 용감성 등 인디언의 정치적 권위의 모델, 즉 우두머리의 모델을 특징짓는 특질들을 다시 발견하게 된다.

이러한 특질들을 뒤죽박죽 열거한다고 해서, 이러한 특질들을 조직화하는 체계가 없는 것은 아니며, 이러한 특질들을 하나의 시니피앙으로 모으는 논리가 존재하지 않는 것도 아니다. 오히려 그 반대이다. 푸시웨라는 인물은 우리의 권력 개념과 완전히 다른 인디언의 권력 개념을 잘 보여 준다. 집단이 우두머리와 강제권을 분리시키고 권력을 약화시키는 데 모든 힘을 기울이기 때문이다. 구체적으로 말하자면, 오히려 지도자나 안내자라고 부르는 것이 더 나을 우두머리는 그가 불러일으키는 존경심이나 위세의 힘 — 완전히 다른 — 을 제외하면 자신의 부족들에게 아무런 힘도 행사하지 못한다. 이러한 사실로부터 엘레나의 이야기의 행간에서 읽어 낼 수 있는 우두머리와 집단 사이의 미묘한 게임이 비롯되고, 우두머리는 시시각각으로 집단의 의도를 파악해서 그것을 대변해야 하는 것이다. 이것은 집단에 의한 은밀하고 부지런한 통제 아래 이루어지는 섬세하고도 민감한 일이다.

집단은 조그마한 권력의 잘못(즉 권력의 사용)이라도 발견하면, 그것을 우두머리의 위세 때문에 일어난 일로 여긴다. 사람들은 그를 버리고 자기의 의무에 더 투철한 다른 우두머리를 찾는다. 푸시웨는 자기 부족이 원치 않는 전쟁을 하도록 유도하고 자신의 욕망과 집단의 의도를 혼동해서 권력을 잃었다. 그는 거의 모든 사람에게 버림을 받았지만, 홀로 전쟁에 나가 결국 거기서 생을 마감했다. 그러므로 고독했던 그의 죽음은 사실상 자살이라고 할 수 있다. 그것은 동료들의 거부를 수용하지 못했던 우두머리의 자살이었으며, 자기 부족과 백인 부인 앞에서 우두머리로 살아갈 능력을 잃는 것보다 차라리 전사로서 죽는 것을 선택한 남자의 자살이었다. 이러한 유형의 사회에서 권력의 문제를 적합한 용어로 제시하는 것은 아카데미즘의 단순한 묘사(고도의 이국 취향에 공범적이고 인접한 관점)와 결별하는 것이고, 우리 사회의 인간들에게 친숙한 기호를 보내 주는 것이다. 즉 고대사회와 "서구" 사회를 구분하는 기준은 기술의 발전보다는 정치적 권위의 변형에 있다는 것이다. 여기에서 인간과학이 그곳에 거주할 줄 알아야 할 한 장소가 부각된다. 비록 서구인들 사이에서 자기의 고유한 자리를 더 잘 차지하기 위해서일지라도.

그러나 인디언 사회에서 우두머리가 일시적으로 권력을 갖는 것이 허용되는 상황이 존재한다. 전쟁 상황에서는 우두머리가 명령을 하는 것이 허용되며, 그때가 부족이 우두머리의 명령을 집행하는 유일한 상황이다(하지만 아직 더 세밀히 관찰해 보아야 한다). 엘레나의 책에서 전쟁은 거의 항상 등장하며, 인디언 사회에 대해 지식이 있는 사람이라도 이 책을 읽고 나면 매우 나쁜 인상을 받을 것이다. 결코 식지 않는 열정을 가지고 서로 죽이기를 멈추지 않는 사람들, 어제는 가장 친한 친구였던 자들을 오늘은 화살로 쏘기를 주저하지 않는 사람들을 독자들은 어떻게 생각할까? 이제 선한 "야만인"의 평화로운 풍속에 대한 환상이 깨진다. 문자 그대로 홉스가 말하는 인간의 전(前)사회적 상태인 만인에 대한 만인의 투쟁만이 보이기 때문이다. 그러나 야노아마족의 많은 전쟁 에피소드들이 보여 주는 바에도 불구하고, 루소의 자연 상태나 홉스의 "만인에 대한 만인의 투쟁"은 인간 진화의 한 역사적 시기와 일치하지 않는다. 우선 엘레나 발레로의 이야기는 22년간에 걸쳐 일어난 일을 이야기한 것인데다가, 그녀는 아마도 가장 인상적이었던 일인 전쟁을 강조했을 수도 있다. 그리고 남북아메리카 전역의 문화에서 전쟁이 차지하는 사회학적 중요성을 외면해서는 안 되겠지만, 백인들과의 접촉이 부족들 간의 적의와 전쟁을 거의 기계적으로 증가시켰다는 사실을 잊어서도 안 된다. 자세히 살펴보면, 전쟁이란 단어가 사실을 적합하게 묘사하지 못하는 것처럼 보인다. 서로 싸우는 단위가 인척 관계에 있는 지역 집단, 즉 여자를 주고받아 친족 관계를 맺은 집단들이기 때문이다. 특히 매형과 처남들이 심하게 싸우는 것은 이해하기 어렵지만, 여자들은 절대로 죽이지 않는 인디언의 "전쟁"은 확실히 여자들의 교환에서 비롯되는 듯하다. 야노아마족은 이러한 사실을 잘 알고 있으며, 그들은 가능하면 활을 쏘는 피비린내 나는 대결을 몽둥이로 때리는 의례적인 전쟁으로 대체하여 복수심을 해소한다. 그 결과, 평화와 폭력, 결혼과 전쟁의 경계가 매우 희미해진다. 이러한 문제에 생생한 자료를 제공하는 것이 이 책의 큰 장점이다.

 마지막 결론을 내리자. 독자가 민족학자라면 이러한 저술을 읽고 어떤 생각을 할까? 그는 완전히 가득 채워지면서도 여전히 만족하지는 못할 것이다. 과학자의 담화는 원시사회 생활의 빽빽한 풍성함과 비교할 때 말더듬이와 애꾸눈이의 갈팡질팡하는 모습을 하고 있다. 그러므로 이 책은 우리가 의미에 다가가기 위해 발자국을 떼어 놓을 때마다 의미의 표면으로만 이동하고 오히려 의미에서 더 멀어진다는 것을 확인하게 해 주는 씁쓸한 책이다. 그러나 이것은 민족학만의 문제가 아니다. 사물들은 자신의 모습대로 머물러 있고, 과학의 언어는 "야만인"의 담화가 아닌 "야만인"에 대한 담화에 머물고 있다. 그들과 마찬가지로 우리도 모든 것을 잃지 않으면서, 또 어느 곳에도 거주할 수 없게 되지 않으면서, 서로가 같이 존재하고 이곳과 저곳에 동시에 존재하는 자유를 획득하지 못하고 있다. 지식의 술책을 거부하는 것은 각자의 일이다. 지식이 절대적인 것으로 될 때, 지식은 침묵 속으로 사라질 것이다.

제3장
항해 여행의 못[1]

커다란 보트가 마지막 몇 미터를 가로질러 무사히 해변에 닿았다. 안
내자는 뭍으로 뛰어내려 소리쳤다. "부인과 아이들 먼저 내리세요!" 그
는 즐겁게 웃으며 정중하게 부인들에게 팔을 내밀었다. 하선은 쾌활한
분위기 속에서 이루어졌다. 브라운 부부, 머독 부부, 폭스 부부, 포아주
부부, 매커디 부부와 쿡 부부 모두가 내렸다. 출발하기 전에 그들은 긴
옷을 입으라는 충고를 들었지만, 남자들 가운데에는 짧은 옷을 입은 사
람이 많았다. 모기들이 즉시 그들에게 달려들어 물어뜯었고, 그들은 장
딴지를 찰싹 때리며 빨갛게 된 굵은 무릎을 긁어 댔다. 그렇지만 냉방이
된 호텔에서 인생을 보낼 수는 없다. 가끔은 어려움을 참으며 자연을 배
울 필요가 있다.

"두 시간 후에 출발합니다… 머리 가죽을 조심하세요!"

아마도 이들은 그가 열 번째로 인디언 마을에 안내한 여행객이리라.
그에게는 이 안내가 일상이 되어 버렸다. 그는 자신의 재기 넘치는 말을

---
1. *Les Temps Modernes*, n° 299-300, 1971년 6-7월호, 2345-2350쪽에 수록되었다.

변화시킬 필요도 없었다. 그는 매번 여행객을 정성껏 맞이했다. 그러나 이번 사람들은 매우 다르다. 그들은 "야만인"을 보러 여기에 오기 위해 제법 많은 추가 비용을 지불했다. 그리고 그들은 그 돈의 대가로 사정없이 내리쬐는 햇볕, 강물과 숲이 뒤섞인 냄새, 곤충들, 그리고 이제 그들이 용감하게 정복하고자 하는 이상한 세계를 얻게 된 것이다.

"햇볕이 강하군요. 나는 이걸 좀 열어야겠어요…"

좀 더 앞으로 나아가자, 4, 5채의 큰 집단 가옥이 있는 돔들이 보였다. 카메라 돌아가는 소리, 셔터 누르는 소리가 나면서 집터가 펼쳐졌다.

"흑인들을 보는 것은 참 재미있었어요! 참 흥미진진한 일이지요!"

"…10달러 이상은 안 된다고 그에게 말했지요. 결국 그렇게 되었어요."

"그들은 매우 낙후되어 있어요. 하지만 서구인들보다 훨씬 호감이 가지 않으세요?"

"…나는 바하마 제도에 가는 것과 값이 같은 것을 보고 아내에게 '결정했어. 갑시다'라고 말했지요."

작은 행렬이 우루쿠(urucu) 나무가 줄지어 서 있는 길을 천천히 걸어갔다. 인디언들은 전쟁에 나갈 때면 붉은 과일즙으로 몸에 그림을 그린다고 브라운 씨가 설명했다.

"책에서 읽었는데, 어느 부족에 대한 것인지는 잊어버렸어요. 그러나 중요하지 않아요. 그들은 다 비슷하니까요."

그의 박식함에 모두들 존경심을 느꼈다.

"프레스콧 부부요? 그들은 바보일 뿐이에요. 그들은 피곤하다고 말했어요. 사실은 두려웠던 거지요! 인디언이 두려웠던 거예요."

커다란 밭을 가로질러 길이 나 있다. 머독 씨는 바나나 나무를 바라본다. 바나나가 먹고 싶었지만 손이 닿지 않았다. 껑충 뛰어야 했다. 그는 망설이다가 모자를 벗고 대머리의 땀을 닦았다.

"당신은 적어도 머리 가죽 때문에 위험하지는 않겠군요!"

그는 바나나를 포기한다. 모두 기분이 좋다. 그들은 이제 길 끝에 있는 두 채의 커다란 오두막 앞에 도달했다. 그들은 그곳이 현관이라도 되는 듯 잠시 멈추어 선다. 타원형 광장은 인적도 없이 깨끗하고 불안한 분위기가 감돈다. 마치 죽은 도시 같다.

"그들은 밤에 여기서 춤을 추지요."

가운데 흑백의 마름모꼴로 장식된 기둥이 있다. 비쩍 마른 개 한 마리가 그 밑에 오줌을 누었다. 그 개는 조그만 소리로 짖다가 종종걸음으로 가 버린다.

"저것은 분명히 고문을 하는 기둥이에요!"

브라운 씨는 자신이 없는 것 같았다. 그러나 그는 전문가이다. 중얼거리는 소리, 사진 찍는 소리, 기쁨에 넘친 감탄 등이 이어졌다.

"인디언들이 이들에게 말을 가르쳤으리라고 생각하세요?"

노란색, 초록색, 붉은색, 푸른색의 앵무새와 커다란 금강 잉꼬가 지붕 꼭대기에 앉아 낮잠을 자고 있었다.

"그래도 뭔가 말을 할 수 있을 거예요. 자, 우리에게 뭔가 보여 주렴!"

답답한 침묵이 흘러 견디기 힘들었다. 다행히 주민들이 작은 입구를 통해 나타나기 시작했다. 여자들은 젖가슴을 드러내 놓고 있었고 아이들은 그녀들의 치맛자락을 붙잡고 있다. 남자들은 이방인들을 몰래 훔쳐보면서 권태로운 듯 개에게 나무토막을 던져 주었다. 모호한 대화가 시작되었다. 부인들은 어린아이들의 머리를 쓰다듬으려 했으나, 아이들은 손길을 피해 달아났다. 쾌활한 미소를 짓고 있는 한 젊은이는 지치

지도 않고 "오케이! 안녕하세요! 오케이!"라고 되풀이했다. 포아주 씨는 몹시 기뻐했다.

"자네도 잘 지내나?"

그는 이 두 언어에 능통한 젊은이의 등을 탁 쳤다. 차가운 분위기가 깨지고, 그들은 "야만인들"에게 따뜻한 대접을 받고 있었다. 모두가 그렇다고 말할 수는 없겠지만 말이다. 물론 그들이 기대했던 그대로는 아니었지만, 나름대로 만족스러웠다. 인디언들이 있었고, 종려나무 벽에는 활과 화살이 세워져 있었다.

각자는 이제 자기 거처를 찾았다. 하나도 걱정할 것이 없었다. 사진이나 또 다른 것들도 너무 많이 찍을 필요도 없었고, 전쟁 치르듯 서두를 것도 없었다.

브라운 씨는 결심을 하고 부인과 함께 가장 가까이에 있는 인디언에게 다가갔다. 원칙적으로는 그는 마을을 완전히 한 바퀴 돌아야 했다. 그러나 부족을 조롱거리로 만들면서 두 시간이나 소비할 필요는 없다. 자, 일을 시작하자. 그 인디언은 작은 나무 벤치의 그늘진 곳에 짐승처럼 앉아 있었다. 그는 가끔 진흙으로 빚은 담뱃대를 입으로 가져갔다. 그는 시선을 한곳에 고정시킨 채 담뱃대를 피우고 있었고, 마치 아무것도 바라보지 않는 듯했다. 심지어 브라운 씨가 그의 앞을 막아섰을 때에도 그는 미동도 하지 않았다. 그의 검은 머리카락은 크게 구멍이 뚫린 귀를 드러낸 채 어깨까지 자유분방하게 흘러내렸다.

브라운 씨는 행동으로 옮기기 전에 몇 가지 점 때문에 잠시 멈칫거렸다. 그를 어떻게 불러야 할 것인가? 존칭을 써서 그를 "미스터 (Monsieur)"라고 부를 수는 없다. 그렇다고 격의 없이 말을 튼다면 화가 나서 몽둥이로 때릴지도 모를 일이다.

"어떻게 생각해? 이 사람을 어떻게 불러야 할까?"

"부르지 않고 그냥 말하면 되잖아요. 어쨌든 그는 알아듣지 못할 것이 뻔한데."

그는 다가가서 명령 반, 부탁 반으로 말했다.

"사진."

인디언은 브라운 씨의 발 쪽에서 무릎 쪽으로 시선을 올렸다.

"1페소."

적어도 돈이 무엇인지는 알고 있군. 그것을 예상했어야 하는데… 비싸지는 않으니까.

"좋아요. 하지만 옷을 전부 벗어야 해요! 사진을 찍지만 옷을 입고는 아니에요!"

브라운 씨는 바지를 벗는 시늉을 했고 셔츠의 단추를 푸는 것을 가르쳤다. 그는 "야만인"의 옷을 벗기려 하고 있다. "야만인"의 냄새 나는 옷을 벗기려 한다.

"나, 옷을 벗으면 5페소."

맙소사. 이렇게까지 타산적이다니 믿을 수 없군. 사진 한 장에 5페소라니 심해. 브라운 부인이 참을성을 잃기 시작한다.

"당신 사진을 찍을 거야, 어쩔 거야?"

"저 사람이 자꾸 말썽을 부리잖아!"

"다른 인디언을 찍어."

"다른 사람들도 마찬가지일 거야."

그 인디언은 계속 무관심하게 앉아 평화롭게 담배를 피우고 있다.

"좋아요. 여기 5페소."

그는 잠시 안으로 사라지더니, 완전히 벌거벗은 건장한 모습으로 다시 나왔다. 그는 조용하고 자유로워 보였다. 브라운 씨는 잠깐 향수에 잠겼다. 브라운 부인의 시선은 잘못해서 인디언의 성기로 향했다.

"당신 정말로 저렇게…"

"아! 아무 소리도 하지 말아요. 당신까지 말썽을 부릴 거요?"

찰칵 찰칵… 여러 각도에서 찍고 5페소다. 여섯 번째 사진을 찍으려고 할 때였다.

"끝."

인디언은 목소리를 높이지도 않고 명령을 했다. 브라운 씨는 감히 명령에 불복할 수 없었다. 그는 자신이 경멸스럽고 미웠다… 인종 간의 평등함을 믿고 백인이 아닌 사람들에게 형제애를 갖는 문명화된 백인인 내가 냄새 나는 누더기를 걸치지 않으면 벌거벗고 사는 비참한 사람의 말 한 마디에 복종하다니. 그는 5페소를 요구했지만 나는 5천 페소도 줄 수 있어. 그는 가진 것도 없고 보잘것없는 인간이야. 그런데 그가 끝났다고 말하자 나는 멈추었다. 왜 그랬을까?

"저 자식은 왜 저러는 거야? 사진 한두 장 더 찍는다고 뭐가 잘못돼?"

"아주 비싼 스타에게 걸리셨군."

브라운 씨는 유머를 즐길 상태가 아니었다.

"아니, 이 돈으로 뭘 하려는 거야? 짐승처럼 돈 없이 살면서!"

"아마 사진기가 사고 싶은가 봐."

인디언은 오랫동안 5페소짜리 지폐를 조사하더니 그것을 집에 보관하려고 들어갔다. 그는 앉아서 다시 담뱃대를 물었다. 브라운 씨는 이 꼼짝하지 않는 덩어리 앞에서 생각하기 시작한다. 이건 정말 곤란하다. 그는 우리에게 조금도 관심을 가지지 않아. 우리가 있는 데도 없는 것처럼 행동하다니… 분노가 치민다. 요구할 때마다 금액은 올라간다. 품위 있는 태도를 유지하는 것이나 이 미개인을 모욕하는 것, 그 어느 것도 불가능하다. 브라운 씨는 여기에 온 이상 그래도 무언가 해야 했다.

"깃털은? 깃털은 없나요?"

그는 큰 몸짓으로 인디언에게 치장을 해 주고 머리에 장식을 씌운 후 긴 날개를 달아 준다.

"나, 깃털을 단 사진은 15페소."

한번 말한 금액은 요지부동이다. 브라운 부인의 얼굴에 희미한 승낙의 미소가 번졌다. 남편은 순교자가 되지 않을 수 없다.

"좋아요. 여기 15페소."

그는 5페소짜리 지폐 한 장과 10페소짜리 지폐 한 장을 지불했다. 인디언은 집으로 들어갔다. 어두운 집에서 다시 나온 그는 흡사 신인(神人)과 같은 모습이었다. 그는 이제 머리카락을 하나로 묶고 그 위에 붉고 검은 태양 같은 큰 머리 장식을 얹었다. 구멍 뚫린 귓불에는 두 개의 원반을 걸었고 발뒤꿈치에는 흰 깃털 다발이 있었다. 커다란 상반신은 어깨에서 허리로 비스듬히 걸쳐 있는 작은 조가비 목걸이 두 개로 나뉘어 있었다. 손은 무거운 망치를 잡고 있었다.

"그래도 그만한 가치가 있어. 멋있잖아!"

브라운 부인은 칭찬했다. 찰칵 찰칵… 신인(神人)은 열 번째 사진을 찍은 후에야 개입했다. 열 번째 사진에서는 겸손하고 온정에 넘치는 브라운 씨가 이 아메리카 인디언 옆에 서서 포즈를 취했다.

그가 진흙을 구워 만든 작은 조각상과 장식, 화살과 활을 사고자 하였을 때 모든 것이 다시 시작되었다. 일단 가격이 정해지면 인디언은 입을 다물었다. 그 가격대로 주는 수밖에 없었다. 팔려고 하는 무기는 흰 새털로 장식된 아름다운 활로서, 오두막에 세워 둔 긴 손잡이가 있는 큰 활과는 사뭇 달랐다. 큰 활은 어두운 색깔의 장식이 없는 간결한 것이었다.

"얼마지요?"

"100페소."

"그러면 이것은 얼마지요?"

인디언은 처음으로 감정을 드러냈다. 차가운 얼굴에 잠깐 희미한 놀라움이 스쳐 갔다.

"이것? 내 활. 짐승을 잡는."

그는 불쾌한 표정으로 숲 덤불을 가리키며 활을 쏘는 몸짓을 했다.

"이건 팔 수 없어."

이번에는 저것을 손에 넣고 말 거야. 어디 누가 더 센지 보자.

"그래도 나는 그걸 원해요. 화살도요."

"그것으로 뭘 하려고? 다른 활이 훨씬 더 예쁜데!"

인디언은 자신의 무기와 팔기 위해 정성껏 만든 활을 바라보았다. 그는 화살을 집어 들어 얼마나 곧은지 살펴보고 뼈로 만든 활촉을 손으로 쓰다듬었다.

"천 페소."

브라운 씨가 전혀 예상치 못했던 가격이었다.

"뭐라고! 미쳤군! 너무 비싸!"

"이건 내 활. 나는 짐승을 잡는다."

"당신, 웃음거리 되지 말고 돈을 내. 할 수 없잖아!"

부인의 말에 브라운 씨는 천 페소짜리 지폐를 내밀었다. 그러나 인디언은 그것을 거절했다. 그는 백 페소짜리 지폐 열 장을 원했다. 브라운 씨는 포아주 씨에게 소액 지폐로 바꿔 달라고 부탁해야 했다. 브라운 씨는 기가 막혀 사냥용 활과 화살을 손에 들고 그곳을 떠났다. 그는 마치 도둑처럼 사람들이 보지 않는 틈을 타서 카메라의 필름을 끝까지 돌려 버렸다.

"이 사람들 날강도잖아! 완전히 썩어 빠져서 돈만 알아!"

배로 돌아오는 여행자들이 일반적으로 느끼고 있던 감정을 매커디 씨가 잘 요약했다.

"벌거벗고 춤추는 여자애들을 찍는 데 이백 페소라니 상상이 가세요? 아마 2천 프랑이면 그 애들은 무슨 짓이라도 할 거예요!"

"내 의견은 반대예요! 나는 남편이 그렇게 돈을 쓰는 것을 처음 봤어요! 누구 때문에!"

"…흥정해 보았자 소용없죠. 그들은 정말 어리석어요. 게으름뱅이들. 그렇게 살면 편할 거예요!"

"프레스콧 부부가 옳았어요!"

제4장

민족 말살에 대하여[1]

몇 년 전만 해도 민족 말살(ethnocide)이란 용어는 존재하지 않았다. 유행의 일시적 수혜들을 누리면서, 더 확실히 말하면, 요구에 부응하고자 하는, 용어의 세분화의 필요를 충족시키고자 하는 유행의 일시적 수혜들을 누리면서, 이 용어의 사용은 그 발생 장소인 민족학을 벗어나 널리 그리고 급속히 전파되었고, 그리하여 공공의 무대 속으로 들어왔다. 그렇지만 한 단어의 급속한 확산이 정합성과 엄격성의 유지를 보장해 줄 것인가? 확산된다고 해서 그것이 이해되었는지는 분명하지 않다. 즉 민족 말살이란 단어를 사용하면서 자신이 무엇에 대해 말하는지를 명확히 알고 있는지는 결코 자명하지 않다. 그 단어를 발명한 사람들의 마음속에서 그 단어는 여태까지 어떠한 용어도 표현하지 못했던 하나의 현실을 지시하는 것이었다. 우리가 새로운 단어를 만들어 낼 필요를 느끼는 것은 새로운 사실 또는 아직 사고가 안 된 과거의 사실을 사고해야 하기 때문이다. 또는 달리 말하면, 옛부터 널리 사용되던 다른 단어, 즉 인종

---

1. *Encyclopaedia Universalis*, Ed. Universalia, 1974, 282b-286a쪽에 실렸다.

말살(génocide)이란 단어가 바로 이러한 요청을 충족시키는 데 부적합 또는 부적절하다고 여겨졌기 때문이다. 결국 우리는 인종 말살이라고 칭해지던 현실과 민족 말살이라고 지칭되는 현상을 구분해 주는 것을 명확히 규정하지 못한 상태에서는 민족 말살이라는 생각을 진지하게 성찰할 수 없었던 것이다.

1946년 뉘른베르크 법정에서 만들어진 인종 말살의 법률적 개념은 당시까지 알려져 있지 않던 한 유형의 범죄를 법적 차원에서 고려하려는 것이었다. 더 정확히 말하면, 그 개념은 법적으로 등록된 그 범죄의 첫 번째 표출에 준거한다. 즉 독일 나치에 의한 유럽 유태인의 체계적 말살이 그것이다. 법적으로 규정된 인종 말살이란 범죄는 인종주의에 뿌리를 두고 있는 것이다. 즉 인종 말살은 인종주의의 논리적 결과이며, 극단적으로 말한다면 필연적 결과라고도 할 수 있다. 나치 독일의 경우에서처럼 자유롭게 발전하는 인종주의는 인종 말살에 이를 수밖에 없는 것이다. 1945년 이래 제3세계에서 식민주의 전쟁들이 계속되었고, 또 몇몇 지역에서는 아직도 지속되고 있는데, 그 전쟁들은 식민지 세력을 인종 말살의 혐의로 탄핵하도록 한다. 그러나 국제 관계의 역학과 여론의 상대적 무관심은 뉘른베르크에서와 같은 합의를 만들어 내는 것을 가로막았다. 그래서 기소(起訴)는 행해지지 않았다.

나치에 의한 유태인 인종 말살은 법의 이름으로 정죄된 첫 번째의 것이었지만, 첫 번째로 범해진 것은 결코 아니었다. 19세기 서양 팽창의 역사와 유럽 열강에 의한 식민지 제국 건설의 역사는 토착 민족들의 조직적 학살로 점철된 것이었다. 그럼에도 아메리카 원주민들에 대한 인종학살은 대륙 전체로의 확산과 급격한 인구 감소로 인해 가장 주목을 받았다. 1492년 아메리카 발견 이래 인디언들을 파괴하는 기계가 자리 잡는다. 이 기계는 마지막 "야만" 부족이 존속하고 있는 아마존의 대 밀림을 따라 여전히 작동하고 있다. 지난 수십 년간 브라질, 콜롬비아, 파라과이에서 인디언들의 집단 학살이 폭로되어 왔다. 항상 아무런 성과도 없이.

그런데 바로 이러한 아메리카의 경험에 주로 입각해서 로베르 졸랭(Robert Jaulin)을 필두로 한 민족학자들은 민족 말살의 개념을 만들어 내기에 이르렀다. 이때 준거된 것은 우선 남아메리카 인디언들의 현실이었다. 즉 그곳은 인종 말살과 민족 말살 사이의 차이를 연구하기에 적합한 현장이었다. 왜냐하면 그 대륙의 최후의 토착 인구들은 한꺼번에 이 두 가지 유형의 범죄에 의해 희생되었기 때문이다. 인종 말살이 "인종"이라는 관념 및 인종적 소수자를 멸절시키겠다는 의지와 관계된다면, 민족 말살은 사람들을 물리적으로 제거하려고 하기보다는(그러한 상황은 인종 말살적인 것이다) 그 사람들의 문화를 파괴하려고 하는 것이다. 따라서 민족 말살은 말살의 집행자들과 상이한 다른 사람들의 생활양식과 사고방식을 체계적으로 파괴하려는 것이다. 결국 인종 말살은 사람들을 육체적으로 죽이지만, 민족 말살은 사람들을 정신적으로 죽인다. 물론 두 경우 모두 죽음이 문제가 되지만, 결코 같은 죽음은 아니다. 물리적이고 직접적인 제거는, 억눌리는 소수 민족의 저항 능력에 따라 시간 속에서 오래 연기되는 효과를 갖는 문화적 탄압과는 다른 것이다. 여기에서 관건은 이 두 가지 악(惡) 중에서 좀 더 덜한 것을 선택하는 것이 아니다. 더 큰 야만보다는 더 작은 야만이 낫다는 것은 너무나 자명하기 때문이다. 그러므로 성찰해야 하는 것은 민족 말살의 진정한 의미이다.

민족 말살과 인종 말살은 타자에 대해 동일한 관점을 갖고 있다. 즉 타자란 차이인데, 특히 나쁜 차이라는 것이다. 그러나 민족 말살과 인종 말살은 이 차이를 어떻게 대하는가 하는 점에서 서로 분리된다. 인종 말살적 정신 — 우리가 이처럼 말할 수 있다면 — 이란 차이를 완전히 그리고 단순히 부정하려는 것이다. 타자들은 절대적으로 나쁜 자들이기 때문에 멸절시킨다는 것이다. 반대로 민족 말살은 차이 속에서 악의 상대성을 인정한다. 타자들은 나쁘기는 한데, 우리가 제안하고 부과하는 모델에 가능하다면 동화될 수 있도록 그들을 변화시키면서 개선시킬 수가 있다는 것이다. 타자에 대한 민족 말살적 부정이란 자기에 대한 동화로 이끄는 것이다. 우리는 인종 말살과 민족 말살을 각각 비관주의와 낙관주의의 도착적(倒錯的) 형태들인 것으로 대립시킬 수 있다. 남아메리카에서 인디언들의 살해자들은 차이로서의 타자의 위치를 그 극단까지 밀고 나갔다. 야만적 인디언은 인간이 아니라 동물이라는 것이다. 인디언 살해는 따라서 범죄가 아니다. 이 경우 인종주의란 아예 존재하지도 않는데, 왜냐하면 인종주의가 행해지기 위해서는 타자에게서 최소한의 인간성이 인정되어야 하기 때문이다. 결국 행해지는 것은 매우 오래된 모욕의 단조로운 반복이다. 즉 『인종과 역사』에서 레비스트로스는 그 단어가 생기기 이전에 민족 말살의 현상을 다루면서, 백인들은 토착인들이 인간인지 아니면 동물인지를 물었던 반면, 어떻게 서인도제도의 인디언들은 스페인인들이 신인지 아니면 인간인지를 물었는지에 대해 언급하고 있다.

그렇다면 민족 말살의 집행자들은 누구일까? 누가 민족 성원들의 영혼을 공격하는 것일까? 남아메리카와 다른 여러 곳에서 그 첫 번째 집행자는 선교사들이다. 기독교 신앙의 투사적(鬪士的) 전파자인 선교사들은 이교도들의 미개한 신앙을 서양의 종교로 대체시키려 애쓴다. 복음주의적 접근은 두 가지 확실성을 전제한다. 첫째로, 차이 — 이교(異敎) — 는 용납될 수 없고 거부되어야 한다는 것이다. 둘째로, 그러한 나쁜 차이는 개선될 수 있고 게다가 제거될 수 있다는 것이다. 바로 이 때문에 민족 말살적 태도는 오히려 낙관주의적이다. 원래는 나빴던 타자가 이제 완전해질 수 있다는 것, 기독교가 대변하는 완전성으로까지 동화(同化)를 통해 높여질 수 있다는 것이다. 이교도 신앙의 힘을 깨뜨리는 것은 사회의 기초 자체를 파괴하는 것이다. 그것은 바로 추구되는 목적이기도 하다. 원주민을 진정한 신앙의 길을 통해서 야만에서 문명으로 이끄는 것이 그것이다. 민족 말살은 야만인을 "위해서" 행해지는 것이다. 원주민 정책에 관한 브라질 정부의 공식적 입장을 담은 세속적 담화도 마찬가지의 것이다. 브라질 정부 관계자들은 다음과 같이 말한다. "우리의 인디언들은 다른 자들과 마찬가지로 인간이다. 그러나 그들은 밀림 속에서 영위하는 야만적 생활로 인해 비참하고 불행한 상태에 놓여 있다. 그들이 그러한 질곡을 벗어나도록 돕는 것은 우리의 의무이다. 그들은 브라질 시민의 품위를 가질 권리가 있고, 민족 사회의 발전에 완전히 참여하고 또 행복을 누릴 수 있어야 한다." 민족 말살의 정신이란 인도주의의 윤리인 것이다.

민족 말살의 정신과 실천이 자리 잡는 지평은 두 개의 공리에 따라 규정된다. 첫째는 문화들 사이의 위계이다. 열등한 문화와 우월한 문화가 있다는 것이다. 둘째는 서양 문화의 절대적 우월성이다. 그래서 서양 문화는 다른 문화들, 특히 원시 문화들에 대해서 부정의 관계를 지닐 수밖에 없다. 그렇지만 이 부정성은 정립적(positive) 부정성인데, 열등한 것에서 열등성을 제거하여 우월한 것의 수준에까지 끌어올리겠다는 것이기 때문이다. 인디언들에게서 인디언성(indianité)을 제거하여 브라질 시민으로 만들겠다는 것이다. 그 집행자들의 관점에서 볼 때, 민족 말살이란 단순한 파괴의 기도일 수 없고, 오히려 서양 문화의 핵심에 새겨진 인도주의에 의해 요구되는 필수적 임무이다.

우리는 차이들을 자신의 고유한 문화의 척도에 따라 측정하려는 태도를 자민족(自民族) 중심주의라고 한다. 서양이 민족 말살적인 것은 자민족 중심주의적이기 때문일 것이고, 자기만이 문명을 대표한다고 생각하고 또 그러길 원하기 때문일 것이다. 그럼에도 하나의 질문이 제기된다. 우리 문화만이 자민족 중심주의를 독점하고 있는가? 우리는 이 질문에 민족학적 경험으로부터 대답할 수 있다. 원시사회가 스스로를 명명하는 방식을 생각해 보자. 이때 우리는 사실상 자기 명명(自己命名, autodénomination)이란 없다는 것을 깨닫게 된다. 왜냐하면 사회들은 반복되는 방식으로 거의 언제나 스스로에게 단 하나의 동일한 이름만을 부여하기 때문이다. 즉 "인간들(Hommes)"이란 이름이 그것이다. 이러한 문화적 사실을 예증하고자 할 때, 우리는 과라니(Guarani) 인디언이 인간들을 뜻하는 "아바(Ava)"라는 단어로 스스로를 지칭한다는 것, 과야키(Guayaki)족은 "사람들(Personnes)"을 뜻하는 "아체(Aché)"라는 단어로 자신들을 칭한다는 것, 베네수엘라의 와이카(Waika)족은 스스로를 "야노마미(Yanomami)"라고 하는데, 이는 "사람들(Gens)"을 뜻한다는 것, 에스키모족은 "이누이트(Innuit)," 즉 인간들이라는 것을 환기하게 된다. 우리는 모든 단어들이 "인간들"이라는 동일한 뜻을 갖는 하나의 사전을 만들 수 있을 이러한 고유명사들의 목록을 끝없이 열거할 수 있을 것이다. 거꾸로 각각의 사회는 고의로 이웃들을 경멸적이고 멸시적이고 모욕적인 이름으로 지칭한다.

이처럼 모든 문화는 인류를 두 부분으로 나눈다. 즉 인간의 대표로 긍정되는 자기들 자신과 거의 인류의 자격을 갖지 못하는 타자들이 그것이다. 원시사회들이 자기 자신에 대해 행하는 담화, 자신을 일컫는 그 이름들 속에 응축되어 있는 담화는 따라서 철저하게 자민족 중심적이다. 자신의 문화적 존재의 우월성에 대한 긍정과 타자들을 자신과 동등한 자로 인정하는 것에 대한 거부가 그것이다. 그러므로 자민족 중심주의는 누구에게나 공유되고 있는 보편적 사실로 나타나며, 그래서 적어도 이 관점에서는 서양의 문화는 다른 문화들과 구분되지 않는다. 심지어 우리는 분석을 더 밀고 나가 자민족 중심주의는 모든 문화적 구성체의 필수적 속성이자 문화 그 자체에 내재적인 것이라고 생각해야 한다. 자민족 중심적이라는 것은 문화의 본질에 따른 것이다. 모든 문화가 오직 자기 자신만이 진정한 문화라고 생각하는 한에서 말이다. 달리 말해 문화적 타자성은 결코 긍정적인 차이로 파악되지 않고, 언제나 위계 서열에서 열등한 것으로 파악된다.

그렇지만, 비록 모든 문화가 자민족 중심적이라고 하더라도, 오로지 서양 문화만이 민족 말살적이다. 즉 민족 말살적 행위가 자민족 중심적 확신과 필연적으로 접합되는 것은 아니다. 만약 그 둘이 필연적으로 접합되는 것이라면, 모든 문화는 민족 말살적일 것이다. 그러나 현실은 그렇지 않다. 바로 이러한 점에서, 민족 말살의 문제에 몰두하고 있는 학자들이 얼마 전부터 전개하고 있는 성찰에는 일정한 불충분함이 발견된다. 사실상 서양 문명의 민족 말살적 성격과 기능을 인정하고 확인하는 것으로는 충분치 않다. 백인들의 세계를 민족 말살적 세계로 규정하는 것에 만족하고 만다면, 우리는 아직 사물들의 표면에 머물러 있을 뿐이다. 예컨대 이미 16세기 초에 라스카사스(Las Casas)의 주교가 스페인인들이 서인도제도와 멕시코의 인디언들에 대해 행한 인종 말살과 민족 말살을 매우 명확한 용어들로 고발했으므로, 우리는 이미 언표된 담화의 반복에 머물 뿐이다. 물론 아무것도 변한 것이 없으므로 그 반복은 정당한 것이지만 말이다. 민족 말살에 대한 연구 작업들을 읽다 보면 우리는 다음과 같은 인상을 갖게 된다. 그 저자들에게 있어서 서양 문명은 사회-역사적 뿌리도 없는 일종의 추상물(抽象物)이라는 인상, 언제나 자신 속에 민족 말살적 정신을 담고 있는 막연한 본질이라는 인상이 그것이다. 그렇지만 우리의 문화는 결코 하나의 추상물이 아니다. 우리의 문화는 역사를 통해 오랫동안 구성된 결과인 것이고, 계보학적 연구를 필요로 하는 것이다. 무엇이 서양 문명을 민족 말살적인 것으로 만들었는가? 바로 이것이 진짜 문제이다. 민족 말살의 문제는 사실들에 대한 폭로를 뛰어넘어 우리의 문화적 세계의 역사적으로 규정된 성격을 탐구할 것을 요청한다. 따라서 우리는 역사를 향해 방향을 돌린다.

서양 문명은 탈(脫)시간적 추상물이 아니듯, 하나의 동질적인 현실, 그 모든 부분이 동일한 무차별적 덩어리가 아니다. 그렇지만 앞서 언급한 학자들은 바로 그러한 이미지를 제공한다. 그러나 만약 서양이 태양이 빛나는 것과도 같이 민족 말살적이라면, 그러한 숙명성(宿命性)은 범죄의 폭로와 희생자 보호를 위한 호소를 불필요하고 게다가 부조리한 것으로 만들어 버릴 것이다. 오히려 서양 문명이 외부에 대해, 즉 다른 문화적 구성체들에 대해 민족 말살적일 수 있는 것은, 우선 그 자체 내부에 있어서 민족 말살적이기 때문이 아닐까? 우리는 서양 사회의 민족 말살적 성향을 바로 우리 자신의 세계의 특수성과 접합시키지 않고서는 사고할 수 없다. 이때 우리 자신의 세계의 특수성이란 야만인들과 문명인들, 원시 세계와 서양 세계를 구분해 주는 고전적 기준을 구성하는 것이다. 즉 원시 세계란 국가 없는 사회들 전체를 포괄하는 것이고, 서양 세계란 국가를 지닌 사회들로 구성된다는 것이다. 바로 이 점을 성찰해야 한다. 우리는 국가를 지닌 사회와 민족 말살적 문화라는 서양의 두 가지 속성을 정당하게 연결시킬 수 있을까? 그럴 수 있다면 우리는 원시사회들이 자민족 중심적이면서도 민족 말살적이지 않은 이유를 이해할 수 있을 것이다. 즉 원시사회들은 국가 없는 사회들이기 때문에 그렇다는 것이다.

이미 받아들여지고 있듯이, 민족 말살이란 열등하거나 나쁘다고 판단된 문화적 차이들을 제거하는 것이고, 동일화의 원리, 타자를 동일자로 환원시키려는 기도를 실행하는 것이다(아마존 인디언들은 타자라는 면에 있어서는 제거되고 브라질 시민으로서의 동일성으로 환원된다). 달리 말해, 민족 말살은 다양성을 하나(l'Un)로 해소시키는 것이다. 여기에서 국가는 어떤 역할을 하는가? 국가는 그 본질에 있어서 구심적 힘의 집행이다. 그 구심적 힘은 상황에 따라 반대의 원심적 힘들을 제거한다. 국가는 사회의 중심, 사회적 몸체의 전체, 사회적 몸체의 다양한 기관들의 절대적 지배자이길 원하고 또 그렇게 주장한다. 그래서 우리는 국가의 실체의 핵심 속에서 유일자(l'Un)의 능동적 힘, 다양성을 거부하는 성향, 차이에 대한 불안과 공포를 발견할 수 있다. 우리가 현재 위치하고 있는 이 형식적 수준에서 우리는 민족 말살적 행위와 국가 기계가 동일한 방식으로 작동하고 또 동일한 결과를 생산한다는 것을 확인한다. 서양 문명 또는 국가의 형태 하에서 우리는 언제나 차이와 타자성을 축소시키려는 의지 그리고 동일한 것 및 하나(l'Un)를 향한 감각과 애호를 식별할 수 있다.

이러한 형식적이고 또 어느 정도 구조주의적인 축을 떠나 통시태 (diachronie)의 축, 구체적 역사의 축에 가닿기 위해, 이제 서양 문화의 특수한 경우이자 서양의 정신과 운명의 대표적인 예인 프랑스 문화를 살펴보자. 오랜 과거에 뿌리를 내리고 있는 프랑스 문화는 군주제와 공화제 하에서의 국가기구의 확장 및 강화와 긴밀히 연결되어 형성되었다. 중앙 권력의 모든 발전에는 문화적 세계의 전개가 증폭된 방식으로 상응한다. 프랑스 문화는 민족 문화이고 프랑스어의 문화이다. 국가 권위의 확장은 국어, 즉 프랑스어의 확장으로 나타난다. 국가 권위의 지배를 받는 사람들이 동일한 언어를 사용할 때, 민족이 구성되었다고 말할 수 있고, 또 국가는 권력의 배타적 소유자로 스스로를 내세울 수 있다. 이러한 통합의 과정은 물론 차이의 제거를 거친다. 그리하여 프랑스 민족의 여명기에, 즉 프랑스가 "프랑스에 대한 염원(Franchimanie)"에 불과했고 그

왕이 루아르강 북부의 창백한 영주에 불과했을 때, 알비(Albi) 지방의 십자군은 남부를 공격하여 그 문명을 제거했던 것이다. 카페 왕가의 확장을 위한 핑계이자 수단이었던 카타리(cathare) 이단 종파의 멸절은 프랑스의 국경선을 거의 확정시켜 주면서 순수한 민족 말살의 사례를 구성했다. 그리하여 종교, 문학, 시를 포함한 남부 지방의 문화는 결정적으로 파괴되었고, 랑그독(Languedoc)의 주민들은 프랑스 왕의 충성스런 신민이 되었던 것이다.

1789년의 혁명은 지롱드 연방주의자들에 대한 자코뱅 중앙집권주의자들의 승리를 보장해 주면서, 파리 행정부의 정치적 지배권을 확립시켜 주었다. 당시 지역적 통일체로서의 지방들은 언어, 전통, 정치 등 문화적으로 동질적인 과거의 현실에 근거하고 있었다. 이제 그러한 지방들은 행정 구역의 추상적 분할로 대체되어 특수주의에의 모든 준거가 붕괴되기에 이르고, 그리하여 도처에서 국가 권위의 침투가 용이하게 전개된다. 국가의 위력 아래 차이들을 하나 둘씩 소멸시키는 이러한 운동의 종국적 단계는, 제3공화국에 들어 의무적이며 무상(無償)인 세속화된 교육과 징병 제도를 통해 주민들이 시민으로 완전하게 변화하는 것이다. 지방과 농촌 세계에서 자율적 존재로 지속되던 것이 이제 무릎을 꿇는다. 전통적 언어가 낙후된 방언으로 박해당하게 되고 촌락 생활이 관광객들을 위한 민속적 구경거리로 강등되면서, 프랑스화가 완성되고 민족 말살이 완수된다.

이처럼 프랑스 역사를 간략하게 살펴보아도 우리는 사회-문화적 차이들을 다소간 권위적인 방식으로 제거하는 민족 말살이 국가 기계의 본질과 작동 방식 속에 이미 기입되어 있음을 알 수 있다. 국가 기계는 개인들에 대한 관계를 단일화한다. 즉 국가는 오로지 법 앞에 평등한 시민만을 알 뿐이다.

프랑스의 예를 통해 민족 말살이 국가의 통일적 본질에 속하는 것임을 확인하는 것은 모든 국가적 구성체는 민족 말살적이라는 명제와 논리적으로 연결된다. 그러므로 유럽의 국가들과는 매우 상이한 국가 유형의 사례를 간략히 살펴보자. 잉카족들은 안데스산맥에서 통치 기계를 구축하기에 이르렀는데, 그 통치 기계는 영토 확장의 규모에 있어서나 또 황제와 그의 수많은 가신들로 하여금 제국의 주민들에 대해 거의 완전하고 항구적인 통제를 행할 수 있도록 해 주는 행정 기술의 정밀성과 세부성에 있어서 스페인인들의 경탄을 자아냈다. 이러한 국가 기계의 민족 말살적 성격은 새로 정복된 주민들을 잉카화하려는 경향 속에서 나타난다. 즉 단지 새로운 지배자에게 공물을 바치게 하는 것뿐만이 아니라 정복자의 종교 의례, 잉카 그 자신인 태양에 대한 의례를 부과하는 것이 그것이다. 국가 종교가 지역적 종교 의례들을 파괴하고 강제로 부과된 것이다. 그렇지만 예속된 부족들에 대해 잉카족이 가하는 압력은 결코 스페인인들이 토착적 우상숭배들을 멸절시키기 위해 사용했던 광신적 열정의 폭력에는 비견될 수 없는 것이었다. 잉카족은 능란한 외교술을 가졌지만, 필요할 때에는 폭력을 사용할 줄 알았다. 또 그들의 조직은 다른 모든 국가기구들처럼 그들의 권력이 위협을 받을 때면 대단히 거친 폭력으로 대응했다. 쿠스코(Cuzco)의 중앙 권력에 대한 빈번한 반란들은 우선 잔혹하게 탄압되었고, 그 후 반란자들은 종교 의례의 장소들(샘, 언덕, 동굴 등)의 망으로 짜인 그들의 고향으로부터 매우 멀리 떨어진 곳으로 집단 유배되었다. 뿌리 뽑힘, 탈영토화, 민족 말살….

차이의 부정으로서 민족 말살적 폭력은 미개한 제국들과 서양의 문명 사회들에서 공히 국가의 본질에 속한다. 모든 국가 조직은 민족 말살적이다. 민족 말살은 국가의 정상적 존재 양식이다. 따라서 민족 말살의 일정한 보편성이 존재한다. 규정되지 않은 막연한 "백인 세계"만의 특질이 아니라 국가를 지닌 모든 사회들의 특질이므로 말이다. 민족 말살에 대한 성찰에서 국가에 대한 분석은 필수적이다. 그러나 여기서 멈춰야 할까? 민족 말살은 바로 국가라는 것, 이 점에서 모든 국가는 마찬가지라는 것에 만족해야 할까? 그것은 우리가 "민족 말살 학파"에 대해 비판했던 추상화의 오류에 다시 빠지는 것이고, 우리 자신의 문화적 세계의 구체적 역사를 다시 한 번 몰인식하는 것이다.

미개한 국가들(잉카, 파라오, 동양적 전제주의 등)과 문명국가들(서양 세계)을 동일한 수준에 위치시키는 것, 동일한 포대에 넣는 것을 금하는 차이는 무엇일까? 우선 우리는 국가기구들의 민족 말살 능력에서의 차이를 식별할 수 있다. 미개국들의 경우, 민족 말살 능력은 국가의 허약성에 의해서가 아니라, 오히려 반대로 국가의 힘에 의해 제약된다. 즉 민족 말살적 행위 — 대립으로 전화된 차이를 제거하는 것 — 는 국가의 힘이 더 이상 어떤 위협도 받지 않을 때 중단된다. 잉카족은 황제의 정치적, 종교적 권위를 인정받는 한에서 안데스 공동체들의 상대적 자율성을 보장한다.

반대로 서양 국가들의 경우 민족 말살 능력은 제한되어 있지 않고 고삐가 풀려 있다. 바로 이 때문에 민족 말살은 인종 말살로 이어지고, 또 서양 세계는 절대적으로 민족 말살적이라고 말할 수 있게 된다. 그러나 도대체 이러한 사실은 어디서부터 비롯될까? 도대체 서양 문명의 어떤 것이 다른 모든 사회들에 비해 서양 사회를 무한히 더 민족 말살적이게 하는가? 그것은 바로 한계 없는 공간으로서, 경계의 부단한 후퇴로서의 장소들 없는 공간으로서, 항구적인 도주의 무한한 공간으로서, 그 경제적 생산 체제이다. 즉 서양을 차별화시키는 것은 경계 내부에 머무는 것의 불가능성으로서, 모든 경계를 넘어서는 통로로서 자본주의이다. 그 자체가 목적이기를 그만두는 것을 제외하고는 그 어떤 것도 불가능한 것이 없는 생산 체제로서의 자본주의이다. 서유럽에서처럼 자유주의적이고 사적(私的)이건, 아니면 동유럽에서처럼 계획주의적이고 국가적이건 상관없이 말이다. 생산을 위한 가장 멋진 기계로서의 산업사회는 바로 그렇기 때문에 또한 가장 가공할 만한 파괴 기계이다. 인종들, 사회들, 개인들, 공간, 자연, 바다, 밀림, 땅 밑 등 이 모든 것들은 유용하고, 그래서 사용되어야 하며, 가장 높은 강도의 생산성을 지니고서 생산적이어야 한다.

바로 그렇기 때문에 세계를 그 원초적인 조용한 비생산성 속에 방치하는 사회들에게 어떠한 휴식도 주어져서는 안 된다. 바로 그렇기 때문에 서양인의 눈에는 엄청난 자원을 착취하지 않고 내버려 두는 낭비는 용납될 수 없다. 그러한 사회들에게 주어지는 선택은 생산에 양보를 하거나 아니면 사라지거나 해야 하는 딜레마이다. 민족 말살을 당하거나 아니면 인종 말살을 당해야 하는 것이다. 19세기 말에 아르헨티나 대초원의 인디언들은 아르헨티나 자본주의의 부의 원천을 형성한 양과 소의 대규모 목축을 위해 완전히 말살되었다. 20세기 초에 수만 명의 아마존 인디언들이 고무 생산자들의 총에 맞아 죽었다. 현재에는 남아메리카 전역에 걸쳐, 특히 브라질에서, 경제성장의 엄청난 압력 하에 최후의 자유로운 인디언들이 죽어 가고 있다. 현재 급속히 진척되고 있는 대륙 간 교통로의 건설은 영토들을 관통하는 식민화의 축을 구성할 것이다. 그 길과 만나는 인디언들의 불행이란! 금, 귀금속, 석유, 목축, 커피 플랜테이션 등이 가져다줄 부와 비교해 볼 때, 수천 명의 비생산적인 야만인들은 아무런 중요성도 갖지 못한다. 생산이냐 죽음이냐, 이것이 바로 서양의 금언이다. 생산을 실현하기 위해 거의 최후의 일인까지 죽임을 당했던 북아메리카의 인디언들은 이를 몸으로 알고 있다. 그들의 학살자 가운데 한 명이었던 셔먼(Sherman) 장군은 유명한 인디언 사냥꾼인 버팔로 빌

(Buffalo Bill)에게 보낸 편지에서 다음과 같이 솔직하게 밝힌다. "내가 아는 한 1862년에 미주리강과 바위산들 사이의 평원에는 약 950만 마리의 들소가 있었는데, 모두 고기, 가죽, 뼈를 위해 살육되어 완전히 사라졌다. 같은 시기에 약 16만 5천 명의 포니족, 수족, 샤이엔족, 키오아족, 아파치족이 있었는데, 이들은 식량을 들소에 의존했다. 이들 또한 쫓겨나고 대신 그 두세 배 되는 백인종의 남자들과 여자들이 정착해 그 땅을 정원으로 만들고 자연과 문명의 법에 따라 조사되고 징세되고 통치될 수 있도록 했다. 이러한 변화는 유익한 것으로 끝까지 완수될 것이다."[2]

장군은 옳았다. 변화는 끝까지 완수될 것이고 이제 더 이상 어떤 것도 변화시킬 것이 없을 때 끝날 것이다.

---

2. R. Thévenin et P. Coze, *Moeurs et Histoire des Indiens Peaux-Rouges*, Payot, 1952에서 인용.

제5장
남아메리카 인디언의 신화와 의례[1]

남아메리카 인디언의 종교에 대한 글을 쓰려 한다면, 비록 도식적인 것이라 할지라도 이 문화권에 관련된 몇 가지 일반적인 소여들을 미리 언급하지 않을 수 없다. 그러한 소여들은 전문가에게는 잘 알려져 있는 것이지만, 종교 문제의 탐구에 친숙하지 않은 독자들에게 도움을 주기 위해 서두에 제시되어야 한다. 남아메리카 인디언들이 어떻게 살며 그 사회가 어떻게 작동하는지 알지 못하고서는 그들의 관행과 신앙에 접근하는 것은 불가능하다. 겉보기에 자명한 것을 살펴보자. 15세기 말 아메리카 발견 시에 약간의 예외(칠레 북단의 아타카마 사막과 같은)를 제외하고 남아메리카 대륙의 거대한 표면에는 이미 사람들이 거주하고 있었다. 게다가 선사시대에 대한 연구가 보여 주듯, 대륙에 사람이 살기 시작한 것은 매우 오래 전인 3만 년 전으로 거슬러 올라간다. 그리고 한때 널리

1. 이 텍스트는 플라마리옹(Flammarion) 출판사에서 이브 본느푸아(Yves Bonnefoy)의 편집으로 1981년에 간행할 계획인 『신화와 종교 사전』을 위해 쓰인 것이다. 플라마리옹 출판사는 피에르 클라스트르에게 경의를 표하기 위해, 예외적으로 『사전』이 발간되기 이전에 이 텍스트가 여기에 수록되는 것을 허락해 주었다.

퍼졌던 확신과 달리 토착인의 인구밀도는 비교적 높았던 것으로 보인다. 미국 버클리 학파의 연구들과 같은 인구학적 연구들은 안데스산맥 지대를 제외한 남아메리카 전체가 사막이었다는 "고전적"인 관점에 정면으로 반기를 든다. 남아메리카에서는 오래 전부터 사람이 살기 시작했으며 인구수도 많았고(수천만 명) 매우 넓은 지대에 걸쳐 살고 있었기 때문에 커다란 사회적, 종교적 차이를 보일 수 있는 조건을 갖추고 있었다.

남아메리카 민족들의 주요한 사회 문화적 특질, 기본적인 민족학적 규정성들은 무엇일까? 남아메리카에는 광대한 지역과 그에 따른 기후의 다양성으로 인해 북부의 습한 적도의 숲(아마존 분지)에서부터 파타고니아(Patagonie)의 사바나 지대와 티에라델푸에고(Terre de Feu)의 험악한 기후에 이르기까지 갖가지 풍경과 생태적인 환경이 펼쳐지고 있다. 자연환경의 다양성이 요구하는 적응 방식의 차이는 안데스산맥의 정주(定住) 농경민, 숲에서 화전을 하는 이동 농경민, 유목을 하는 수렵 채취민 등 대조적인 문화적 모델을 만들어 내었다.

하지만 남아메리카에서 수렵 채취민은 소수에 불과하다. 그들의 지대는 기후(티에라델푸에고)나 식물의 특성(숲이 없는 아르헨티나의 팜파스)으로 인해 농경이 불가능한 지역으로 한정된다. 그 외에는 고고학과 민족식물학의 발견들이 시사하듯이, 인디언의 기술적 관점에서 농경이 가능한 곳에서는 어디에서든지(불, 돌도끼, 땅 파는 막대 등의 사용) 수백만 년 전부터 농경이 존재해 왔다. 이것은 남아메리카 대륙의 대부분에 해당되는 이야기이다. 이러한 경작의 단조로운 모습을 깨뜨리는, 섬과 같이 고립된 몇몇 수렵 채취민 사회들에서의 농경의 부재는 농경 이전 양식의 지속에서 비롯된 것이 아니라 오히려 농경의 상실에서 비롯된다. 예컨대 파라과이의 과야키(Guayaki)족, 볼리비아의 시리오노(Siriono)족은 이웃 부족들처럼 과거에는 화전을 행했지만, 다양한 역사적 상황의 연속으로 인해 농경을 포기하고 수렵 채취민으로 돌아간 것이다. 결국 우리는 남아메리카에서 문화의 무한한 다양성보다는 유사한 생산양식을 가진 사회들의 거대한 동질적 블록을 보게 된다.

하지만 알다시피 주어진 지역에 거주하는 민족들의 다양성을 질서 짓기 위해서는, 그들의 문화적 다양성을 최초로 분류하기 위해서는, 우선 언어학적 지표에 준거해야 한다. 그때, 거의 동일한 물질적 토대가 대륙 전체에 반복됨에 따라 나타난 이미지, 거의 완벽한 문화적 통일체의 이미지가 사라진다. 그러면 남아메리카의 언어학적 지도의 주요한 윤곽은 어떻게 그려질까? 아마도 세계 다른 어떠한 지역에서도 언어의 세분화가 이렇게까지 진행되지는 않았을 것이다. 큰 어족은 10개 정도인데, 각 어족에는 때로는 표준어와 너무 달라서 상호 이해가 불가능한 방언들이 많이 포함되어 있다. 그 외에도 주요 어족에 통합되지 않고 고립된 언어들도 많은 수가 조사되었다. 언어적인 측면에서 이와 같은 극도의 세분화는 일종의 문화적 원자화를 낳았다. 언어의 단위는 종종 한 민족의 문화적 통일성, 그 민족의 문명의 "스타일," 문화의 정신을 정립시킨다. 이러한 "규칙"에는 물론 예외가 존재한다. 예를 들어 유목을 하는 수렵민인 과야키족은 언어학적으로는 농경을 하는 부족들이 속해 있는 투피-과라니(tupi-guarani) 어족에 속해 있다. 하지만 이러한 특별한 경우는 매우 드물며, 쉽게 밝힐 수 있는 역사적 정황에 기인하는 것이다. 중요한 사항은, 투피-과라니 어족은 수백만 명이 거대한 영토에 퍼져 있으며 방언의 차이가 매우 작아서 원활하게 의사소통이 이루어지는 동일한 언어를 가지고 있다는 점이다. 그리고 집단들이 서로 멀리 떨어져 있음에도 불구하고 사회 경제적인 생활, 의례적인 행위, 신화 구조의 면에서 문화적인 동질성이 뚜렷하게 나타난다. 하지만 문화적인 통일성이 결코 정치적 통일성을 의미하지는 않는다. 투피-과라니 어족에 속한 부족들은 계속적인 전쟁 상태에 있으므로 하나의 "통일된 민족(nation)"을 구성하지 않지만, 같은 문화적 모델에 속한다.

그러나 언어와 문화 사이의 친화성을 이해하고 언어 속에서 문화적 통일성의 원리를 발견하게 되면, 우리는 이러한 관계의 직접적인 결과를 받아들이지 않을 수 없게 된다. 즉 언어만큼 다양한 문화적 짜임새와 신앙 체계가 존재한다는 것이다. 각 민족(ethnie)은 신앙, 의례, 신화의 특수한 총체성을 지닌다. 이제 방법론적인 문제가 제기된다. 우리가 알고 있는 부족의 긴 목록과 그들의 관습과 신앙의 다양한 차이들을 "사전"처럼 나열하는 것으로는 문제가 해결되지 않는다. 종교적 사실들의 제시 방법을 선택하는 데 존재하는 어려움은 대부분 사회·경제적인 차원에서 나타나는 동일성과 문화의 차원에서 나타나는 커다란 이질성 사이의 모순에서 비롯된다. 결국 각각의 민족은 물질적인 토대와 문화적인 "명예의 기준" 사이에서 특수한 개성을 소유하며 발전시킬 정도인 것이다.

그러나 너무 추상적인 정체성들을 나눌 수 있는 선들, 또 너무 고유한 차이들을 모아 줄 수 있는 횡단선들을 발견할 수는 없을까? 신세계에 도착했던 최초의 유럽인들은 자신을 공격했던 아메리카 인디언들을 바로 그처럼 나누었다. 즉 강력한 조직을 지닌 잉카제국의 권위에 굴복했던 안데스산맥의 사회들이 그 하나이고, 16세기 역사가들이 말했던 것처럼 "신앙심도 법도 왕도 없는 사람들"인 숲, 사바나, 팜파스(대초원) 등 대륙 나머지 부분의 부족들이 다른 하나이다. 이 후자의 인디언들은 잉카제국의 팽창에 압박을 받았다. 잉카족이 이 후자의 인디언들에 대해 지녔던 생각이 자민족 중심주의에 입각해 있던 유럽인의 관점과 정확하게 일치하는 것은 그다지 놀라운 일이 아니다. 그들을 변화시켜 왕에게 세금을 내게 만들 수만 있다면, 그들은 무시해도 좋은 선량한 야만인에 불과했다. 잉카족들이 숲의 사람들에 대해 가지고 있었던 혐오감은 야만적이라고 여겨지는 그들의 관습, 주로 의례적인 관습 때문이었다.

이것이 바로 남아메리카 토착민들을 안데스산맥 사람들과 그 밖의 사람들, 문명인과 "야만인," 전통적인 용어를 빌어 표현하면 고급문화와 숲의 문명으로 구분 짓는 경계선이다. (종교적 차이를 넘어서는) 문화적인 차이는 정치적 작동 양식은 물론 경제적 생산양식 속에도 뿌리를 내리고 있다. 다시 말해서 안데스 세계에 대하여 하나의 동질적인 문화적 블록을 형성하는 수렵민과 농경민 사이에는 본질적인 차이가 — 신화와 의례의 면에서 — 존재하지 않는다. 그리하여 국가 없는 사회(혹은 원시사회)와 국가 있는 사회의 대립으로 간주될 수 있는 것이 존재하며, 이러한 대립은 콜럼버스 이전 아메리카 대륙의 종교적인 공간을 구조화하면서 그에 관한 진술을 손쉽게 해 준다. 바로 그래서 이 글의 첫 부분에서는 원시사회, 농경민, 수렵민의 종교 세계를 함께 다룰 것이고, 둘째 부분에서 안데스산맥의 종교를 다룰 것이다. 즉 두 가지 자율적인 지평이 존재하는데, 그 하나는 이 지역 농민 공동체의 매우 오래된 전통에 기입되는 것이고, 다른 하나는 잉카제국의 형성과 팽창에 따른 보다 최근의 것이다.

그리하여 남아메리카 인디언의 정신세계가 펼쳐지는 두 영역의 "범위"가 확보된다. 하지만 이러한 사회들의 일반적인 사회 문화적 차원과 일치하도록 종교적 영역을 양분하는 것은 대상에 대해 충분히 정확한 이미지를 제공하지 않는다. 생산양식 면에서나 정치제도 면에서나 고전적인 "원시" 민족의 모델에 속하는 많은 민족들은 그들의 사고와 종교적 관습이 가지고 있는 예사롭지 않고 수수께끼 같은 형태로 인해 위의 모델을 빠져나간다. 특히 투피-과라니 부족들은 이 모델을 많이 벗어나기 때문에 그들의 종교에 대한 민족지는 특별한 설명을 요구하며, 이 글의 셋째 부분을 차지한다.

우리는 민족지적 원천으로서 아메리카 인디언에 관한 모든 자료를 검토해야 한다. 이 자료는 대륙이 발견된 시기부터 시작되므로 대단히 방대한 양이다. 하지만 많은 부족이 사라지고 이름만 남아 있으므로 이 자료는 불충분한 것이기도 하다. 그러나 이러한 결여는 거의 또는 전혀 파괴되지 않은 부족들에 대해 20년 전부터 이루어진 현지 조사의 결과에 의해 폭넓게 상쇄된다. 따라서 우리는 이 사회들에 대해 16세기부터 가장 최근의 저술에 이르기까지의 자료를 구비하고 있는 셈이다. 17세기 중반 스페인인에 의해 멸절되다시피 한 안데스산맥의 종교는 정복 직후 살아남은 잉카의 귀족들로부터 직접 수집한 증언들 외에도 초기의 식민지 관리들과 피자레(Pizaree)의 동료들이 남긴 기록을 통해 우리에게 잘 알려져 있다.

1. 숲의 사회들

여행자, 선교사, 민족학자들은 칭찬하기 위해서건 비판하기 위해서건 관습이나 전통에 대한 원시민족들의 강한 애착, 즉 그들의 깊은 종교성을 끊임없이 지적해 왔다. 예를 들어 아마존 마을에 지속적으로 머물다 보면, "야만인"들의 신앙심을 확인하는 것은 물론이고, 종교와 세속의 경계가 해체되고 성스러운 것과 세속적인 것의 경계가 흐려질 정도로 사회생활이 종교적인 관심들로 가득 차 있는 것을 발견하게 된다. 자연도 사회와 마찬가지로 초자연적인 것에 의해 관통되고, 따라서 동물이나 식물도 자연적인 존재인 동시에 초자연적인 존재가 되기도 한다. 나무가 쓰러지면서 다치거나 뱀에게 물린다거나 맹수의 습격을 받거나 유성이 떨어지는 일 등은 결코 사고로 해석되지 않고, 숲의 정령이나 유령,

적대 관계에 있는 샤먼과 같은 초자연적인 힘에 의한 공격의 결과로 여겨진다. 우연에 대한 거부, 성(聖)과 속(俗)의 단절에 대한 거부는 논리적으로 종교적 장(場)의 자율성을 폐기하는 것으로 이어진다. 그리하여 종교적 장은 일상생활의 모든 개인적, 집단적 사건들에 침투하게 된다. 실제로 원시 문화가 전개되는 다양한 측면들에서 종교적 차원은 결코 완전히 부재할 수 없는 것인데, 종교적 차원 그 자체는 특수한 의례적 상황들 속에서 확인된다. 특히 신적 형상들의 장소와 기능을 확인하게 되면 종교적 차원은 더욱 쉽게 규정될 수 있을 것이다.

신들

선교사나 인류학자들은 종교를 인간과 신성한 것들 사이의 관계, 특히 인간과 신의 관계를 정의하는 것으로 보는 유럽적 관념에 의해, 자신도 의식하지 못하는 사이에 일신교만이 진정한 종교라는 신념에 사로잡혀 있다. 따라서 그들은 남아메리카 인디언들의 종교 속에서 지역적으로 변형된 유일신이나 신의 단일성이란 관념의 씨앗을 발견해 내려 노력했다. 그러나 민족지는 그러한 시도들이 헛된 것임을 보여 준다. 거의 언제나 이들의 문화적 관습은 유일하거나 중심적인 신적 존재와 전혀 관계없이 이루어진다. 다시 말해, 의례적 행위에서 나타나는 종교 생활은 서구적 사고에서 신적인 영역이라고 명명해 왔던 것의 외부 공간에서 전개된다. 사람들이 거행하는 의례나 예식은 신에게 바치는 것이 아니므로 거기에는 "신"이 결여되어 있다. 그러나 신에 대한 의례의 부재가 반드시 신적 존재의 부재를 의미할까?

민족학자들은 여러 부족의 신화들에서 지배적인 신적 존재를 찾아낼 수 있다고 믿었다. 그러나 그 누가 신의 그러한 표상들 사이에서 지배 관계를 판단하고 위계 관계를 평가할 수 있을까? 결국 그것을 하는 사람은 때로는 민족학자들이고 보다 더 흔하게는 선교사들이다. 일신교의 몽상에 빠진 그들은 이름을 지닌 특정한 신을 발견함으로써 그들의 기대가 충족되었다고 상상한다. 전혀 숭배 대상이 되지 않는 이 "신"들은 누구일까? 그들의 이름은 태양, 달, 성운 등의 가시적인 천체를 의미한다. 이들에 대한 많은 신화들에서는 사람들이 변해서 그처럼 되었다고 말한다. 신화들은 또한 천둥, 폭풍우, 번개 같은 "거친" 자연 현상에 이름을 붙이기도 한다. 또 자연이 아닌 문화에서 "신"의 이름을 따오는 경우도 매우 흔하다. 문명의 창시자, 농경의 발명자, 문화적 영웅들은 일단 지상에서 자신의 임무를 마치면 천체나 동물이 되도록 되어 있다. 예컨대 투피-과라니 부족의 신화적 영웅인 쌍둥이는 지구를 떠나 한 사람은 태양이 되었고, 다른 사람은 달이 되었다. 장남인 태양은 오늘날 과라니 부족의 종교적 사고에서 매우 중요한 역할을 하지만 특별한 예배 대상은 아니다.

다시 말해 이러한 모든 "신"들은 흔히 명사에 불과하다. 즉 인칭명사가 아닌 보통명사이며, 그 자체로서 사회를 초월하는 문화의 타자(l'Autre de la culture)의 표시이자 지표이다. 즉 그것은 하늘과 천체의 우주적인 타자성이자 인접한 자연의 지상적인 타자성이다. 특히 그것은 문화 그 자체의 근원적인 타자성이다. 사회적인 것(또는 문화적인 것)의 제도화로서의 법질서는 인간과 동시대적인 것이 아니라 인간 이전의 시간과 동시대적이다.

법질서는 인간 이전의 신화적인 시간을 향하며, 사회는 법질서의 기반을 법질서의 외부에서, 즉 "아버지," "할아버지," "우리의 진정한 아버지" 등으로 종종 지칭되는 조상이나 문화적 영웅들로부터 전해 오는 규칙이나 가르침의 총체성 속에서 찾는다. 인간의 운명에 무관심하고 인간과 멀리 떨어져 있는 추상적인 신으로, 예배의 대상이 되지 않으며 인간과 연결되는 일반적인 관계를 지니지 않는 그러한 신의 이름은, 사회 한가운데 기입되어 있고 사회질서를 유지시켜 주며 사람들에게 전통의 준수를 요구하는 "법"이란 이름이다. 이것이 티에라델푸에고의 부족들의 예에서 볼 수 있는 것이다. 아메리카 인디언 전문가들은 이 예를 "야만적" 일신교의 가장 완성된 형태로 분류한다. 오나(Ona)족의 테마우켈(Temaukel)이나 야간(Yahgan)족의 와타우이네와(Watauinewa)는 사실상 이 "신"들이 인간에게 전해 주었으며 성인식 때 성년들에게 가르쳐지는 사회생활의 규범들을 말한다. 더구나 안데스산맥의 사회들과 달리 남아메리카의 다른 사회들은 결코 "신"들을 상정하지 않는다. 서인도제도의 타이노-아라와크(Taïno-Arawak)족의 신상(神像)인 세미(zemi)와 콜롬비아와 베네수엘라의 몇몇 부족들의 사원에 모셔진 신성한 조상들과 같은 경우가 유일한 예외이다. 종교사가들은 전자의 경우에는 중앙아메리카의 영향을, 후자의 경우에는 안데스산맥, 즉 내륙 문화의 영향을 읽어 낸다.

남아메리카 인디언의 종교는 신이 없는 이상한 종교이다. 그들에게 있어서 신의 부재는 너무나 뚜렷해서 어떤 선교사는 이들이 완전히 무신론적이라고 공언했다. 그러나 그들은 지극히 종교적이다. 그들의 종교가 개인적이거나 사적인 것이 아니라, 살아 있는 자들의 세계인 사회가 죽은 자들의 세계인 타자적인 것(Autre)과 맺는 관계라는 점에서 그들의 종교는 사회적이고 집단적이다.

죽음의 의식

여기서 우리는 조상 숭배와 죽음의 의식을 혼동하지 않도록 해야 한다. 원주민들의 사고 속에서는 과거에 죽은 자들과 최근에 죽은 자들이 확연히 구별되며, 두 범주의 죽은 자들은 각각 상이한 대우를 받는다. 살아 있는 자들의 공동체와 조상의 공동체 사이에는 시간적 연속성이 끊어진 통시적 관계와 문화적 연속의 의지로 특징지어지는 공시적 관계가 성립된다. 다시 말해 인디언의 사고에서 조상은 태고 이전의 시간, 즉 신화적 사건들이 진행되는 시간 속에 위치한다. 문화가 창시되고 사회가 건설되었던 태고의 시기는 오랜 계보학적 심연에 의해 살아 있는 자들과 분리된 익명의 영혼들이 뒤섞여 있는 조상들의 시기이다. 신화에 나오는 조상이 창건한 사회는 지도자와 샤먼의 말과 의례적 관습을 통해 문화를 보존하려는 의지, 즉 조상들이 물려주었고 신화에 의해 전승된 규범과 규칙을 따르고자 하는 의지를 끊임없이 확인하여 왔다. 조상들은 의식을 통하여 경배의 대상이 되며, 그 의식의 상황은 상세히 정해져 있다. 조상은 죽은 자들과 동화되지 않는다. 조상들과 그들의 신화적 행동은 사회생활 자체로 여겨진다.

반면 죽은 자와의 관계는 완전히 다르다. 그들은 살아 있는 사람들과 동시대인이며, 고령이나 병으로 인해 공동체를 떠나간 자들이며, 살아 있는 사람들의 친척이거나 인척들이다. 죽음이 육체를 파괴하면, 사람은 죽음으로 인하여 영혼(더 적절한 말이 없으므로 영혼이라 부르기로 한다)을 갖게 된다. 각 문화의 종교에 따라 한 사람이 소유하는 영혼의 숫자는 하나나 둘 혹은 그 이상으로 차이가 난다. 그러나 영혼의 숫자가 하나 이상인 경우에도 그중의 하나는 죽은 자의 유령으로, 일종의 살아 있는 죽은 자(mort-vivant)와 같은 것이 된다. 장례식은 죽은 자의 영혼을 살아 있는 자들에게서 확실하게 떼어놓는 것을 주요 목적으로 한다. 죽음은 해롭고 공격적인 힘의 흐름을 풀어놓으므로 살아 있는 자들은 그에 대해 스스로를 보호해야 한다. 영혼들은 마을이나 야영지 주변을 떠나려 하지 않고, 특히 밤에는 친척이나 친구 근처를 배회하며 그들을 위험이나 질병, 죽음으로 이끈다. 조상은 사회의 신화적 창시자로서 "후손들"의 공동체에 긍정적이고 친근한 존재인 반면, 죽은 자들은 사회의 잠재적인 파괴자이고, 어떻게 쫓아낼 것인지 고민해야 하는 부정적인 존재이다.

그러므로 남아메리카의 민족들에게 죽은 자에 대한 숭배라는 말을 쓸 수가 없다. 그들은 죽은 자들을 기리기보다는 그들에 대한 기억을 지우려고 노력한다. 시파야(Shipaya)족의 "죽은 자의 영혼을 위한 축제"나 보로로(Bororo)족의 "죽은 자를 부르는 의례" 등은 최근에 죽은 자를 기리기보다는 오래 전에 죽은 자인 조상의 호의를 얻어 내려는 의지를 표명하는 것이다. 살아 있는 사람들의 공동체는 조상들과는 공동체의 생존을 보장해 주는 동맹을 체결하고 강화하기를 원하며, 죽은 자들에 대해서는 그들의 공격에 대해 자신을 보호할 방어 메커니즘을 적용한다.

죽은 자들은 보통 땅에 묻힌다. 대부분의 지역에서 무덤은 원통형 구멍인데, 때로는 종려나무 가지로 된 작은 지붕으로 덮여 있다. 시체는 영혼이 머문다고 여겨지는 방향으로 얼굴을 향하게 하여 태아와 같은 자세로 내려놓는다. 묘지가 거의 없는 이유는 밭의 생산력이 떨어질 때 마을이 정기적으로 이동하기 때문이라기보다는, 살아 있는 자들을 죽은 자들로부터 분리하는 배제 관계 때문이다. 일반적으로 묘지란 죽은 자들을 위한 고정된 공간으로, 사람들은 죽은 자를 방문하고 죽은 자는 살아 있는 자들의 공간과 가까운 곳에 영구적으로 자리 잡게 된다. 그러나 인디언들의 주된 관심사는 죽은 자들에 대한 기억마저 제거하는 것이다. 그러니 어떻게 그들에게 특별한 공간인 묘지를 내줄 수 있겠는가? 죽은 자들과 단절하려는 이와 같은 의지는 많은 사회에서 사람이 죽었을 때 무덤과 살아 있는 사람들의 공간에 거리를 두기 위해 마을을 버리고 떠나는 것으로 표현된다. 죽은 사람이 소유했던 물건들은 모두 불사르거나 파괴하고, 그의 이름은 타부가 되어 더 이상 발음하지 않는다. 한마디로, 죽은 자는 완전히 사라진다.

죽은 자들이 산 자들에게 집요하게 들러붙는다고 해서, 산 자들이 죽은 자에게 애정이 없는 것은 아니다. 슬픔이 강하게 표현되는 것으로 보아 애도의 행위(예컨대 검은 칠을 하거나 성적 금기와 음식 금기 등을 지키고, 여자들은 머리를 민다)가 단순히 사회적인 것만은 아니다. 시체의 매장도 "대충" 서둘러서 해치우지 않으며 규칙에 따라 행해진다. 몇몇 사회에서는 장례식을 두 차례에 걸쳐 진행한다. 보로로족의 경우, 시체를 매장한 후 매우 복잡한 의식 절차가 행해진다. 의례적인 사냥, 춤(특히 남자들이 머리에 커다란 잎의 다발을 얹고 추는 일명 마리도marido라는 춤이 있다), 노래가 약 보름 동안 계속된다. 살이 제거된 뼈를 모아 우루쿠(urucu)로 칠하고 깃털로 장식한 뒤, 채롱에 넣어서 수레에 싣고 가까운 강으로 옮겨 가 던진다. 과거의 투피-과라니 족은 보통 커다란 유골 단지에 시체를 넣고 땅에 매장했다. 그들은 보로로족처럼 유명한 추장이나 샤먼의 경우 뼈를 수집했는데, 큰 샤먼의 뼈는 의례의 대상이 되었다. 과라니족은 아직도 파라과이에서 아이의 뼈를 보존하는 관습을 지키고 있다. 아이의 뼈는 특정한 상황에서 신들과의 중재를 보장해 주어 인간과 신 사이의 교류를 가져온다고 믿어진다.

식인 풍습

그러나 특정한 사회에서는 시체를 땅에 묻는 것이 아니라 먹는다. 이러한 형태의 식인 풍습은, 포로를 처형하여 의례적으로 먹는 투피-과라니족이나 카리브(Carib)족처럼, 여러 부족에 널리 퍼져 있는 전쟁 포로를 처리하는 행위와 구별되어야 한다. 인류학자들은 적의 시체가 아니라 자기 부족의 시체를 먹는 행위를 족내 식인 풍습(endocannivalisme)이라 부르는데, 다양한 형태가 있다. 베네수엘라 아마존의 야노마미(Yanomami)족은 시체를 장작불에 태워 타고 남은 뼈 조각을 수습해서 가루로 만든다. 그 후 죽은 자의 친척들이 이 가루를 바나나 죽에 섞어 먹는다. 반대로 파라과이의 과야키족은 시체를 잘라서 굽는다. 죽은 사람의 가족을 제외한 부족 전체가 시체의 살을 핀도(pindo) 종려나무 수액에 곁들여 먹는다. 뼈는 잘라서 불태워 버린다. 족내 식인 풍습은 살아 있는 자가 죽은 자를 흡수하는 것이므로, 그 결과 죽은 자는 산 자에게 완전히 통합된다.

이러한 장례식은 살아 있는 자를 죽은 자에게서 최대한 멀리 떨어뜨려 놓으려는 인디언 부족들의 일반적인 태도와 완전히 상반된다고 여겨질 수도 있다. 그러나 그것은 겉모습에 불과하다. 사실상 족내 식인 풍습은 살아 있는 자와 죽은 자를 완전히 분리하는 것이다. 죽은 자를 먹음으로써 무덤이라는 최후의 공간마저 제거해 버리는 것이기 때문이다. 이제 산 자와 죽은 자 사이에는 어떠한 접촉의 가능성도 사라진다. 족내 식인 풍습은 가장 근본적인 방식으로 장례식에 부여된 사명을 실현한다.

그러므로 조상 숭배와 죽은 자에 대한 숭배를 구별하지 않는 것이 얼마나 잘못된 일인지 알 수 있다. 남아메리카 부족들 사이에서 죽은 자는 완전히 잊히도록 되어 있으므로 죽은 자의 숭배란 전혀 존재하지 않는다. 토착적 사고는 신화의 조상과의 관계를 긍정적으로 여기는 만큼 죽은 자와의 관계를 부정적으로 여긴다. 살아 있는 자의 공동체는 죽은 자의 공동체와 분리, 단절, 배제의 관계를 유지하면서, 조상과는 결합, 동맹, 포섭의 관계를 추구한다. 살아 있는 개인을 손상시킬 수 있는 모든 사건은 논리적으로 최고의 손상인 죽음과 연결된다. 죽음은 개인이 시체와 유해한 유령으로 분리되는 것이다. 사망의 위험이 있는 질병은 단지 개인의 운명뿐 아니라 공동체의 미래와도 관계된다. 이러한 이유로 치료의 시도는 질병의 치료를 넘어서서 사회의 보호를 목표로 한다. 토착적인 질병 이론에 따를 때, 의료 행위는 본질적으로 종교적 행위이다.

샤머니즘과 질병

집단의 종교 생활의 중심에 위치하는 샤먼은 동시에 의사이기도 하다. 집단은 샤먼으로 하여금 구성원들의 건강을 책임지도록 한다. 사람은 어떻게 질병에 걸리는가? 질병은 무엇인가? 질병의 원인은 자연적인 요인이 아닌 초자연적인 요인과 관련하여 생각된다. 즉 자연의 정령이나 최근에 죽은 자의 영혼의 습격, 적 집단에 속한 샤먼의 공격, 음식 금기나 성적인 금기의 위반(고의든 아니든) 등에서 질병의 이유가 찾아진다. 인디언의 병인론(病因論)에서는 신체적 고통인 질병과 보이지 않는 힘들의 세계를 직접적으로 연결시킨다. 이 힘들 가운데 어떤 것이 병의 원인인지 알아내는 것이 샤먼에게 부여된 사명이다. 그러나 병의 원인이 무엇이든, 겉으로 나타나는 증상이 어떠하든, 질병의 형태는 거의 언제나 동일하다. 즉 질병은 죽음, 곧 육체와 영혼의 분리가 일어날 것을 예견하게 한다. 건강은 한 사람 안에 육체와 영혼이 결합되어 공존함으로써 유지되며, 질병은 영혼이 떠나감으로써 이와 같은 결합이 상실되는 것이다. 질병을 치료하고 건강을 회복하는 것은 육체와 영혼의 결합을 회복하는 것이다. 샤먼은 의사로서 병자의 영혼이 붙잡혀 있는 장소를 알아내야 하며, 그를 점령한 힘에 의한 포로 상태에서 영혼을 해방시켜 다시 병자의 몸으로 인도해야 한다.

샤먼

여기서 우리는 모든 원시사회의 생활에서 중요한 위치를 차지하는 인물인 샤먼을 일종의 정신병자로 취급하는 관념을 단호히 배격해야 한다. 사회가 샤먼을 정신병과 주변성에서 구출하기 위해 내세와 현세, 공동체와 초자연적인 세계의 접촉을 담당하는 임무를 그에게 맡긴다는 관념은 불행히도 몇몇 민족학자들에 의해 유포되어 널리 받아들여지고 있다. 즉 사회는 정신병자를 의사로 변화시킴으로써 그의 "재능"을 이용하여 그를 사회에 통합시키고 정신병의 진전을 막는다는 것이다. 또 샤먼이 의사로 활동하지 않는다 하더라도 적어도 그의 큰 병은 사회에 의해 치유된다는 것이다. 이러한 담화의 불합리성은 단 하나의 문제로 귀착되는데, 그것은 그렇게 주장하는 자들이 한 번도 샤먼을 본 적이 없다는 것이다.

환자들을 도울 수 있는 지식을 가지고 있다는 사실을 제외하면 샤먼은 환자와 다른 점이 하나도 없다. 이러한 지식을 보유하게 되는 것은 샤먼의 인격에 달려 있다기보다는 오랜 경험과 고통스러운 입문 과정에 달려 있다. 다시 말해 샤먼이 될 사람은 극히 적으므로, 원하기만 한다면 누구든지 샤먼이 될 수 있다. 어떤 사람들은 샤먼이 되려는 욕망에 시달리지만, 다른 사람들은 그렇지 않다. 사람들은 왜 샤먼이 되려 할까? 어떤 사건(꿈, 환상, 이상한 만남 등)은 샤먼이 되는 것이 자신의 길이며 샤먼의 소명이 시작되었음을 알리는 신호로 해석된다. 위세에 대한 욕망도 샤먼이라는 "직업"을 선택하게 하는 요소로 작용한다. "성공한" 샤먼의 명성은 그가 영향력을 행사하는 집단의 범위를 넘어서기도 한다. 그러나 샤먼의 활동 중에서 전사(戰士)적인 면, 즉 사람들이 아니라 사람들의 적인 정령, 영혼, 악마 등 보이지 않는 무수한 힘에 대해 행사하는 힘의 측면이 더 중요하게 보인다. 샤먼은 전사로서 그것들과 대결하며, 환자에게 건강을 되돌려주는 것만큼이나 그것들과의 전쟁에서 이기기를 원한다.

어떤 부족들(예컨대 차코 지역의)은 식량이나 직물, 깃털, 장식품 등을 줌으로써 샤먼의 의료 행위에 대해 일종의 지불을 한다. 남아메리카 사회 전역에서 샤먼은 중요한 위치를 차지하지만, 그의 "직업"에 아무런 위험도 따르지 않는 것은 아니다. 병자에게 생명을 줄 수 있는 생명의 지배자는 또한 죽음의 지배자가 될 수도 있다. 생명을 줄 수 있는 힘이 다른 사람에게 죽음을 불러올 수도 있으며, 치료하기보다는 죽일 수도 있다고 사람들은 생각한다. 물론 그것은 개인적인 악의나 사악함에 의한 것은 아니다. 남아메리카에서 주술을 거는 요술사(sorcier)의 형상은 거의 발견되지 않는다. 그러나 샤먼이 치료에 실패를 거듭하거나 사회 내에 불가해한 일들을 일으킨다면, 사람들은 즉시 그가 유죄라고 단정 지을 것이다. 샤먼이 환자들을 치료하는 데 실패하는 것은 치료해 주기를 원하지 않기 때문이라고 여겨진다. 전염병이 퍼지거나 기이하게 죽는 사람이 있으면, 샤먼이 공동체에 해를 입히기 위해 악한 영과 동맹을 맺은 때문이라고 사람들은 생각한다. 그러므로 샤먼은 커다란 위세를 지니기도 하지만 동시에 집단의 불행에 책임을 지고 속죄양이 되어 단죄를 받아야 하는 불안정한 운명도 지니는 것이다. 사람들은 샤먼이 받는 형벌을 경감하지 않으며, 그 형벌은 사형인 경우가 대부분이다.

일반적으로 샤먼은 남자이다. 그러나 예외도 존재한다. 예를 들어 아비폰(Abipones)족, 모코비(Mocovi)족, 토바(Toba)족 같은 차코의 부족들이나 칠레의 마푸체(Mapuche)족, 베네수엘라의 고아히로(Goajiro)족의 경우, 샤먼의 기능을 종종 여자가 담당하는데, 전혀 남자에 뒤지지 않는다. 젊은이는 샤먼이 되는 것이 자신의 소명이라고 확신하면 샤먼의 교육을 받게 된다. 이 교육은 수 주에서 수년에 이르기까지 기간이 다양한데, 페루의 캄파(Campa)족처럼 죽은 샤먼의 영혼이 신참자의 교육을 맡는 것이 아닐 경우, 오래 전에 인정받은 다른 샤먼의 지도로 교육이 이루어진다. 가이아나(수리남)의 카리브족에는 샤먼을 위한 학교가 있다. 견습 샤먼의 교육은 입사식(入社式)의 형태를 띤다. 그가 치료해야 하는 질병은 초자연적인 힘이 육체에 작용한 결과이므로, 그러한 힘을 통제하고 조절하고 약화시키기 위해서는 그러한 힘에 영향을 미칠 수단을 획득해야 한다. 그러므로 샤먼의 준비 과정은 이러한 치료의 과업에 도움을 줄 하나 또는 여럿의 수호 영의 보호와 협력을 얻어 내는 데 있다. 초심자의 영혼을 영의 세계와 직접적으로 접촉하도록 하는 것이 수련의 목적이다. 이러한 수련의 결과로 흔히 "영매(靈媒) 상태"라고 불리는 것에 도달하게 되는데, 이때에서야 젊은 샤먼은 눈에 보이지 않는 힘들이 자신을 샤먼으로 인정했다는 확신을 갖게 되며, 그의 수호 영의 정체를 파악하고 계시의 노래를 받는다. 그 후 그는 치료를 할 때마다 이 노래를 부른다. 영혼이 초자연적 세계에 처음으로 접근할 수 있기 위해서는 육체를 약화시켜야 한다. 이러한 이유로 샤먼의 교육 과정에는 육체의 고행이 포함된다. 기나긴 금식, 계속적인 수면 부족에다가 숲속에 격리되어 담배(투피-과라니족, 차코의 여러 부족들) 또는 환각제(아마존의 북서부)를 과다 복용함으로써 수련생은 신체적인 탈진과 쇠약 상태에 도달하여 거의 죽음과 같은 상태를 경험한다. 바로 이때 지상의 무게에서 해방된 영혼은 초자연적인 존재와 손쉽게 만날 수 있게 된다. 이러한 "영매 상태"의 순간, 젊은 수련생은 보이지 않는 존재가 보낸 환영(幻影) 속에서, 그를 샤먼으로 만들어 줄 이 지식에 입문하게 된다.

치료법, 여행, 마약

위에서 본 것처럼, 토착적 사고는 모든 병(유럽인들에 의해 아메리카 대륙에 도입된 병을 제외한)을 영혼과 육체의 합일이 깨어진 것으로 보며, 치유를 이러한 합일이 회복된 것으로 본다. 치료사로서의 샤먼은 여행자이다. 그는 악령에 사로잡힌 영혼을 찾아 돌아다녀야 하고, 그를 도와주는 영의 도움을 받아 보이지 않는 세계를 탐험하는 여행을 해야 하며, 영혼을 사로잡고 있는 영들과 싸워 그 영혼을 환자의 몸으로 다시 데려와야 한다. 각각의 치료는 샤먼에게 권력을 획득하게 해 주었던 최초의 여행의 반복으로, 샤먼은 정신이 고양되고 육체가 가벼워지는 영매 상태에 놓일 것이 요구된다. 그리고 다량의 담배를 피우거나(또는 즙의 형태로 마시거나) 북서 아마존에서 재배되는 다양한 마약(북서 아마존 인디언들은 마약을 많이 사용한다)을 복용하지 않고는 치료, 즉 여행의 준비가 진행되지 않는다. 과라니족 같은 민족들은 살아 있는 육체를 한 개인으로 만들어 주는 개별화의 원인인 영혼을 고유명사와 혼동한다. 영혼은 곧 이름인 것이다. 그러므로 특별한 중병은 환자에게 이름이 부적합하기 때문이라고 진단되기도 한다. 이름을 잘못 지으면 병의 원인이 되며, 환자는 자신에게 적합한 이름-영혼을 가지고 있지 않은 것이다. 샤먼은 진정한 이름을 찾아 여행을 떠난다. 신들이 샤먼에게 진정한 이름을 알려 주면, 그는 그것을 환자와 가족들에게 가르쳐 준다. 치료의 성공은 샤먼이 환자의 진정한 이름을 발견했다는 사실을 입증해 준다.

자신의 정신이 잃어버린 영혼을 찾아 헤매는 동안(때로는 매우 멀리 태양까지 가기도 한다), 샤먼은 자리에 앉아 있거나 바닥에 누워 있는 환자의 주위를 돌며 노래를 부르고 춤을 춘다. 매우 많은 사회에서 샤먼은 딸랑이(마라카)를 가지고 노래와 춤에 박자를 맞추는데, 이것은 악기인 동시에 샤먼이 대화를 나누는 영혼들의 목소리이기도 하다. 샤먼은 영혼을 강탈한 영의 정체를 잘못 판단했을 때에는 치료를 성공시키기 위해 변신하기도 한다. 표범, 뱀, 새 등으로 말이다. 가끔 그는 환자에게 숨을 내뿜고(종종 담배 연기를 뿜기도 한다) 환자가 아프다고 호소하는 부분을 문지르거나 핥기 위해 동작을 멈춘다. 샤먼의 숨과 타액은 큰 힘을 준다고 알려져 있다. 길을 잃고 헤매던 영혼이 환자의 몸으로 다시 들어올 때 환자가 나았다고 여겨지며 치료가 끝난다. 대부분의 경우 샤먼은 치료가 끝났을 때 가시, 작은 돌, 새의 깃털 등 환자의 몸에서 꺼내 자기 입에 보관했던 이상한 물건을 성공의 증표로서 제시한다. 영혼의 부재와 이상한 물건의 존재가 실제로 병을 일으키는 원인은 아니다. 영혼을 빼앗겨서 비어 있기보다는 악령이 물건을 놓아두었으며, 이러한 물건이 있다는 사실은 그 자체로 영혼의 부재를 나타낸다. 동일한 논리에 따라 영혼의 귀환은 이러한 물건을 "추출"해 냄으로써 공식적으로 완료된다. 눈으로 볼 수 있고 손으로 만질 수 있는 이러한 물건은 환자에게 치유를 확인해 주며 의사의 능력을 증명해 준다.

그러나 치료가 샤먼의 유일한 기능은 아니다. 인디언 문화에서 사회적인 것과 종교적인 것, 성과 속, 일상적인 것과 초자연적인 것을 구분하기 어렵다는 사실은 이미 위에서 언급했다. 개인의 사적인 생활이나 집단의 사회적 생활에서 일어나는 여러 사건들에 끊임없이 샤먼의 개입이 요구된다. 그리하여 샤먼은 꿈과 환영(幻影)을 해석해 주며 적대 관계에 있는 부족과 전쟁을 하러 떠날 때 어떤 것이 길하고 불길한 징조인지 판가름해 준다. 특히 전쟁의 상황에서는 샤먼이 주술사처럼 행동하기도 한다. 그는 적에게 질병을 보내어 그들을 약화시키거나 죽이기도 한다. 요컨대 샤먼은 모든 중요한 의례에서 결정적인 역할을 수행한다.

의례와 의식

연구 대상이 되는 사회의 종교 생활이 죽은 자와 환자들에 대한 관계의 의례화로 국한되지 않음은 물론이다. 자연적인 사건(아이의 출생)은 물론 가장 사회적인 사건(통과의례)에 있어서도 생명을 찬양하는 데 큰 중요성이 부여된다. 깊은 종교심을 지닌 이 민족들은 종교의 영역으로 하여금 개인의 운명의 중요 단계들을 사회-의례적 사건으로 만들도록 한다.

[출생] 아이의 출생은 생물학적인 차원을 넘어선다. 출생은 종교적인 지평에서 갖는 함의와 효과들로 인해 신생아의 부모뿐만 아니라 공동체 전체를 연루시킨다. 집단에 새로운 구성원이 들어옴으로써 우주 질서에 교란이 야기된다. 이 잉여의 생명은 자신이 초래하는 불균형으로 인해 온갖 악령들을 일깨운다. 악령들은 모든 새로운 생명에 적대적인 죽음의 악령이므로, 집단은 이들에 대항해 아이를 보호해야 한다. 이러한 보호 시도는 출생을 전후하여 정화, 음식 금기, 성생활 금지, 사냥 의례, 노래, 춤 등 많은 의식으로 나타난다. 이러한 의식들은 이를 거행하지 않으면 아이가 죽을지도 모른다는 확실성에 의해 정당화된다. 모든 투피-과라니 부족들이 시행하는 의만(擬娩, couvade)은 특히 관찰자의 주목을 끈다. 아이의 아버지는 아이를 출산할 때부터 그물 침대에 드러누워 탯줄이 떨어질 때까지 그 안에서 금식한다. 이같이 하지 않으면 어머니와 아이는 큰 위험을 겪게 된다. 과야키족의 경우, 출생은 그것이 초래하는 우주의 동요로 인해 아이와 아버지를 위협한다. 아버지는 표범에 잡아먹힐 위험을 무릅쓰고 숲에 가서 사냥을 해야 한다. 아이의 죽음은 악령에 대한 남자들의 패배로 간주된다.

[성인식] 출생을 둘러싼 의식과 소년과 소녀가 어른이 되는 것을 기념하는 의식 사이에 구조적 유사성이 발견되는 것은 놀라운 일이 아니다.

성인식에서 이행은 두 차원에서 나타난다. 그것은 첫째로 더 이상 어린 아이라고 할 수 없는 개인들의 생리적인 성숙을 사회적으로 인정하는 것이며, 둘째로는 새로운 성인을 집단에 받아들이는 것, 젊은이를 사회에 완전히 소속시키는 것이다. 아동의 세계와의 단절은 토착적 사고에서 죽음과 부활로 파악되고, 또 의식 속에서도 그처럼 표현된다. 성인이 된다는 것은 아동의 세계 속에서는 죽고 사회생활 속에서 다시 태어나는 것이다. 이제부터 사회는 그들이 성을 자유롭게 즐기도록 방임한다. 통과의례가 출생 의례처럼 극히 극화된 분위기에서 진행된다는 사실은 이러한 점에서 납득될 수 있다. 성인 공동체는 이 신참자들을 동등하게 여기지 않으며 경쟁자이자 적으로 간주하는 듯이 행동한다. 공동체는 의례를 통해 성인이 되기 위해서는 아동기의 근심 없고 행복한 세계의 상실, 즉 돌이킬 수 없는 상실을 대가로 지불해야 한다는 점을 보여 주려 한다. 남아메리카의 수많은 사회에서 통과의례가 매우 끔찍한 육체적 시련들과 잊을 수 없는 잔혹하고 고통스러운 차원들을 포함하는 것은 그런 이유에서이다. 문신 새기기, 난절(亂切), 채찍질, 벌이나 개미에게 쏘이기 등이 그러한 것들이다. 성인식을 치르는 젊은이들은 그러한 것들을 소리 없이 참아야 하며 실신을 하더라도 신음을 내지 말아야 한다. 이러한 죽음과 같은 상태(의례의 주관자가 고의로 촉발하는 실신) 속에서 출생과 통과에 대해 원주민의 사고가 갖는 구조적 성격이 분명하게 나타난다. 즉 통과는 부활이며 상징적인 죽음이 선행되어야 하는 첫 번째 출생의 반복이라는 것이다.

신화와 사회

그러나 우리는 통과의례가 성인식 의례와도 동일시된다는 사실을 알고 있다. 모든 성인식의 절차는 지원자를 무지의 상태에서 인식의 상태로 이행시킨다는 목적을 지닌다. 즉 지원자가 진리를 알고 지식을 전달받도록 하는 것이다. 남아메리카 인디언의 의례는 젊은이에게 어떤 지식을 전달하고, 어떤 진리를 드러내 주며, 어떤 인식에 입문시키는 것일까? 성인식 의례에 내재한 교육은 스승과 제자를 결합시키는 상호 개인적 관계와는 무관하다. 관건은 개인적 모험이 아닌 것이다. 중요한 것은 사회적인 것, 즉 한편으로 사회 자체와 다른 한편으로 사회에 소속될 사람들로서의 젊은이들이다. 다시 말해 성인식 의례로서의 통과의례는 젊은이들에게 그들을 맞아들이는 사회에 대한 지식을 전달하는 사명을 지닌다. 성인식 절차를 통해 획득되는 이러한 지식은 사실상 사회에 "대한" 지식, 즉 사회에 외재하는 지식이 아니다. 그것은 사회 자체"의" 지식, 사회에 내재하면서 사회의 실체 자체, 사회의 실체적 자기(Soi, 自己)를 구성하는 지식이다. 성인식 의례에서 젊은이는 의례의 지휘자가 대표하고 있는 사회로부터 사회 자체이자 사회를 구성하는 지식, 즉 사회적 규칙과 규범의 우주, 법의 윤리-정치적인 우주를 받아들이게 된다. 법에 대한 가르침과 법에 대한 충실성의 규정은 사회의 존재에 연속성과 영구성을 확보해 준다.

신화와 창건

그렇다면 사회의 기반이 되는 법의 근원은 무엇일까? 법은 누구에 의해 공포되는 것일까? 입법자는 과연 누구일까? 앞에서 본 것처럼, 토착적 사고에서는 사회와 그 토대 사이의 관계(즉 사회와 그 자체 사이의 관계)를 외재적 관계로 간주한다. 다시 말해 사회는 자신을 스스로 재생산하기는 하지만, 스스로를 창건하지는 않는다. 특히 전통적인 규칙과 규범에 따르는 사회의 재생산, 즉 사회 자신(Soi)의 반복을 확보해 주는 기능이 성인식 의례에 부여된다. 그러나 사회의 창건, 사회의 설립은 전(前)사회적인 것, 메타사회적인 것에 속한다. 사회의 창건은 인간 시대 이전의 시대에 인간에 앞서 존재했던 존재들의 작품, 조상들의 작품이다. 조상들이 사회를 창건했던 이야기를 다룬 신화는 조상들의 격언, 규범, 법으로서의, 성인식 의례에서 젊은이들에게 전달되는 지식의 총체로서의 사회의 토대를 이룬다.

요약해서 말하면, 통과의례가 지니는 성인식적인 차원은 신참자가 향하게 되는 진리로 회송(回送)된다. 이 진리는 사회의 토대를 "유기적인 법"의 형태로 표현한다. 사회 자체에 대한 이러한 지식은 신화를 통해 발자취를 알 수 있는 조상들의 창건 행위에서 그 기원을 찾을 수 있다. 의례가 진행될 때 반드시 조상들이 관련되고 등장하는 이유는 바로 이 때문이다. 젊은이들은 조상의 가르침을 받아들이려 한다. 모든 성인식 의례의 주요 인물인 조상들은 사실상 통과의례의 숭배 대상이다. 아메리카 인디언의 종교 생활에서 핵심적인 중요성을 차지하는 성인식 의례는 신화적 조상이나 문화적 영웅에 대한 진정한 숭배 의례이기도 하다.

티에라델푸에고의 야간족의 가장 중요한 종교 생활은 소년, 소녀의 성인식이다. 성인식의 핵심은 큰 조상이자 영웅인 와타우이네와(Watauinewa)가 신화의 시대에 가르쳐 주었던 전통적인 규범을 신참자에게 알려 주는 것이다. 보로로족의 경우, 특수한 샤먼 집단(aroettaware)이 조상의 영혼(aroe)을 젊은이들의 성인식을 비롯한 특정한 의식들에 참석하도록 초대한다. 이처럼 성년으로의 이행과 사회로의 진입은 사회를 창건했던 조상의 보호 하에 이루어진다. 브라질의 쿠베오(Cubeo)족도 소년들의 성인식을 조상에게 올리는 기도와 결합시킨다. 이때 조상들은 큰 나팔들로 표현된다(다른 곳들에서는 호리병박들로 표현되기도 한다).

아마존 북서부의 부족들(투카노족, 위토토족, 야쿠나족, 투카나족 등), 싱구강 상류(Haut Xingu) 지대의 부족들(카마요라족, 아웨토족, 바카이리족 등), 아라과이아(Araguaia)의 부족들(카라자족, 자베족)은 그들의 "신들"을 남자 무용수가 쓰는 가면의 형태로 표현하는데, 이 가면들은 악기와 마찬가지로 숲이나 강의 정령뿐 아니라 조상들을 상징하기도 한다.

남아메리카의 원시사회들은 공동체를 끊임없이 확인시켜 주는 종교적이고 의례적인 생활에 열중한다. 의식을 행할 때마다, 사회가 풍요롭고 살기 좋은 것은 과거에 조상들이 물려준 규범을 잘 준수하기 때문이라는 사실을 사람들에게 환기시킨다. 조상에 대한 언급이 성인식 의례에 포함된다는 사실은 이러한 점에서 이해할 수 있다. 신화적 담화와 조상들의 말만이 사회의 영속성과 영원한 반복을 보장해 준다.

2. 안데스 사회

안데스산맥의 사회에서는 "야만인"의 문화적 지평과는 전혀 다른 지평에 접근하게 된다. "야만인들"은 압도적인 다수가 농경민이지만, 수렵, 어로, 채집 등 자연 상태의 식량에도 크게 의존한다. 자연은 밭농사에 의해 사라지지 않았으며 숲속에 사는 부족들은 경작된 식물보다 야생의 식물과 짐승을 더 중시한다. 이는 주로 기술적인 취약함보다는 — 이들은 경작 면적을 넓히기만 하면 된다 — 대단히 풍요로운 경제적인 환경(짐승, 생선, 근채根菜, 장과漿果, 과실)을 "약탈적으로" 사용하는 데서 오는 노동의 절약에 기인한다. 반면 안데스산맥의 사람들이 자연환경과 맺고 있는 생태-기술적인 관계는 이와는 전혀 다른 노선을 따른다. 그들은 야생의 자원에 거의 의존하지 않는다는 점에서 거의 모두가 농민이다. 즉 안데스산맥의 인디언은 아마존 인디언보다 땅과 훨씬 더 밀접한 관계를 맺고 있다. 땅은 그들에게 젖을 주는 어머니와도 같으며, 이러한 사실은 종교 생활과 의례적 관습에도 깊은 영향을 미치고 있다. 공간의 실제적이고도 상징적인 점유라는 관점에서 볼 때, 숲속의 인디언은 영토(territoire)의 사람들인 반면, 안데스산맥 사람들은 토지(terre)의 사람들, 즉 농민이다.

땅에 대한 이러한 애착은 안데스산맥에서는 매우 오래된 것이다. 기원전 3천 년대부터 이 지역에 농업이 존재했다는 사실이 입증되었다. 고도로 전문화된 경작 기술, 대규모 관개 사업 그리고 해수면에서 중앙 고원에 이르는 다양한 생태적 환경에의 선택적 적응에 따라 얻어진 다양한 식물 품종이 증명해 주듯이, 농업은 괄목할 만한 발전을 이루었다. 안데스 사회는 다른 곳에는 존재하지 않는 특성들에 의해 남아메리카의 다른 지대와 구분된다. 이 사회는 정치권력의 수직 축에 따라 위계화, 계층화, 분화되어 있다. 귀족 또는 종교 카스트, 군인이 대다수의 농민을 지배하고, 농민은 그들에게 조세를 내야 한다. 안데스산맥의 사회에서 지배층과 피지배층으로의 이러한 사회적 분화는 고고학적인 연구가 입증하듯 매우 오래된 일이다. 기원전 천 년대의 초기로 거슬러 올라가는 차빈(Chavin) 문명을 통해 우리는 거주지가 도시화되었고, 사제들의 지도 아래 예배와 순례의 장소인 사원을 중심으로 사회생활이 조직되었음을 알고 있다. 이때부터 안데스 사회의 역사에서는 신정정치의 색채를 강하게 띤 제국들의 부침이 계속되었다. 그중 가장 잘 알려져 있는 제국이 잉카제국이다. 잉카제국 이전의 안데스 종교에 대해서 우리는 무덤의 장례 집기, 사라지지 않은 건축물, 직물과 도자기 등이 제공하는 파편적인 지식만을 보유하고 있을 뿐이다. 13세기부터 스페인 사람들이 도착할 때까지 지속되었던 잉카제국 시대에 대해서는 고고학적인 문서가 대단히 풍부하고, 게다가 인디언들을 개종시키기 위해서 체계적으로 우상을 근절하려 했던 선교사들의 조사와 역사가들의 기술에 의해서도 잘 알려져 있다.

잉카제국의 성립과 팽창은 안데스산맥의 종교적인 모습을 ― 심층적인 변화는 없이 ― 변모시켰다. 정복당한 종족들은 황제의 권위뿐 아니라 승리자들의 종교도 인정해야 했기 때문이다. 잉카족의 정치적 제국주의는 문화적인 동시에, 특히 종교적이었다. 그러나 한편으로 잉카족은 제국에 통합된 종족들의 신앙을 그들의 신앙으로 대체하려 하지 않았고, 지방의 예배와 의례를 근절시키려 하지 않았다. 이러한 이유로 이 시기 안데스산맥에서는 정치적인 팽창에 따라 전파되었던 잉카족의 종교 체계와 잉카제국이 출현하기 전부터 존재했던 지역적 종교 체계가 두 가지 커다란 종교 체계로서 공존한다.

민중 종교

민중 종교는 안데스 인디언들이 세계와 맺는 관계를 명확히 보여 준다. 민중 종교는 기본적으로 농민의 종교이며 농촌 종교이다. 그 종교를 믿는 사람들이 연안 지방에 살건 고원에 살건 상관없이 말이다. 계절적 주기의 규칙적인 반복 속에서 풍부한 수확과 라마(아메리카 낙타) 떼의 증가를 확보해 주는 신들과 좋은 관계를 유지하는 것이 안데스산맥 인디언들의 주된 관심사였다. 이러한 점으로 인하여 해안과 고원을 포괄하는, 또는 케추아(Quechua), 아이마라(Aymara), 모치카(Mochica)를 포괄하는 지대에서 지역적인 특수성을 초월하여 범안데스적 숭배와 신앙이 존재한다고 말할 수 있다.

[신들] 이들은 농민의 일상생활을 규제하는 자연적 요소에 신의 지위를 부여한다. 종종 남매이면서 부부로 여겨지는 태양과 달, 저녁별과 새벽별, 무지개, 어머니 대지 등의 모든 신적 형상들은 앞으로 살펴보겠지만 숭배와 장중한 의식의 대상이다. 어머니 옥수수는 안데스산맥의 농경에서 주요 작물인 옥수수를 금이나 은 또는 돌로 형상화한 것으로, 사람들은 이것이 풍성한 수확을 가져다주기 바란다. 사람들은 이러한 신들에게 예물, 헌주(발효시킨 옥수수로 만든 음료), 희생 제물을 바친다. 특히 희생 제물로 라마를 도살하여 그 피를 옥수수 밭에 뿌리고 의례에 참석한 사람들의 얼굴에 바른다.

[조상 숭배와 죽음] 신들은 안데스산맥의 주민과 "야만적" 부족을 나누는 기준이다. 앞에서 본 것처럼, 야만적 부족들의 조상은 최근에 살다가 죽은 자들이 아니라 사회를 창시한 신화적인 인물들이다. 반면, 안데스산맥에서 공동체의 사회-종교적인 생활은 대부분 조상 숭배와 동시에 죽은 자의 숭배에 기반을 두고 있다. 죽은 자는 조상의 후손이라는 것이다. 아마존의 사고와 달리 안데스산맥의 사고는 살아 있는 자의 세계와 죽은 자의 세계 사이의 연속성을 강조한다. 이는 신들과 죽은 자의 보호 아래 동일한 토지를 점유하는 농민 공동체에서의 연속성이다. 사회를 창건한 신화 속의 조상은 그가 지하 세계로부터 솟아오른 장소인 파카리나(pakarina)와 숭배를 받는 바위인 마르카요크(markayok)로 종종 표상된다. 각각의 공동체, 즉 아일루(ayllu)는 자신의 조상을 지니며 그를 숭배한다. 즉 시간을 초월하여 아일루의 영속성과 정체성을 나타내는 마르카요크와 파카리나는 공동체를 구성하는 가족들의 연대성을 확립해 준다.

숲속 인디언의 장례식은 죽은 자를 망각하기 위해 시체를 파괴하는 경향이 있다. 반면 안데스의 인디언들은 시체를 정식 묘지에 안치한다. 무덤은 동굴이나 탑의 형태로 지은 지하 묘소에 모여 있다. 친척들이 그들의 의견을 묻기 위해 방문하므로 죽은 자들은 공동체의 생활에 계속하여 영향을 미친다. 친척들은 정기적으로 예물을 바침으로써 죽은 자의 호의를 유지하려 하며 희생 제사를 드린다. 안데스의 인디언들은 죽은 자들을 잊기는커녕, 그들이 살아 있는 자들을 잊지 않고 잘 보살피도록 최선을 다한다. 즉 죽은 자와의 관계는 숲에서처럼 배제와 적대의 관계가 아니라 동맹과 포괄의 관계이다. 이러한 이유로 우상숭배를 근절시키는 임무를 맡았던 스페인 사제들은 신화 속의 죽은 자뿐 아니라 실제로 죽은 자들 ― 해골과 미라의 형태를 한 ― 도 예배와 경배의 대상이 된다고 지적했다. 특정한 의례의 상황에서는 깃털과 귀중한 직물로 해골이나 미라를 장식하기도 한다.

[우아카(*huaca*)] 이것은 초자연적인 힘을 지닌다고 여겨지는 모든 존재와 자연적 대상에 대해 인디언들이 붙인 이름이다. 조상을 상징하는 신성한 돌이나 미라는 우아카에 속한다. 우상이나 우상이 있었던 장소, 산이나 식물, 샘물이나 동굴, 기형으로 태어난 아기, 사원, 성좌나 무덤도 우아카이다. 산간의 협로(峽路)나 휴식처 같은 특별한 장소는 아파치타(apachita)라는 돌무더기로 표시한다. 여행자들은 이것도 우아카라고 생각하며 여기에 돌을 하나 더 얹고 코카(coca)로 만든 씹는담배를 제물로 바친다. 이와 같이 모든 공간은 초자연적인 것들에 의해 구획된다. 우아카 체계는 세계에 대한 일종의 신성한 코드화(codage)이다.

우아카에는 공간과 성스러운 것이 만나는 접합점만 포함되는 것이 아니며, 각 가족의 수호신을 나타내는 물건, 작은 형상, 부적도 포함된다. 이것은 코노파(conopa)라고도 하는데, 이상한 모양과 색깔의 돌이나, 라마(아메리카 낙타) 또는 옥수수 이삭 모양으로 깎아 만든 조그만 조각상이다. 가족의 코노파는 집에 안치되어 가족을 질병으로부터 보호해 주거나, 혹은 밭에 묻혀 비옥함을 보장해 준다. 일 년 중 특정한 시기에 사람들은 공동체(아일루)의 코노파를 감추어 두었던 비밀 장소에서 꺼내어 경배하고 라마나 코카를 제물로 바치며 돌을 쌓는다.

각 공동체에는 적어도 한 명의 의사나 샤먼이 존재했다. 그는 벼락을 내리는 천둥 신에 의해 임명되는 경우가 많다. 그는 치료의 기능 외에도 점을 치는 기능을 한다. 그러나 숲속 부족들과는 달리 안데스산맥의 샤머니즘은 종교 생활에서 중요한 위치를 차지하지 않는다. 이들의 종교 생활은 신, 조상, 죽은 자 그리고 모든 우아카적인 힘들에게 어머니 대지의 비옥함을 보장하고 아일루의 안녕을 확보해 주기를 요청하는 의례들의 총체로 발전했다. 이는 극히 농업적인 종교로서, 신이 돌보아 주는 땅에 대한 농민의 깊은 애정이 스며 있다.

잉카족의 종교

잉카족의 종교는 기원이나 내용 면에서 민중 종교와 크게 다르지 않다. 13세기경에 잉카족은 쿠스코(Cuzco) 지역에 거주하는 작은 부족이었다. 농경민이자 목축민이었던 그들의 종교 및 의례 생활은, 해안이나 고원의 모든 농민 공동체의 종교와 마찬가지로, 우주 질서의 반복과 그 영원한 회귀를 바라는 욕망 속에 뿌리를 내리며, 또 의례와 희생 제의를 통해 신, 조상, 죽은 자들이 토지의 비옥함과 사회의 영속성을 보장해 주기를 바라는 희망 속에 뿌리내리고 있다. 13세기에 잉카족은 아직도 밝혀지지 않은 어떠한 이유로 정복 사업을 시작했고, 이는 스페인인이 도착할 때까지 계속되었다. 그러나 잉카족은 비교적 짧은 이 시기 동안 제국의 국경을 무절제하게 밀고 나갔으며(1530년에 제국의 인구는 1,200만 명 내지 1,500만 명이었던 것으로 추정된다), 아직도 그 제도의 "현대성"으로 인해 놀라움을 주는 경탄스러운 권력 기계, 즉 국가기구를 건설했다.

엄격하게 위계화된 피라미드를 이룬 제국 사회는 권력을 지닌 귀족과 제국에 통합된 민중들, 민족들, 부족들로 확연히 구분되어 있었다. 피지배자들은 공물을 바침으로써 제국의 힘을 인정했다. 위계 체계의 정점에는 자기 민족의 수장이자 제국의 주인이며 현세에서 신적인 힘을 대표하는 군주인 잉카가 있었다. 잉카족의 정치-군사적인 팽창주의가 피정복자의 전통적인 신앙과 의식을 제거하면서 자신들의 종교 체계를 강요하는 종교적 포교를 동반했다고 생각하는 것은 오류이다. 왜냐하면 첫째로 근본적인 면에서 잉카족의 종교는 조공을 바치는 민중의 종교와 크게 다르지 않았으며, 둘째로 그들의 지배는 오로지 예속민들의 복종을 얻으려는 데 집중되어 있었고 스페인인처럼 "우상숭배"를 근절시키려 하지는 않았기 때문이다. 사실상 그들은 전통적인 종교적 "코드화"의 존속을 방치했고, 그 위에다가 그들의 고유한 종교로 이루어진 "중층적 코드화(surcodage)"를 부과했다. 잉카에 예속된 자들은 정복자의 신을 인정하고 경배한다는 조건하에서 예배의 자유를 누렸다.

정복자는 자신들의 권력이 커짐에 따라 과거의 신앙 체계를 새롭게 손질했다. 즉 신전의 특정 인물들을 기리고 전통 축제와 의식을 장엄하게 거행했다. 또 철저히 위계화된 많은 성직자 제도를 도입함으로써, 많은 사원과 예배처를 건립함으로써, 백성이 잉카족에게 바친 공물의 대부분을 성직자들에게 분배함으로써, 종교에 상당한 사회적, 정치적 무게를 부여했다.

[태양 숭배] 태양, 인티(Inti)는 이중의 논리적 이유에서 잉카 신전의 중

요한 존재로 부각된다. 첫째는 매우 오래 전부터 태양을 페루 전체의 신으로 여겼던 전통적인 논리이고, 둘째는 제국 체계를 확립함으로써 모든 고대적 전제주의에서와 마찬가지로 제국의 지도자를 태양과 동일시하는 논리이다. 이러한 이유들로 인해 태양 제국의 지도자는 왕가의 시조와 함께 잉카의 중요한 신이 된다. 그리하여 잉카신에게 바치는 예배는 왕실의 조상 숭배인 동시에 모든 자에게 부과된 공식적 종교 의례라는 가치를 지니고 있었다. 태양 숭배에 의해 잉카의 종교는 국가 종교가 된 것이다.

한 민족을 정복했을 때 잉카족은 즉시 몇 가지 행정적인 조치(인구와 자원 등에 대한 조사)와 종교적인 조치를 취했다. 피정복민들은 인티 숭배를 그들의 종교 체계에 통합시켜야 했다. 그들은 사원을 건축했고, 그곳에 거처할 성직자를 배당 받았다. 성직자가 자신의 생계를 보장하고 태양 숭배에 요구되는 희생 제사를 행하기 위한 막대한 자원을 사용함으로써 문화적 하부구조가 정착되었다. 잉카족은 정복한 공동체의 토지를 셋으로 분할했다. 그 한 부분은 아일루가 사용했으며, 다른 한 부분은 국가에 배당되었으며, 나머지는 태양에게 바쳤다. 지방에 건축된 많은 태양 사원은 가장 유명한 사원인 제국의 수도 코리칸차(Coricancha)의 사원 모델을 본떠 건축되었다. 코리칸차는 정치와 종교의 중심지였으며, 과거 황제들의 미라가 있는 예배와 순례의 장소이기도 했다. 사각형으로 되어 있는 코리칸차의 성벽 길이는 400m 정도였다. 매우 섬세한 기법으로 표현된 성벽에는 30~40cm 높이의 얇은 금판으로 된 띠가 둘러져 있었다. 코리칸차에는 예물로 바쳐진 금과 은이 가득한 여러 성소와 사원에서 일하는 많은 사람들의 숙소가 즐비했다. 금으로 된 옥수수 줄기들을 심어 놓은 정원도 있었는데, 잉카는 이 정원에서 의례적으로 일함으로써 제국의 파종 시기를 시작했다.

각각의 태양 사원의 직원으로는 사제, 점쟁이, 하인의 위계로 구성된 집단 외에도, 왕실 관리가 제국 전체에서 선발한, 기품 있고 아름다운, 아클라(Aclla)라는 태양 처녀들의 집단이 있었다. 그녀들은 일종의 수녀원(아클라 우아시huaci)에서 교육을 받았는데, 희생 제의 때 바치는 엄청난 양의 라마와 알파가(alpaga)의 털로 고급 직물을 짜는 법을 배웠다. 그녀들은 또한 모든 의식에 사용되는, 발효시킨 옥수수 음료인 치차(chicha)를 만들었다. 그녀들은 베스타 여신들처럼 완전한 순결을 맹세했고, 잉카는 자신의 첩과 제국의 고관들에게 상으로 하사할 여자들을 이곳에서 선택했다. 그녀들 중 일정한 수는 새로운 황제가 등극하거나 잉카가 중병에 걸리거나 죽었을 때 또는 지진 등 중요한 시기에 제물로 희생되었다. 코리칸차의 직원은 4천 명가량이었다고 전해지며 그중 천오백 명은 태양 처녀였다고 한다. 각 사원에서 처녀들은 태양의 부인이라 여겨지는 마마-쿠나(Mama-Cuna)라는 여주인의 권위에 복종해야 했다. 제국의 종교적 위계의 정점에는 황제의 숙부나 형제인 태양의 대사제 빌카-오마(Vilca-Oma)가 있었는데, 그는 코리칸차에서 금욕 생활을 하면서 제국의 종교 생활을 이끌었다.

[비라코차 숭배] 이것은 인간 형태를 한 신으로, 매우 오래되었고 페루 전체에 퍼져 있었으며, 아이마라족은 물론 케추아족도 이를 숭배했다. 때로는 모호하게 비라코차를 다룬 신화들에서 만물(하늘과 땅, 태양과 달, 밤과 낮)의 창조자인 영원한 신의 모습과 문명의 창조자의 모습이 나타난다. 몇 차례에 걸쳐 인류를 창조했다가 쓸어버린 후 현재의 인류를 만든 비라코차는 땅을 나누어 주고 살아가는 데 필요한 기술을 가르쳐 주었으며, 잘 지킬 경우 사회-우주적 질서가 올바로 유지될 규범을 주었다. 비라코차는 자신의 임무를 완성하자 바닷가로 가서 외투로 배를 만

든 뒤 서쪽으로 사라져 버렸다. 인디언들은 스페인인들과 처음으로 접촉했을 때 그들을 비라코차라고 불렀다.

잉카족은 그들의 종족 신인 태양신을 제국 전체에 부과했다. 반대로 그들은 안데스 지역의 신인 비라코차를 자신들의 종족 신으로 변화시켰다. 파차쿠티 황제의 통치 기간(1438~1471) 동안 잉카 신전 내에 이러한 변화가 시작되어, 황제는 비록 계속 태양의 후손이었지만, 인티는 비라코차에게 중심적 지위를 내주어야 했다. 비라코차가 우월한 지위를 차지했던 것은 여러 요인들이 누적된 결과였던 듯하다. 즉 태양이라는 가시적인 존재보다 더욱 근본적인 종교적 존재를 추구했던 사제들의 신학적인 작업, 찬카족에게 군사적으로 승리할 수 있도록 비라코차가 도와주길 원했던 파차쿠티 황제의 개인적 신앙, 신학적으로 일신교를 실현하려는 경향을 갖는 모든 전제주의적 체제에 내재한 논리 등이 바로 그러한 요인들일 것이다.

어쨌든 파차쿠티 황제는 비라코차 숭배에 심취하여 사원을 지었다. 그는 이 사원에 "키가 10살짜리 아이만 한" 조각상의 형태로 신상을 만들어 금으로 된 단 위에 세웠다. 각 지방 도시에도 비라코차 성소가 건축되었고, 성소에는 사원과 사제들의 생활을 유지하는 데 소용되는 자원을 관리하는 직원 한 명이 배당되었다. 비라코차 ― 고대의 주님, 오래된 주님, 최고의 주님 ― 숭배는 태양 숭배처럼 민중적 신앙이 되지 못했다. 게다가 잉카족은 그러한 사실에 별로 신경을 쓰지 않았다. 왜냐하면 종교적 차원에서도 지배 카스트의 고유성을 나타내기 위해 민중 종교보다 덜 감각적인 반면 훨씬 더 추상적이고 신비적인 신앙을 제도화하는 것이 중요했기 때문이다. 그러므로 비라코차 숭배는 민중 종교와는 달리 제국이 멸망한 후에는 지속되지 않았다.

[천둥 숭배와 우아카] 천둥, 즉 일라파(Illapa)도 잉카족의 신전에서 범(凡)안데스적 존재였다. 뇌우, 우박, 번개와 비의 주인인 그는 하늘에서 으르렁거리는 소리를 내면서 반항자를 내리쳤다. 농경민인 안데스 주민들은 일라파의 행동에 큰 관심을 가졌으며, 충분한 비를 내려주도록 그에게 기원했고 가뭄이 들었을 때에는 큰 희생 제사를 드렸다. 안데스산맥 사회의 농경적 성격은 일라파가 잉카 신전에서 비라코차와 인티 다음으로 높은 지위를 차지하는 이유를 설명해 준다.

농민 대중은 물론 잉카족의 카스트에게도 우아카는 공간에 대한 신성한 "분할"을 구성한다. 잉카족은 우아카의 민중적 그물망에 자신들의 고유한 체계를 첨가했다. 이러한 체계란 신성한 장소에 대한 것으로, 황제가 꿈을 꾼 장소나 지나친 장소 및 황제 자신과의 현실적이고 상상적인 관계에 의해 정해진다. 우아카는 그것이 무엇이든 희생 제의(옥수수로 빚은 맥주, 코카, 라마, 신에게 심장을 바치기 위해 선택된 여자나 아이)를 통해 숭상 받고 경배된다. 쿠스코란 도시에만 5백 개의 우아카가 있었다고 추산된다. 잉카제국의 우아카는 코리칸차에서 시작하여 수레바퀴의 살처럼 국경까지 뻗어 있는 상상적인 축인 세케(zeke)들에 배치되어 있다. 안데스산맥 지대에서 열등한 것이건 고등한 것이건 신성성(神聖性)의 증가는 공간과 시간이 성스러운 것(le sacré)의 영향을 받았다는 지표이다. 의례로 시간을 분할하는 것은 공간을 우아카로 표시하는 것과 쌍을 이룬다.

[축제와 의식] 흔하지 않거나 예기치 못한 사건들은 큰 의식을 거행하는 기회를 제공한다. 일식이나 월식, 지진, 가뭄 등의 경우에 사람들은 장엄한 희생 제의를 드렸고, 그것으로 신의 노여움을 가라앉히려 했다. 황제 일개인에게 영향을 미치는 모든 것은 제국의 안녕에 영향을 미쳤다. 황제는 태양의 아들이자 신의 세계와 인간의 세계 사이의 접촉점이

었고, 국민의 집단적인 운명은 잉카의 개인적 운명에 밀접히 의존했다. 또 사회생활의 규범을 위반하는 것은 황제를 모독하는 것이며, 따라서 신의 분노를 불러일으키는 것이다. 그렇기 때문에 새로운 잉카의 즉위, 황제의 사망이나 병환, 전쟁의 패배는 제국의 평안은 물론 국민의 생존을 뒤흔들었다. 즉 교란된 사회-우주적 질서를 인간에게 유리하게 회복시키기 위해 수많은 사람들(아이, 전쟁 포로, 태양 처녀)이 희생 제의의 대상이 되어야 했다.

"세계의 진행"에서 불길한 사건이 일어나는 그러한 특별한 상황은 갑작스런 의례를 요청한다. 반면 1년 주기의 종교적 의식들은 파종, 수확, 하지와 동지, 공물의 지불과 같이 주로 농경 주기와 결합된 사회생활의 움직임에 따라 짜였다. 비록 1년이 음력 열두 달로 나뉘어 있지만, 안데스 산지의 인디언들이 관심을 집중하는 것은 태양의 움직임이다. 매월마다 심고 수확하고 밭을 나누고 파종을 준비하는 시기를 결정하는 특별한 축제가 행해진다. 이러한 축제들은 사원에서 행해지거나, 더욱 흔히는 그러한 목적을 위해 마련된 광장, 특히 쿠스코의 대광장에서 행해진다. 이 대광장에는 잉카 신전의 신들과 역대 황제의 미라를 전시한다. 정기적인 의식의 주기 가운데 특히 그 중요성과 규모에 의해 두드러진 세 가지 축제가 있다. 두 가지는 동지와 하지에 행해지며, 다른 하나는 원래 달에 대한 축제였다.

동지(冬至, 6월 21일)에는 태양을 찬미하고 또 지상에 존재하는 태양의 아들인 잉카 자신을 경배하는 인티 라이미(Inti Raymi) 축제를 행한다. 이 시기를 즈음하여 나라의 모든 고관과 지방 호족이 쿠스코에 초대된다. 황제는 수도의 광장에서 친족과 조신들에게 둘러싸여 태양의 여명이 비추기를 기다린다. 이때 모든 사람들은 무릎을 꿇고 잉카는 치차로 만든 술을 은잔에 따라 태양에게 바친다. 다른 모든 큰 축제와 마찬가지로 헌

주와 희생 제의, 노래와 춤이 수반되었다.

하지(12월 21일)에는 동일한 태양 축제이기는 하지만 성인식의 기능도 지닌 카팍 라이미(Capac Raymi)가 행해진다. 이 성인식을 통해 귀족 청년들은 성년으로 인정받는다. 농민층에서는 이러한 인정을 의례적으로 표현하지 않는 반면, 지배계급에서는 성년이 되고 귀족의 일원이 되는 것을 알리는 성대한 의식을 베풀었다. 우아라치코이(huarachicoy, 우아라는 의례가 끝날 때에 젊은이들에게 주는 성기 가리개이다)에는 다른 모든 성인식 의례에서처럼 신들에게 바치는 희생 제의를 행하는 것 외에도 육체적인 시련(채찍질, 씨름, 단식, 달리기), 조상의 모범을 따르라는 권고 등이 포함된다. 젊은이들에게는 성기 가리개와 함께 무기가 주어지고 귀에 원반을 끼우는 장식을 한다. 하지만 우아라치코이에서는 성년으로의 이행보다는 귀족으로의 진입과 잉카를 섬기는 데 있어서 절대적인 충성심이 더 강조된다.

또 다른 큰 축제는 9월에 열리며 시토와(sitowa)라고 불린다. 시토와는 수도를 정화하기 위해 모든 악을 몰아내려는 것이다. 초승달이 뜰 때 군중들이 광장에 모여 "병과 재앙과 불행은 이 나라를 떠나라!"라고 외친다. 제국을 분할하는 네 개 지역으로 나 있는 네 방향의 큰길 위로 악을 몰아내려는 무장한 백 명의 군사 네 무리가 달려간다. 도시에서는 주민들이 집 앞에서 의복을 턴다. 밤에는 노래와 춤, 행렬이 이어지고, 새벽에는 모든 사람들이 강에서 자신을 정화하는 목욕을 한다. 여러 신들과 황제들도 자신들의 조각상과 미라를 전시하는 방식으로 시토와에 참석한다. 흰색의 라마가 그들에게 희생 제물로 바쳐치고 그 피에다가 이 의식을 위해 만든 옥수수 가루 반죽인 산쿠(sanku)를 담근다. 그 후 이 반죽으로 미라와 조각상에 피를 바르고, 쿠스코의 모든 주민이 반죽을 떼어 먹는다.

위아래를 가리지 않고 모두 종교에 흠뻑 젖어 있는 이 사회에서는 개인적인 일이건 집단적인 일이건, 천민의 일이건 황제의 일이건, 모든 일을 초자연적 신에게 물어보고 결정한다. 그리하여 땅에 떨어진 코카 잎의 모습, 손가락 사이를 흘러내리는 침의 흐름, 도살한 짐승의 내장과 라마의 폐를 관찰하는 점쟁이의 역할이 매우 중요하다. 세계의 모든 무질서는 금기를 어기는(의식적, 무의식적으로) 데에서 비롯될 수 있으므로 위반한 사람을 발견하여 정화시키는 것도 점쟁이의 일이다. 필요하면 위반으로 인해 교란된 사회-우주적 질서를 회복시키기 위해 공적인 "고백" 집회가 열리기도 한다. 전통적인 순례지, 리마와 파차카막(Pachacamac)의 사원들에는 제국에서 가장 유명한 예언자들이 있다. 황제도 주저하지 않고 그들의 자문을 구한다. 볼리비아의 아이마라와 페루의 케추아에서는 교회의 노력에도 불구하고 원주민의 많은 의례가 기독교 신앙과 혼합되어 지금까지 지속되고 있다.

3. 투피-과라니 사회

여태까지의 내용은 남아메리카 주민들의 신앙과 종교 관습을 충실히 정리한 것이라 할 수 있다. 숲속 사회들의 종교는 노래, 춤, 동작 등에서 표시되듯이, 외향적인 동시에 집단적이다. 또 성스러운 것이 사회를 관통하고 있는 반면, 거꾸로 사회도 종교에 완전히 침투되어 있다. 하지만 종교적 "감정"이 공적으로 표현된다고 해서 결코 개인적인 종교적 열정을 해치지는 않는다. 남아메리카의 인디언들은 다른 원시 부족과 마찬가지로 그들의 신화와 의례에 대해 충실했으며, 현재도 그러한 면모를 보인다. 종교적 사실의 "개인적 등식"은 집단 앞에서는 크게 약화된다. 따라서 의례적 관습이 대단한 중요성을 지닌다. 이러한 일반적인 상황에 대한 예외는 더욱 두드러져 보이는 효과를 갖는다. 19세기 후반 여러 연구자들은 아마존 중류와 하류에 살고 있는 주민들(오늘날은 사라진)의 서로 상이한 신화에 대한 자료들을 수집했다. 여기에서 나타나는 종교적 불안, 즉 신비적인 불안은 이 사회에 신화 구술자보다는 개인적 성찰에 몰두했던 철학자들이 살았음을 말해 준다. 이것은 다른 숲속 사회들에서의 의례의 과잉과는 크게 대조되는 것이다. 이러한 매우 예외적인 특수성은 투피-과라니족에게서 극단적으로 발전되었다.

투피-과라니족은 같은 언어와 동질적 문화를 지닌 많은 수의 부족들을 포괄한다. 이들은 매우 넓은 영토를 점유하고 있다. 남부의 과라니족은 서쪽의 파라과이강에서 동쪽의 대서양 연안까지 흩어져 있다. 투피족은 이 강에서부터 북부의 아마존 하구까지에 걸쳐 살고 있는데 내륙 깊은 곳까지 퍼져 있다. 이들은 수백만 명에 달한다. 투피-과라니족은 화전 경작, 채집과 어로를 하고 마을은 몇 개의 집단적인 큰 집으로 이루어지는 등, 숲속 지대의 모델을 엄격하게 따르고 있다. 이들의 두드러진 특징은 인구밀도가 인근 부족들보다 확연히 높고 공동체가 2천 명 이상의 개인으로 이루어져 있다는 점이다. 이 부족들은 파라과이에 5천 명이 남아 있을 뿐 오래 전에 사라졌지만, 남아메리카 대륙에서 가장 잘 알려진 부족에 속한다. 16세기 초 유럽인과 처음으로 접촉했던 것이 바로 해안에 살고 있는 투피족이다. 여러 국적의 여행자들과 선교사들이 여러 형태의 풍부한 관찰을 토대로 투피족에 대한 방대한 자료들을 남겼다. 특히 신앙과 관습에 대한 자료가 많다.

투피-과라니족의 종교 생활은 대륙의 모든 원시 부족들과 마찬가지로 샤머니즘에 집중되어 있다. 의사이자 샤먼인 파헤(paje)는 다른 곳의 샤먼과 동일한 기능을 갖으며, 이들의 의례 생활은 어떤 상황이든(성인식,

전쟁 포로의 처형, 매장 등) 항상 문화적인 영웅(마이라Maira, 모난Monan, 태양, 달 등)이나 신화적 조상이 부과한 규범과 규칙에 따른다. 그러므로 이러한 점에서 투피-과라니족은 여느 숲속 사회와 다를 바 없다. 그러나 프랑스, 포르투갈, 스페인 여행자의 기록들은 매우 중요한 차이에 대해 증언함으로써 투피-과라니족에게 완전히 독특한 지위를 부여했다. 이곳에 새로 도착한 사람들은 유럽인으로서는 전혀 이해할 수 없는 종교 현상에 직면했던 것이다.

이 사회는 여러 부족들 간의 끊임없는 전쟁 외에도 순수하게 종교적인 기원과 동기를 갖는 강력한 힘의 지배를 받았다. 물론 유럽인은 여기에서 악마의 이교적 표현만을 보았고, 이러한 운동의 주동자를 사탄의 하수인으로 여겼다. 투피-과라니족의 독특한 예언자주의(prophêtisme)는 많은 잘못된 평가를 낳았다. 최근까지도 사람들은 이것을 하나의 메시아니즘으로, 서구 문명과의 접촉 결과 생겨난 심각한 위기에 대한 많은 원시인들의 일반적 반응으로 보았다. 따라서 이때 메시아니즘은 문화적 충격에 대한 하나의 반작용으로 해석된 것이었다. 그러나 투피-과라니족의 예언자주의는 백인이 도착하기 훨씬 전인 15세기 중엽 정도에 출현한 것으로, 이를 메시아니즘의 범주에 넣는다는 것은 그 특수한 성격을 무시하는 것이다. 즉 투피-과라니족의 예언자주의는 서구와의 접촉과는 아무런 상관도 없으며, 서구인에 대항하는 것이 아닌 원주민들의 현상이다. 즉 이것은 인류학사상 다른 곳에서는 찾아볼 수 없는 "야만인"의 예언자주의이다.

예언자들

초기의 저술가들은 이 현상을 거의 이해하지 못했지만, 카라이(karai)

라고 하는 이 사회의 이해하기 힘든 인물을 샤먼과 혼동하지는 않았다. 카라이들은 파혜만이 맡을 수 있는 치료 행위에 전혀 관계하지 않는다. 그들은 특수한 의례적 기능도 담당하지 않으며, 전통적인 예배의 담당자도 새로운 숭배의 창시자도 아니다. 샤먼도 사제도 아니라면 카라이는 무엇일까? 이들은 완전하게 말의 영역에 위치한다. 말하는 것이 그들의 유일한 활동이다. 그들은 담화의 인간으로서 자신의 공동체에서뿐만 아니라 모든 곳에서 말하도록 되어 있다. 카라이는 인디언들에게 연설하면서 끊임없이 이 마을 저 마을로 떠돌아다닌다. 이러한 방랑하는 예언자의 소명은 여러 마을이 연대하여 무자비한 전쟁을 벌이고 있는 지역 집단들을 고려할 때 무척 놀라운 것이다. 카라이들은 야영지들을 무사하게 돌아다닐 수 있었다. 그들은 아무런 위험도 겪지 않을 뿐 아니라, 어디서나 열렬한 환영을 받았다. 사람들은 마을 어귀에 나뭇잎을 깔아놓고 달려 나가서 그들을 맞이한 후 행렬을 지어 수행했다. 카라이는 그가 어디 출신이든 결코 적으로 간주되지 않았다.

어떻게 이러한 일이 가능했을까? 원시사회에서 개인의 정체성은 무엇보다 친족 집단과 지역 공동체의 소속에 의해 결정되었다. 그러므로 한 사람은 즉시 친족 족보의 연쇄와 인척의 그물망 속에서 그 위치가 확인된다. 투피-과라니족은 부계율을 따르므로 아버지의 종족에 소속된다. 그런데 카라이는 자신을 아버지 없이 어머니와 신 사이에서 태어난 아들이라고 말한다. 여기서 중요한 것은 예언자를 신격화하는 과대망상적인 판타즘이라기보다는 아버지에 대한 부인(否認)과 거부이다. 아버지의 부재에 대한 언표는 곧장 친족 집단과 사회에의 비(非)소속성(non-appartenance)으로 연결된다. 이러한 유형의 사회에서 그러한 담화는 비교할 수 없는 전복적 무게를 지닌다. 실상 그러한 언표는 원시사회의 구조인 피의 관계를 거부하는 것이다.

카라이의 이동 생활(nomadisme)은 방랑에 대한 판타지나 취향에서 기인하는 것이 아니라 그가 어떠한 공동체에도 속하지 않았다는 사실에서 기인한다고 할 수 있다. 그는 동족 집단의 구성원이 아니므로 문자 그대로 어느 곳에도 소속되어 있지 않으며 또 어느 곳에도 정착해 살고 있지 않다. 그렇기 때문에 그가 어느 마을에 가든지 적의 일원으로 간주되지 않을 수 있는 것이다. 적은 사회구조 내에 위치하고 있지만, 카라이는 그렇지 않다. 그렇기 때문에 그는 어느 곳에도 소속되어 있지 않으면서 어느 곳에서든지 무사히 살 수 있는 것이다. 그들은 반(半)신성과 부분적인 비(非)인간성으로 인해 인간 사회에서 뿌리 뽑혀 "먼 곳에 있는 존재(être des lointains)"처럼 살 수밖에 없는 것이다. 그러나 이러한 성격이 그들에게 부족들 사이를 완벽히 안전하게 이동하도록 보장한다. 인디언들은 그들에게 이방인에 대한 적대감을 전혀 갖지 않는다. 인디언들은 그들을 신처럼 생각하고 인간으로 여기지 않기 때문이다. 인디언들은 카라이를 미친 사람으로 여기지 않으며, 그들의 담화의 일관성을 의심치 않고, 그들의 말을 받아들일 준비가 되어 있다.

예언자의 담화

그렇다면 카라이가 하는 말의 내용은 무엇인가? 그들의 담화의 성격은 사회에 대한 그들의 지위와 일치한다. 즉 그들 자신이 사회를 초월하여 존재하는 것과 마찬가지로, 그들의 담화는 담화를 초월하는 담화이다. 달리 말해 그들이 매혹된 군중 앞에서 말하는 것은 전통적 담화와 단절된 담화, 즉 신들과 신화적 조상들에게서 물려받은 과거의 규범, 규칙, 가치 체계의 외부에서 발전시킨 담화이다. 이 사회에 영향력을 행사한 예언자가 우리를 혼란스럽게 하는 것은 바로 이러한 점에서이다. 원시사회는 태초 이래 규범을 보수적으로 확고히 보존하려는 경향을 지닌다. 그런데 바로 이러한 사회에서 규범의 종말을 선포하는 사람들, 규범에 종속되고 규범의 존중을 통해 유지되는 이 세계의 종말을 선포하는 사람들이 생겨났다는 점은 이해하기 힘든 일이다.

카라이의 예언적 담화는 하나의 명확한 사실과 하나의 약속으로 요약될 수 있다. 그들은 한편으로 자신들의 세계의 근본적인 악을 끊임없이 지적했으며, 다른 한편으로 좋은 세계의 획득이 가능하다는 점을 말했다. 그들은 말한다. "세상은 악하다! 땅은 척박하다!" 그들은 "이 땅을 버려라!"라고 결론짓는다. 인디언들은 세계에 대해 전적으로 비관적인 그들의 이러한 견해에 일반적으로 수긍을 했다. 원시사회에 대한 모든 일반적인 담화 — 차이가 아닌 반복의 담화, 개혁을 알리는 담화가 아닌 전통 고수의 담화 — 와의 차이에도 불구하고 카라이의 담화는 인디언들에게 정신병자나 광인의 헛소리로 여겨지지 않았다. 이 담화는 그들에게 진리의 표현처럼 들렸으며, 세계의 또 다른 형상(나쁜 형상)을 말하는 새로운 산문처럼 여겨졌다. 한마디로, 잘못된 것은 예언자들의 담화가 아니라 그들이 말하는 세계였으며 그들이 살고 있는 사회였다. 그들에게 세계의 불행은 사회를 파괴하는 악 속에 뿌리내리고 있으며, 그들의 새로운 담화는 전적으로 사회생활을 바로잡기 위하여 나타나기 시작한 변화에 기인한다.

이러한 변화는 어디에서 도래하며 어떻게 작용하는가? 관건은 이 사회 내에서 발생한 차이에 대한 계보학을 확립하는 것이 아니라, 변화의 중요한 결과인 예언자들의 출현과 악의 내재성을 말하는 그들의 담화를 밝히는 것이다. 예언자가 보여 주는 악의 깊이는 담화의 급진성에 비례한다. 투피-과라니 사회는 여러 힘의 압력을 받아 원시사회, 즉 변화와 차이를 거부하는 사회에서 벗어나고 있었던 것이다. 카라이의 담화는 사회의 죽음을 확인한다. 어떤 병이 투피-과라니 부족들을 이 지경까지 부패시킨 것일까? 인구학적(급격한 인구 증가), 사회학적(과거의 분산 대신에 커다란 마을로 인구가 집중하는 경향), 정치적(강력한 우두머리의 출현) 요인들이 결합한 결과, 사회분화와 불평등이라는 가장 강력한 혁신이 나타났다. 심각한 위기의 징후인 큰 불안감이 부족을 뒤흔들었고, 카라이는 이 불안을 의식하고 인정하면서 사회 내의 악과 불행의 존재, 세계의 추악함 및 거짓과 관련시켜 언급했다. 그들을 둘러싸고 있는 느린 변화에 다른 사람들보다 더 민감한 사람들인 예언자들은 이러한 변화를 처음으로 자각하고 모든 사람들이 어렴풋이 느끼는 것을 힘 있게 선포하려 했으므로, 그들의 담화는 조금도 미치광이의 착란처럼 보이지 않았다. 그러므로 인디언들과 예언자들 사이에는 세상을 바꾸어야 한다는 심층적 동의가 존재했다.

악이 없는 땅

예언자의 출현과 세계를 악의 장소와 불행의 공간으로 보는 담화는 큰 위기에 대한 반작용, 사회의 심각한 질병의 징후, 사회가 사멸하리라는 예감 등 이 사회가 당면한 특수한 역사적 상황들에서 기인했다. 이러한 위협 앞에서 카라이들은 어떠한 처방책을 제시했을까? 그들은 인디언들에게 이위 음바에메과(ywy mba'emegua), 즉 나쁜 땅을 떠나 이위 마라 에…(ywy mara e…), 즉 악이 없는 땅을 찾아가도록 권고했다. 사실상 악이 없는 땅이란 신들의 장소로서, 화살은 저절로 사냥을 하고 옥수수는 가꾸지 않아도 자라나며 소외가 전혀 없는 신의 나라, 대홍수로 첫 인류가 파괴되기 전, 인간과 신이 함께 거하던 곳이다. 그러므로 신화적 과거로의 귀환은 예언자들에게 현재 세계에서 도피하는 수단을 제공해 주었다. 그러나 악과 단절하고자 하는 강렬한 욕구는 근심 없는 세상을 약속하는 데 그치지 않고, 예언자의 담화에 모든 규범과 규율을 파괴하는 힘과 모든 구질서를 전복시키는 힘을 부여했다. 모든 규율을 버리도록 촉구하는 데에는 예외가 없었고, 여자 교환의 규칙, 근친상간 금기 등 사회의 최종적 토대마저 포함되었다. 그들은 "이제 당신의 아내를 누구나 원하는 사람에게 주시오!"라고 말했다.

악이 없는 땅은 어디에 있는가? 여기에서 예언자들의 절대적인 신앙이 나타난다. 지상 낙원의 신화는 많은 문화에 공통적으로 나타나지만, 인간은 오직 사후에만 그곳에 갈 수 있다고 믿는다. 그러나 카라이에게 악이 없는 땅이란 죽음을 겪지 않고도 갈 수 있는 실제적이고 구체적인 장소였다. 신화에서는 그곳이 태양이 떠오르는 곳인 동쪽에 있다고 했다. 15세기 말부터 그곳을 찾아서 투피-과라니족은 종교적인 대이동을 했다. 예언자들의 인도를 받아서 수천 명의 인디언들이 마을과 밭을 버리고, 금식하고 끊임없이 춤을 추면서, 신의 나라를 찾아 동쪽으로 행진을 하며 방랑했다. 그들은 바다에 도착하여 큰 장애물을 만나게 되었다. 그들은 바다 너머에 분명히 악이 없는 땅이 존재한다고 믿었다. 어떤 부족들은 해가 지는 곳인 서쪽에 그곳이 있다고 생각하기도 했다. 그리하여 만 명이 넘는 인디언 이주 집단이 16세기 초 아마존 하구를 향해 길을 떠났다. 10년 후 약 300명가량이 이미 스페인 사람들에게 점령되어 있던 페루에 도착했고, 나머지 사람들은 영양 부족과 배고픔과 피로로 인해 길에서 죽었다. 카라이의 예언자주의는 사회를 지배했던 죽음의 위험을 나타내는 것이었다. 또 종교적 이주라는 그 실제적인 결과에서는 죽음의 욕망과 집단적인 자살까지 몰고 갔던 전복에의 의지를 표현하는 것이었다.

끝으로 해안의 투피-과라니족에게서 예언자주의가 사라지지 않았다는 사실을 덧붙여야 하겠다. 예언자주의는 파라과이의 과라니족에게서 지속되었으며, 악이 없는 땅을 찾아 나선 마지막 이주는 1947년에 이루어졌다. 그리하여 수십 명의 음비야(Mbya) 인디언이 브라질의 산토스 지역으로 이주했다. 그들의 이주의 물결은 그쳤지만, 그들의 신비주의적 소명은 계속하여 카라이들에게 영감을 주고 있다. 이제 카라이들은 사람들을 악이 없는 땅으로 인도할 수 없게 되었지만, 내면의 여행을 계속하기를 멈추지 않는다. 그들은 고유의 신화를 연구하고 형이상학적인 사색을 계속하고 있고, 사람들은 아직도 그들을 통해 신성한 경전과 노래를 들을 수 있다. 그들은 5세기 전의 자기 조상들처럼 세상이 악하다는 것을 깨닫고, 악이 없는 땅에 갈 수는 없지만 불과 하늘의 표범이 세상을 파괴할 것이라 믿고 세상의 종말을 기다리고 있다. 종말로 인해 모든 인류가 죽고 과라니족만이 살아남을 것이다. 그들은 비극적이고도 대단히 큰 오만함을 가지고, 자신들은 선택된 자이며 조만간 신들이 그들을 초대하리라고 확신하고 있다. 과라니 인디언은 세상의 종말을 기다리면서 그들의 왕국이 도래하고 악이 없는 땅이 그들의 진정한 거주지가 되리라고 생각하고 있다.

참고 문헌

1부

Biocca (E.), *Yanoama*, Paris, Plon, 1968(불어 번역본).

Butt (A.), "Réalité et idéal dans la pratique chamanique," *l'Homme*, t. II, n° 3, Paris, 1962.

Clastres (P.), *Chroniques des Indiens Guayaki*, Paris, Plon, 1972.

Colbacchini (A.) et Albisetti (C.), *Os Bororos orientais*, São Paulos, 1942.

Dobrizhoffer (M.), *Historia de los Abipones*, Facultad de Humanidades, Universidades Nacional del Nordeste(아르헨티나), 1967-1970, 3 vol. (스페인 어 번역본).

Girard (R.), *Les Indiens de l'Amazonie péuvienne*, Paris, Payot, 1963(불어 번역 본).

Gumilla (J.), *El Orinoco ilustrado y defendido*, Caracas, 1963.

Gusinde (M.), *Die Feuerland-Indianer*, 3vol., 1931-1939, Vienne.

Handbook of South-American Indians, Smithsonian Institution, vol. I, III, IV, Washington, 1946.

Huxley (F.), *Aimables Sauvages*, Paris, Plon, 1960(불어 번역본).

Lévi-Strauss (C.), *Mythologiques*, 4vol., Plon, 1966-1971.

Lizot (J.), *Le Cercles des feux*, Seuil, 1976.

Lozano (P.), *Description corografia del Gran Chaco Gualamba*, Tucuman(아르헨 티나), 1941.

Métraux (A.), *Religions et Magies indiennes d'Amérique du Sud*, Gallimard, 1967.

Perrin (M.), *Le Chemin des Indiens morts*, Payot, 1976.

Reichel-Dolmatoff (G.), *Desana*, Gallimard, 1973(불어 번역본).

Sebag (L.), "Le chamanisme ayoreo," *l'Homme*, t. V, n° 1 et n° 2.

2부

Baudin (L.), *L'Empire socialiste des Inka*, Paris, Institut d'ethnologie, 1928.

Buschnell (G. H. S.), *Le Pérou,* Arthaud, 1958(불어 번역본).

Engel (F. A.), *Le Monde précolombien des Andes*, Hachette, 1972.

Garcilaso de la Vega, *Comentarios reales de los Incas*, Buenos Aires, 1943.

Guaman Poma de Ayala, *Nueva Coronica y Buen Gobierno*, Paris, Institut
d'ethnologie, 1936.

Métraux (A.), *Les Incas*, Seuil, 1962.

Murra (J.), *Formaciones economicas y politicas del mundo andino*, Lima, 1975.

Pease (F.), *Les Derniers Incas du Cuzco*, Mame, 1974(불어 번역본).

Rowe (J. H.), "Inca Culture at the Time of the Spanish Conquest," *Handbook of
South-Americans*, vol. II, Washington, 1946.

Wachtel (N.), *La Vision des vaincus*, Gallimard, 1971.

Zuidema (R. T.) *The Ceque System in the Social Organization of Cuzco*, Leide,
1962.

3부

Abbeville (C. d'), *Histoire de la Mission des Pères Capucins en l'Isle de
Maragnon…*, Graz, 1963.

Cadogan (L.), *Ayvu Rapyta. Textos milicos de los Mbya-Guarani del Guaira*,
São Paulo, 1959.

Cardim (F.), *Tratados da terra e gente do Brasil*, Rio de Janeiro, 1925.

Cartas dos primeiros jesuitas do Brasil, 3vol. éd. par S. Leite, São Paulo, 1954.

Clastres (H.), *La Terre sans Mal*, Seuil, 1975.

Clastrs (P.), *Le Grand Parler. Mythes et Chants sacrés des Indiens Guarani*,
Seuil, 1974.

Evreux (Y. d'), *Voyage dans le Nord du Brésil, fait durant les années, 1613 et
1614*, Leipzig et Paris, 1864.

Léry (J. de), *Histoire d'un voyage faict en la terre du Brésil*, 2vol., Paris, 1880.

Lozano (P.), *Historia de la conquista des Paraguay…*, 5vol., Buenos Aires, 1873.

Métraux (A.), *La Religion des Tupinamba et ses rapports avec celle des autres
tribus tupi-guarani*, Paris, 1928.

Montoya (R. de), *Conquista espiritual…*, Bilbao, 1892.

Nimuendaju (C.), *Leyenda de la Creaci y Julio final del Mundo*···, São Paulo, 1944(스페인어 번역본).

Sepp (A.), *Viagem às misses jesuiticas*···, São Paulo, 1972.

Soares de Souza (G.), *Tratado descriptivo do Brasil em 1587*, São Paulo, 1971.

Staden (H.), *Vera Historia*···, Buenos Aires, 1944(스페인어 번역본).

Thévet (A.), "La cosmographie universelle. Histoire de deux voyages," *les Français en Amérique*, vol. II, PUF, 1953.

제6장

원시사회에서 권력의 문제[1]

지난 20년 동안 민족학은 급속히 발전했고, 그 결과 원시사회들은 자신들의 운명으로부터는 아니더라도, 매우 오래된 이국 취향(異國趣向, *exotisme*)적 전통이 서양의 사상과 상상력 속에서 그들로 하여금 처하게 했던 망명적 상태로부터는 적어도 벗어날 수 있게 되었다. 유럽 문명이 다른 모든 사회 체계들보다 절대적으로 우월하다는 순박한 확인은 점차 문화상대주의에 대한 인정으로 대체되었다. 문화상대주의는 가치들의 위계에 대한 제국주의적 긍정을 포기하고, 판단하기를 중단하면서, 사회 문화적 차이들의 공존을 받아들이는 것이다. 달리 말하면, 더 이상 원시사회들에 대해 어느 정도 개명(開明)되고 다소간 인도주의적인 애호가의 호기심에 찬 한가로운 관점을 투사하는 것이 아니라, 어느 정도 진지하게 그들에 대해 생각하기 시작했다는 것이다. 문제는 이러한 진지함을 과연 어디까지 밀고 나가는가 하는 것이다.

도대체 원시사회라는 말이 의미하는 것은 무엇인가? 대답은 가장 고

---

1. *Interrogations*, n° 7, 1976년 6월호, 3-8쪽에 실렸다.

전적인 인류학에서 주어진다. 즉 가장 고전적인 인류학은 원시사회들의 특수한 존재를 규정하면서, 그 사회들을 독특한 사회구성체들로 만들어 주는 것을 지적하면서, 다음과 같이 정의한다. 원시사회들은 국가 없는 사회들이다, 원시사회들은 그 몸체가 정치권력의 분리된 기관을 갖지 않는 사회들이다, 라고 말이다. 우리는 국가가 있느냐 없느냐에 따라 사회들에 대한 첫 번째 분류를 행한다. 그래서 사회들은 두 집단으로 나누어진다. 국가 없는 사회와 국가를 갖춘 사회. 또는 원시적인 사회와 그렇지 않은 사회. 물론 그렇다고 하여 국가를 갖춘 모든 사회들이 서로 간에 동일하다는 것은 아니다. 국가의 다양한 역사적 형태들을 단 하나의 유형으로 환원시킬 수는 없는 것이다. 또 고대적 전제 국가, 부르주아 자유국가, 파시스트적 또는 공산주의적 전체주의 국가는 결코 서로 간에 뒤섞일 수 없는 것이다. 그러므로 전체주의 국가의 근본적인 새로움과 고유성을 이해하는 것을 방해하는 그러한 혼동을 피해야 한다는 것에 유념하면서, 국가를 갖춘 사회들 모두를 원시사회들에 대해 대립시키는 공통의 속성을 포착해야 할 것이다. 국가를 갖춘 사회들 모두는 그렇지 않은 사회들에서는 찾을 수 없는 **분할**(division)의 차원을 지닌다. 국가를 갖춘 사회들은 그들의 존재에 있어서 지배자와 피지배자로 나누어져 있지만, 국가 없는 사회들은 그러한 분할을 모른다. 그리하여 원시사회들을 국가 없는 사회로 규정한다는 것은 원시사회들이 그들의 존재에 있어서 동질적이라는 것이다. 왜냐하면 나누어지지 않았기 때문이다. 그리고 우리는 여기서 원시사회들에 대한 민족학적 정의를 다시 만난다. 즉 원시사회들은 권력의 분리된 기관을 갖지 않는다. **권력은 사회로부터 분리되어 있지 않다.**

원시사회들을 진지하게 간주한다는 것은 그 사회들을 실질적으로 완벽하게 정의하는 다음의 명제를 성찰한다는 것이다. 즉 원시사회들에서 사회적인 것의 영역과 구분되는 정치적인 것의 영역을 확인할 수 없다는 명제 말이다. 알다시피 이미 고대 그리스의 여명으로부터 서양의 정치사상은 정치적인 것의 본질을 지배자와 피지배자 사이의, 유식한 자 그리하여 명령하는 자와 무식하고 복종하는 자 사이의 사회적 분업으로 파악하면서, 인간적 사회성의 본질을 정치적인 것(인간은 정치적 동물)으로 간주했다. 사회적인 것은 정치적인 것이고, 정치적인 것은 한 사람 또는 몇몇 사람들이 사회의 나머지 부분에 대해(이들을 위해서건 아니건은 중요치 않다) 권력(정당하건 아니건은 중요치 않다)을 행사하는 것이라는 것이다. 즉 헤라클레이토스, 플라톤, 아리스토텔레스에게 사회란 왕의 보호하에서만 존재 가능한 것이었고, 명령하는 자와 복종하는 자 사이의 사회적 분업이 없는 사회란 사고 불가능한 것이었으며, 또 권력 행사가 결여되어 있는 곳은 사회 이하의 것, 비(非)사회였던 것이다.

최초의 유럽인들이 16세기 초에 남아메리카 인디언들에 대해 판단한 것은 바로 그러한 용어들을 통해서였다. 그들은 "족장"이 부족에 대해 어떤 권력도 지니고 있지 않다는 것, 어느 누구도 명령하지 않고 또 그 누구도 복종하지 않는다는 것을 확인하고서는, 인디언들은 **정치를 행하고 있지**(*policés*) 않으며 인디언들의 사회는 진정한 사회가 아니라고 선언했다. 즉 인디언들은 "신앙도 없고, 법도 없고, 왕도 없는" 야만인들이라는 것이다.

원시사회들의 이처럼 매우 기이한 특수성, 즉 우리가 지도자라고 부르는 자들이 모든 권력을 결여하고 있고 족장 제도가 정치권력 행사의 외부에서 구성된다는 사실을 단순히 묘사하면서 — 이해하는 것이 아니라 — 민족학자들 그 자신들이 한 차례 이상 당혹스러움을 느꼈음은 명백하다. 기능적으로 이는 부조리하게 보인다. 어떻게 족장 제도와 권력을 분리된 것으로 사고할 수 있을까? 사실상 야만적 우두머리가 명령권을 갖지 않는다는 사실이 우두머리가 아무 일도 하지 않는다는 것을 뜻하는 것은 아니다. 반대로 우두머리는 사회로부터 몇 가지 임무를 부여받아 일종의 (무보수) 공무원처럼 일한다. 그렇다면 권력이 없는 우두머리는 무슨 일을 하는가? 기본적으로 그는 사회의 의지가 하나의 전체(totalité une)처럼, 즉 공동체의 확고하고도 일치된 노력처럼 나타나도록 하여 자기 사회가 다른 공동체들에 대해 고유성과 자율성과 독립성을 확인할 수 있도록 하는 책임을 부여받는다. 달리 말해 원시적 지도자는 정황과 사건이 그의 사회를 다른 공동체들과 관계 맺도록 할 때 사회의 이름으로 말하는 자이다. 그런데 다른 공동체들은 모든 원시적 공동체에서 그러하듯이 친구와 적이라는 두 부류로 나뉜다. 친구들과는 동맹의 관계를 맺거나 강화해야 하고, 적들과는 만일의 경우 전쟁을 잘 치러내야 한다. 즉 우두머리의 구체적, 경험적 기능이란 비유컨대 국제적 영역에서 수행되는 것이고, 그리하여 그에게는 다음과 같은 자질들이 요구된다. 즉 공동체의 안정을 보장하기 위해 동맹의 망을 강화하는 외교적 능력으로서의 능숙성이 그 하나이고, 적의 공격에 맞서 효과적인 방어를 하고 출병(出兵)시에는 가능하다면 승리를 거둘 수 있는 군사적 자질로서의 용기가 다른 하나이다.

그렇지만 사람들은 이것들이 외무부장관 또는 국방부장관의 임무가 아닌가 하고 반박할 것이다. 물론 그렇다. 그러나 다음과 같은 근본적인 차이가 있다. 즉 원시적 우두머리는 결코 독단적으로 결정을 내린 후 그 결정을 공동체에 부과하지 않는다는 것이다. 그가 발전시키는 동맹 전략이나 그가 취하는 군사 전술은 결코 그 자신의 것이 아니며, 부족의 욕망 또는 명시적 의지에 정확하게 부응하는 것이다. 모든 거래 또는 협상은 공공적(公共的) 성격의 것이고, 선전포고는 사회가 그것을 원할 때에만 행해질 수 있다. 결코 이와는 다르게 진행될 수 없다. 만약 지도자가 순전히 자신의 의도에 따라 이웃에 대한 동맹 또는 적대의 정치를 펼치려고 하더라도 그는 자신의 계획을 사회에 부과할 수 있는 수단을 결여하고 있다. 왜냐하면 그는 권력을 갖고 있지 못하기 때문이다. 사실상 그는 오로지 대변인으로서의 권리 또는 차라리 의무만을 지닐 뿐이다. 즉 자기 사회의 욕망과 의지를 타자들에게 전달하는 것이 그것이다.

그렇다면, 이방인들과의 외적 관계에 대한 기능들 이외에 집단 자체의 내적 관계에 대한 우두머리의 기능은 무엇인가? 공동체는 다른 통일체들과 맞서 자신의 통일성을 드러낼 필요가 있을 때 우두머리를 지도자(대변인)로 인정하지만, 사회에 대해 그가 행하는 봉사에 관해서는 최소한의 신뢰를 가지고 그를 인정한다. 그러한 신뢰를 우리는 위세(prestige)라고 칭하는데, 위세는 일반적으로 권력과 잘못 혼동되곤 하는 것이다. 우리는 그래서 다음의 사실을 매우 잘 이해할 수 있다. 즉 자기 사회 속에서 지도자의 의견은 그가 향유하는 위세에 힘입어 경우에 따라 다른 사람들의 의견보다 더 신중하게 받아들여진다는 것이다. 하지만 사람들이 우두머리의 말에 더 많은 주의를 기울인다고 해서(게다가 언제나 그런 것도 아니다) 우두머리의 말이 명령의 언어, 권력의 언어가 되는 것은 아니다. 우두머리의 관점은 단지 그것이 하나의 전체로서의 사회의 관점을 표현해 주는 한에서만 청취된다. 따라서 우두머리는, 아무도 복종하지 않으리라는 것을 그 자신이 알고 있는, 명령을 내리지도 않고, 게다가 두 사람 또는 두 가족 사이에 분쟁이 있을 때 중재를 하지도 못한다(중재할 권력을 지니고 있지 않다). 그는 존재하지도 않는 법을 대표하여 소송을 해결할 수 없고, 단지 조상 대대로 내려오고 있는 전통을 부단히 환기하면서 싸우고 있는 두 편의 분별력과 양식에 호소하여 서로를 가라앉히려고 노력할 수밖에 없다. 우두머리의 입에서는 명령-복종 관계를 확인하는 단어들이 아니라 사회 자체를 향한 사회 자체의 담화, 사회가 스스로를 분할되지 않은 공동체로, 또 그러한 분할되지 않은 존재를 보존하려는 의지로 내세우는 담화가 솟아나오는 것이다.

　원시사회들은 따라서 나누어지지 않은 사회들이다(그래서 각각의 사회들은 하나의 전체이기를 원한다). 즉 가난한 자를 착취하는 부자들이 부재하는 계급 없는 사회, 권력의 분리된 기관이 부재하는, 지배자와 피지배자 사이의 분할이 없는 사회가 그것이다. 이제 원시사회들의 바로 이러한 사회학적 특질을 완전히 진지하게 간주할 때가 되었다. 우두머리와 권력 사이의 분리는 원시사회들에서 권력의 문제가 제기되지 않는다는 것, 또 그 사회들이 비(非)정치적이라는 것을 뜻하는가? 바로 이 질문에 대해 진화주의적 "사고" — 그리고 겉보기에 그 가장 복잡한 변이형인 마르크스주의(특히 엥겔스적)도 마찬가지로 — 는 그렇다고 대답하고, 또 이는 그 사회들의 원시적 성격, 즉 원초적(premier) 성격 때문이라고 설명한다. 즉 원시사회들은 인류의 유년기, 인류 진화의 첫 번째 시기라는 것이고, 그래서 불완전하고 미완성되어 있으며, 따라서 성장해야 하고 어른이 되어야 하며 비(非)정치성에서 정치성으로 이행하도록 운명 지어졌다는 것이다. 모든 사회의 예정된 운명은 분할이고 사회와 분리된 권력이라는 것이며, 모두의 공동선이 무엇인지를 알고 또 그에 대해 말하며 그것을 모두에게 부과하는 기구로서의 국가라는 것이다.
　바로 이와 같은 것이 국가 없는 사회들로서의 원시사회들에 대한 거의 일반적인 전통적 관념이다. 국가의 부재란 그 사회들의 불완전성, 그들의 존재의 맹아적 성격, 비역사성을 말해 준다는 것이다. 과연 그럴까? 그러한 판단은 단지 이데올로기적 편견에 불과하다. 그러한 판단은 역사에 대한 다음과 같은 관념에 입각한 것이다. 즉 역사란 서로를 기계적으로 산출하고 도출시키는 형상들을 통한 인류의 **필연적 운동**이라는 관념 말이다. 우리는 역사에 대한 이러한 새로운 신학, 그 광신적 연속주의(continuisme)를 거부한다. 이러한 거부에 따라 원시사회들은 자신의 존재 속에 이미 기입되어 있는 미래의 모든 역사를 내장하고 있는 역사의 영도(零度, degré zéro)이기를 그친다. 이처럼 결백하지 못한 이국 취향으로부터 해방된 인류학은 이제 정치의 진정한 문제를 진지하게 취급할 수 있게 된다. 왜 원시사회들은 국가 없는 사회인가? 더 이상 정치 이하(以下)적인 맹아가 아니라 완전한, 완성된, 성숙한 사회들로서의 원시사회들이 국가를 갖지 않는 것은, 그들이 국가를 거부하기 때문이고 지배자와 피지배자로 사회적 몸체가 분할되는 것을 거부하기 때문이다. "야만인들"의 정치는 권력의 분리된 기관의 발생에 끊임없이 제동을 거는 것이고, 우두머리와 권력 행사 사이의 치명적일 만남을 가로막는 것이다. 원시사회에서 권력의 분리된 기관이 없는 것은 권력이 사회로부터 분리되지 않았기 때문이고, 자신의 존재를 분할되지 않은 것으로 유지하기 위해, 자신의 내부에서 지배자와 예속민, 우두머리와 부족 사이의 **불평등**이 발생하는 것을 막기 위해, 하나의 전체로서의 사회가 권력을 소유하기 때문이다. 권력을 소유한다는 것은 곧 권력을 행사한다는 것이고, 권력을 행사한다는 것은 권력 행사의 대상이 되는 자들을 지배한다는 것이다. 원시사회들이 원하지 않는 것(원하지 않았던 것)은 바로 이것이다. 바로 그래서 원시사회의 우두머리들은 권력이 없고, 바로 그래서 권력은 하나의 몸체로서의 사회로부터 분리되지 않는다. 불평등의 거부, 분리된 권력의 거부, 바로 이것이 원시사회들의 동일한 그리고 부단한 염려(念慮, souci)이다. 원시사회들은 매우 잘 알고 있다. 바로 이러한 투쟁을 포기한다면, 권력의 욕망 그리고 복종의 욕망이라고 명명되는 은밀한 힘들 — 지배와 복종은 바로 이 힘들의 해방을 통해 발생하는 것이다 — 을 가로막는 것을 그친다면, 자신들의 자유를 잃게 되리라는 것을 말이다.

원시사회에서 우두머리는 권력의 표면적인 장소, 가정된 장소이다. 그렇다면 그 실재의 장소는 어디인가? 그것은 바로 사회적 몸체 자체이다. 사회적 몸체는 권력을 소유하고 또 분할되지 않은 통일체로서 권력을 행사한다. 사회로부터 분리되지 않은 그러한 권력은 단 하나의 방향으로 행사되고, 단 하나의 프로젝트만을 실현한다. 사회의 존재를 분할되지 않은 상태로 유지시키는 것, 사람들 사이의 불평등이 사회 내에 분할을 도입하는 것을 막는 것이 그것이다. 그래서 이 권력은 사회를 소외시키고 사회에 불평등을 도입할 수 있는 모든 것에 대항해 행사된다. 특히 이 권력은 권력을 사취(詐取)할 수 있는 제도, 즉 우두머리 제도에 대해 행사된다. 부족 내에서 우두머리는 감시받는다. 사회는 위세에 대한 애호가 권력의 욕망으로 발전하지 않도록 감시한다. 권력에 대한 우두머리의 욕망이 뚜렷이 드러날 때 취해지는 조치는 매우 간단하다. 그를 쫓아내거나 아니면 죽이는 것이다. 분할이라는 유령이 원시사회에 출몰하지만, 원시사회는 그 유령을 쫓아낼 수단을 지니고 있는 것이다.

원시사회들의 예는 우리에게 다음의 사실을 가르쳐 준다. 분할은 사회성의 존재에 내재적이지 않다는 것, 달리 말해 국가는 영원한 것이 아니라는 것, 국가는 특정한 시점에 발생했다는 것이 그것이다. 국가는 왜 발생했는가? 국가의 기원의 문제는 다음과 같이 구체화된다. 어떤 조건들 하에서 한 사회는 원시적이기를 멈추는가? 국가를 가로막는 코드 체계는 왜 역사의 특정 시점에서 실패하는가? 오로지 원시사회들의 작동에 대한 주의 깊은 탐구만이 기원의 문제를 해명해 주리라는 것은 확실하다. 아마도 국가의 발생 계기에 대한 조명은 마찬가지로 국가 소멸의 가능 조건들도 밝혀 줄 것이다.

제7장

자유, 재난, 명명될 수 없는 것[1]

에티엔 드 라 보에시(Etienne de La Boétie)의 사고(思考)보다 더 자유로운 사고를 만나기는 어려운 일이다. 아직 청년기인 젊은이[2]에게 특유한 견고함. 사고에 있어서의 랭보라고 할 수 있을까? 틀림없이 우발적일 질문의 대담성과 심각성. 그러한 것들을 시대를 통해 해명하려고 하는 것이나 그 견딜 수 없이 오만한 시선을 언제나 사건들에 의해 다시 그려지는 닫힌 원 속으로 끌어내리려는 것은 완전한 망발이다. 『일자에 대항하여(Contr'Un)』[3] 이래 프로테스탄트들(Réformés)의 얼마나 많은 오해가 있었던가! 어떤 역사적 결정론에 준거한다 하더라도 『자발적 복종』에서 언제나 작동중인 신랄함(virulence)을 무장해제할 수 없을 것이며, 또 그

---

1. *La Boétie, Le Discours de la servitude volontaire*, Payot, 1976의 229-246쪽에 「라 보에시와 정치의 문제」라는 제목으로 실렸다.
2. 1530년에 태어나 1563년에 죽은 라 보에시는 18세 때에 『자발적 복종』을 저술했다 — 옮긴이.
3. 라 보에시의 친구였던 몽테뉴가 라 보에시가 죽은 후 『자발적 복종』에 새롭게 붙인 제목 — 옮긴이.

러한 신랄함을 근거 짓고 활성화하는 자유에 대한 근본적 긍정을 부정할 수 없을 것이다. 라 보에시에게 한시적이고 지역적인 역사는 단지 계기 또는 구실에 불과한 것이다. 그는 그 어떤 면에서도 팸플릿 작가가 아니고 광고를 하는 자가 아니며 또 투사도 아니다. 그의 공격성은 보다 멀리 보아야만 명쾌히 드러난다. 그는 모든 사회적 또는 정치적 "지역성"을 절대적으로 벗어난 완전히 자유로운 질문을 제기한다. 우리가 라 보에시에게 관심을 갖는 것은 그의 문제가 이처럼 역사를 관통하는 것이기 때문이다. 라 보에시는 묻는다. 어떻게 대부분의 사람들이 단 한 사람에게 복종하는 것이 가능할까? 그리고 왜 그들은 그 사람에게 복종하는 것에 그치는 것이 아니라 그에게 봉사하고, 또 단순히 봉사하는 것에 그치는 것이 아니라 그에게 봉사하기를 열망하는 것일까?

이러한 질문의 본질과 중요성은 그 질문을 이러저러한 구체적인 역사적 상황에 환원시키는 것을 단호히 금지한다. 그처럼 파괴적인 질문을 정식화할 수 있다는 가능성 자체는, 단순하게 그러나 영웅적으로, 대립물의 논리로 귀착된다. 만약 내가 자발적 복종이 우리의 사회 및 책들 속에 쓰여 있는 사회들을 포함한(고대 로마는 어쩌면 수사학적 예외일 수 있겠지만) 모든 사회에 공통되는 불변항임을 알고서 놀란다면, 그것은 대립되는 경우를 상상할 수 있기 때문이다. 즉 나는 자발적 복종이 부재하는 사회의 논리적 가능성을 상상할 수 있다는 것이다. 이것이 바로 라 보에시의 자유이자 영웅적 성격이다.

역사에서 논리로의 이처럼 손쉽고도 가벼운 이행, 너무도 당연히 자명한 것 속에서 뚫어내는 틈새, 지배자와 피지배자의 분할 없이는 사회를 사고할 수 없는 그러한 일반적 확신 속에다 만들어 내는 균열.

그러한 일반적 확신에 대해 경악하면서, 당연한 자명성을 고발하면서, 라 보에시는 모든 역사를 초월한다. 다음과 같이 말하기 위해서. 즉 전혀 다른 것이 가능하다고 말하기 위해서 말이다. 그러나 그것은 결코 실현해야 할 프로그램이 아니다. 라 보에시는 투사가 아니다. 어떤 의미에선 그에게 민중의 운명이란 중요치 않다. 그들이 반란을 일으키지 않는 한에서 말이다. 바로 그래서 『자발적 복종』의 저자는 전제 국가의 관리일 수 있었던 것이다(따라서 이 책이 "민중의 고전"이 된 것은 야릇한 일이다).

라 보에시가 역사를 벗어나면서 발견한 것은 무엇일까? 그것은 바로 전제 군주에게 봉사하기를 열망하는 민중들이 존재하는 사회는 역사적 사회라는 것, 그러한 사회는 영원한 것이 아니고 또 항상 존재했던 것이 아니라는 것, 그러한 사회는 탄생 시기를 갖는다는 것이다. 그리고 반드시 무슨 일인가가 일어났기 때문에 자유롭던 사람들이 예속적으로 되었다는 것이다. "…이것은 도대체 얼마나 큰 재난인가! 진정 당당하게 살기 위해서만 태어난 자를 자연스럽게 놔두지 않는 것, 자신의 최초의 존재에 대한 주권을 빼앗는 것, 그 주권을 되찾으려는 욕망을 빼앗는 것 말이다."

이때 재난은 비극적 사고(事故), 원초적 불운이다. 그 효과는 점점 더 확대되어 과거의 기억들을 폐기시키고, 자유에의 욕망을 복종에 대한 사랑으로 대체한다. 라 보에시는 무어라고 말했을까? 그 누구보다 더 많은 통찰력을 가지고서 라 보에시는 다음의 사실들을 확인해 준다. 자유로부터 복종으로의 이러한 이행은 **결코 필연적인 것이 아니라는 것**. 그리고 지휘하는 자와 복종하는 자로의 사회의 분화는 **일종의 사고(事故)** ─ 그러나 도대체 이러한 사고(事故) 이후 사고 불가능한 재난을 사고하기 위해 얼마나 많은 노고를 기울였던가! ─ 라는 것. 여기에서 말해지고 있는 것은 바로 역사 탄생의 역사적 계기, 절대로 벌어지지 말았어야 했을 치명적 단절, 우리 현대인이 유사한 방식으로 국가의 탄생이라 이름 짓는 이 비합리적인 사건이다. 단 한 사람에 대한 거의 모든 자의 자발적 예속

[복종]으로의 사회의 전락 속에서 라 보에시는 어쩌면 돌이킬 수 없을 실추(失墜)의 역겨운 기호를 읽어 낸다. 즉 이해되지 않는 재난에 의해 생산된 새로운 인간은 더 이상 인간이 아니며 게다가 동물도 아니라는 것이다. 왜냐하면 "짐승들은 예속에 길들여질 수 없고 거역에 대한 욕망으로 저항을 하기 때문이다." 따라서 이 명명하기 어려운 새로운 존재는 탈자연화된 것이다. 인간은 자유를 잃으면서 인간성마저도 잃는다. 인간이라는 것은 자유롭다는 것이다. 즉 인간은 자유를-향한-존재(être-pour-la-liberté)이다. 따라서 문제의 재난은 인간으로 하여금 자신의 존재를 포기하게 한 것이고, 그러한 포기가 영구화되기를 욕망하도록 한 것이다.

역사를 탄생시킨 수수께끼 같은 재난은 인간을 탈자연화시켰다. 사회를 분할시켜서, 최초의 인간 존재의 실질을 구성한 자유를 축출하면서 말이다. 우리는 이러한 자유 상실의 지표와 증거를 굴복에 대한 거부 속에서만 확인하는 것은 아니다. 우리는 그것을 예속에 대한 사랑 속에서 더 명확히 확인한다. 달리 말해 라 보에시는 두 사회를 근본적으로 구분한다. 즉 "진정으로 당당하게 살기 위해 태어난 유일한 존재인" 인간의 본성에 적합한 자유의 사회들과 단 한 사람이 자기에게 복종하는 타자들에게 명령을 내리는 자유 없는 사회들이 그것이다. 현재로서는 이러한 구분은 순수하게 논리적인 것이다. 사실상 우리는 자유의 사회의 역사적 현실에 대해 전혀 무지하다. 우리가 알고 있는 것은 단지 다음과 같은 것이다. 즉 사회의 최초의 형상은, 억압적인 전제자와 자신의 예속성을 사랑하는 민중 사이의 분화가 부재한 상태에서, 자유에 따라 구성되었으리라는 것이다. 그 이후 재난이 도래하고, 모든 것이 뒤집힌다. 자유의 사회와 예속의 사회 사이의 이러한 나뉨에 따라, **모든 분화된 사회는 예속의 사회가 된다.**

결국 라 보에시는 분화된 사회들 사이에서는 구별을 행하지 않는다. 즉 나쁜 전제 군주와 대조되는 좋은 군주란 존재하지 않는다는 것이다. 라 보에시는 성격학에 대해 관심이 없다. 군주가 어떤 성격이건, 잔인하건 말건 무슨 상관이란 말인가? 어쨌건 그들은 민중들이 굴복해야 하는 군주가 아닌가? 라 보에시는 심리학자로서 탐구를 하는 것이 아니라 기계 역학자로서 탐구를 한다. 그가 관심을 갖는 것은 사회 기계들의 작동이다.

자유에서 예속으로의 점진적인 미끄러짐이란 없다. 매개도 없으며, 자유와 예속 사이에 위치한 사회적인 것의 형상도 없다. 단지 급작스런 재난만이 있다. 과거의 자유를 그 이후의 예속 속에서 무너져 내리게 하는 재난 말이다. 이 말은 무슨 뜻일까? 그것은 모든 권력관계는 억압적이라는 것, 모든 분화된 사회는 반(反)자연적이게도 자유를 부정한다는 점에서 절대적 악이라는 것이다.

재난을 통해 역사가 탄생하며, 좋은 사회와 나쁜 사회가 나누어진다. 좋은 사회란 분화의 자연적 부재가 자유의 통치를 확보해 주는 사회이고, 나쁜 사회란 분화에 따라 전제적 지배가 행해지는 사회이다.

라 보에시는 모든 분화된 사회적 몸체를 부패시키는 악의 성격을 진단하지만, 분화 없는 사회들과 분화된 사회들에 대한 비교 분석의 결과들을 제시하기보다는 순수한 논리적 대립의 효과만을 표현할 뿐이다. 즉 그의 『자발적 복종』은, 분화는 사회의 존재론적 구조가 아니며 따라서 사회적 분화가 재난처럼 출현하기 이전에는, 인간 본성에 적합하게, 필연적으로 억압과 복종이 없는 사회가 펼쳐졌다는 암묵적이면서도 전제적(前提的)인 긍정에 근거한다. 장-자크 루소와는 달리 라 보에시는 억압과 복종 없는 사회가 어쩌면 결코 존재한 적이 없었는지도 모른다는 식으로 말하지 않는다. 비록 사람들이 그 기억을 잊어버렸다 하더라도, 비록 라보에시 자신이 그러한 사회로의 회귀 가능성에 대한 환상을 가지고 있지 않더라도, 그는 재난 이전의 사회의 존재 양식이 그러한 형태였음을 알고 있다.

물론 그러한 지식은 라 보에시에게서는 선험적일 수밖에 없었지만, 지금 『자발적 복종』의 탐구에 대해 호응하고 있는 우리에게는 인식의 질서에 기입되는 것이다. 우리는 라 보에시가 인식하지 못했던 것을 논리적 연역이 아니라 직접적 관찰에 근거한 경험적 지식을 통해 획득할 수 있다. 즉 민족학의 프로젝트는 일찍이 라 보에시가 파악했던 자유의 사회와 예속의 사회 사이의 분할의 지평에 위치한다. 민족학은 무엇보다 재난 이전의 사회들, 문명 이전의 "야만인들," 문자 이전의 민족들, 역사 이전의 사회들에 대해 알고자 하는 임무를 실현하려 한다. 원시사회 또는 원초적 사회라는 명칭은 그 사회들이 분화를 모르는 사회였고 치명적 재난 이전에 존재한 최초의 사회였다는 점에서 올바로 명명된 것이다. 하지만, 비록 배타적인 것은 아니지만, 민족학의 특권적 대상은 국가 없는 사회들이다.

국가의 부재는 비(非)분화에 의해 특징지어지는 원시사회들의 존재를 규정하는, 인류학의 내재적 지표이다. 즉 사회의 분화는 결코 국가적 제도에 선행하는 것이 아니고, 국가 자체가 분화를 발생시키는 것이자 분화의 동력이며 토대라는 의미에서 말이다. 원시사회들은, 다소간 부적절하게 말하면, 평등주의적이다. 즉 원시사회에서 사람들 사이의 관계는 동등한 자들(êgaux) 사이의 관계라는 것이다. 그 사회들이 "평등주의적"인 것은 불평등을 모르기 때문이다. 그 사회에서 한 사람의 "값어치"는 다른 사람보다 크지도 않고 작지도 않다. 더 높은 자도 없고 더 낮은 자도 없다. 달리 말해, 그 누구도 다른 자보다 어떤 것을 더 많이 할 수 없고, 그 누구도 권력의 소유자가 아니다. 원시사회에 부재하는 불평등은 사람들을 권력의 소유자와 권력에의 예속자로 분할하는 것이고, 사회적 몸체를 지배자와 피지배자로 분화시키는 것이다. 따라서 족장 제도는 부족의 분화의 지표일 수 없다. 족장은 명령하는 자가 아니다. 그는 공동체의 다른 구성원들보다 더 많이 할 수 있는 자가 아니기(ne peut pas plus) 때문이다.

위쪽과 아래쪽으로의 사회의 제도화된 분화로서의 국가는 권력관계의 실질적 실행 장소이다. 권력을 소유한다는 것은 권력을 행사한다는 것이다. 행사되지 않는 권력은 권력이 아니다. 그것은 단지 권력의 외양(外樣)일 뿐이다. 그리고 어쩌면 바로 이러한 관점에서 아프리카나 다른 지역의 특정한 왕위(王位)들은 사람들이 생각하는 것보다 훨씬 효율적으로 눈속임을 하는 외양의 층위에 속하는 것으로 분류되어야 한다. 어찌되었건 권력관계는 사회 속에서 분화의 절대적 능력을 실현한다. 그래서 권력관계는 국가적 제도의 본질 자체, 국가의 최소화한 형상이기도 하다. 뒤집어 말한다면, 국가는 권력관계의 확장에 불과한 것이고, 명령하는 자와 복종하는 자 사이의 불평등의 부단한 심화이다.

권력관계의 부재에 의해 작동되는 모든 사회적 기계는 원시사회이고, 아무리 적은 것이더라도 권력 행사를 내포하는 작동 방식을 갖는 모든 사회는 국가 사회이다. 보에시적 용어를 사용한다면, 재난 이전의 사회와 재난 이후의 사회가 그것이다. 물론 국가의 보편적 본질이 역사 속에서 다양한 형태를 취했던 모든 국가적 구성체들에서 동일한 방식으로 실현되는 것은 아니다. 국가적 구성체들은 단지 원시사회들, 국가 없는 사회들과의 대비를 통해서만 동일한 것으로 드러날 뿐이다. 하지만 재난이 도래한 이후, 동등한 자들 사이의 관계들 속에서 자연스럽게 관철되던 자유가 상실된 이후, 절대적 악은 여러 등급들을 가질 수 있다. 즉 가장 나쁜 형태의 위계질서가 존재한다는 것이며, 또 다양한 동시대적 형상들을 갖는 전체주의적 국가는 우리에게 자유의 상실이 아무리 심층적일지라도 완전할 수 없다는 것을, 자유를 완전히 상실할 수는 없다는 것을 보여 준다.

라 보에시는 인간의 자연적 존재를 표현해 주는 자유의 향유가 존재했던 최초의 사회가 붕괴된 것을 재난이란 말로밖에 명명할 수가 없었다. 그 재난은 생겨나야 할 이유가 전혀 없었던, 그렇지만 생겨났던 우발적 사건이다. 그래서 『자발적 복종』에서는 다음과 같은 두 가지 질문이 명시적으로 제시된다.

첫 번째 질문은 다음과 같다. 왜 인간의 탈자연화가 일어났을까? 왜 분화가 사회 속에 자리 잡게 되었을까? 왜 재난이 도래했을까? 두 번째 질문은 다음과 같다. 어떻게 사람들은 자신들의 탈자연화된 존재 속에서 버텨 나가는 것일까? 어떻게 불평등은 부단히 재생산될까? 어떻게 재난은 영구적인 것으로 보일 정도로 지속되는 것일까?

라 보에시는 첫 번째 질문에 대해 대답하지 않는다. 현대적 용어들을 사용한다면, 첫 번째 질문은 국가의 기원에 관여하는 것이다. 국가는 어디서 생겨나는가? 이것은 비합리적인 것의 합리적 이유를 묻는 것이며, 우연을 필연성 위에 기초 지으려는 것이며, 한마디로 재난을 폐기하려는 것이다. 질문은 정당하다. 그러나 대답이 가능할까? 사실상 그 어떤 것도 라 보에시에게 사람들이 자유를 포기한다는 이 이해할 수 없는 사실에 대해 이유를 제시해 주지 않는다. 그러나 그는 어떻게 자유에 대한 포기가 지속될 수 있는지에 관한 두 번째 질문에 대해서는 대답하려 한다. 즉 그 대답을 제시하려는 것이 『자발적 복종』의 주된 의도이다.

만약 모든 존재들 중에 인간만이 유일하게 "진정으로 당당하게 살도록 태어난" 것이라면, 인간이 그 본성에 있어서 자유를-향한-존재라면,

자유의 상실은 인간의 본성에 대해 영향을 미쳐야 한다. 즉 인간이 탈자연화 되었으므로 본성이 바뀌어야 한다는 것이다. 물론 그렇다고 하여 인간이 천사적 본성을 갖게 되는 것은 결코 아니다. 탈자연화는 위쪽을 향해서 이루어지는 것이 아니라 아래쪽을 향해 이루어진다. 탈자연화는 퇴행이다. 그렇다면 그것은 인간성이 동물성으로 전락하는 것일까? 그것도 아니다. 짐승은 단지 공포 때문에 지배자에게 복종할 뿐이기 때문이다. 천사도 아니고 짐승도 아닌 존재, 인간적인 것을 뛰어넘어 있지도 않고 그 아래쪽에 있지도 않은 존재, 이것이 바로 탈자연화 된 인간이다. 문자 그대로 "명명 불가능한 것"이다. 따라서 인간에 대한 새로운 관념, 새로운 인류학이 필요하다.

사실상 라 보에시는 현대적 인간에 대한, 분화된 사회의 인간에 대한 인류학의 알려지지 않은 창시자이다. 그는 실추와 소외를 사고하는 니체의 작업 — 마르크스의 작업보다는 — 을 이미 3세기를 앞질러 선취(先取)한다. 탈자연화 된 인간은 실추된 상태에서 존재하는데, 자유를 잃었기 때문이다. 그는 소외되어 있는데, 복종해야 하기 때문이다. 그러나 진짜로 그런가? 동물들도 또한 복종하지 않는가? 인간의 탈자연화를 동물성으로의 퇴행적 전위(轉位)로 규정하는 것이 불가능한 것은 다음과 같은 확고한 사실 때문이다. 즉 인간은 강제나 구속 때문이 아니라, 공포 때문이 아니라, 죽음에의 두려움 때문이 아니라, **자발적으로** 복종한다는 것이다. 인간이 복종하길 원하기 때문에 복종하고, 예속되길 욕망하기 때문에 예속된다. 이 말은 무슨 뜻인가? 탈자연화 된 인간이 아직도 여전히 인간이라는 것인가? 더 이상 인간이 아니기를, 자유로운 존재이지 않기를 **선택**하기 때문에? 바로 이것이 인간의 새로운 형태이다. 탈자연화 되었지만 소외를 선택하기 때문에 아직 자유롭다는 것. 이는 야릇한 종합이고, 사고 불가능한 접합이며, 명명할 수 없는 현실이다.

재난에 따른 탈자연화는 자유에의 의지가 예속에의 의지에 의해 대체된 새로운 인간을 탄생시킨다. 탈자연화에 따라 의지는 방향을 바꾸고 반대되는 목표를 향하게 된다. 즉 새로운 인간은 의지를 잃은 것이 아니라 의지를 복종을 향해 지향시키는 것이다. 즉 운명의 희생자, 마술적 힘(enchantement)의 희생자인 민중은 전제자를 섬기기를 열망하는 것이다. 숙고된 적이 없는 이러한 의지는 자신의 진정한 정체를 되찾는다. 즉 그 의지는 욕망인 것이다. 이러한 일은 어떻게 시작되는가? 이에 대해 라 보에시는 전혀 알지 못한다. 이러한 일은 어떻게 지속되는가? 라 보에시에 따를 때, 사람들이 그러한 것을 욕망하기 때문이다. 연구는 진척되지 못했고, 반박은 손쉽다. 게다가 라 보에시가 은밀히 그러나 확실히 문제화한 핵심은 인류학적인 것이다. 결국 질문이 제기되는 것은 인간의 본성에 대해서이다. 굴복에의 욕망은 선천적인 것인가 후천적인 것인가? 그러한 욕망은 그것을 실현시켜 준 재난에 선행하는가? 아니면 그것은 존재하지 않다가 재난을 계기로 해서 생겨나는 것일까? 치사적(致死的) 작용이 모든 설명을 거부하는 것처럼 말이다. 따라서 이러한 질문은, 원시사회들의 예가 드러내 주듯이, 보기보다는 덜 아카데믹한 질문이다.

『자발적 복종』의 저자가 제기할 수 없었던 세 번째 질문이 존재한다. 이 질문은 오늘날의 민족학에 의해 다음과 같이 제기되는 것이다. 원시사회들은 어떻게 작동하여 불평등, 분화, 권력관계를 저지하는가? 어떻게 그 사회들은 재난을 물리치는가? 어떻게 그 사회들은 재난이 일어나지 않도록 하는가? 다시 반복해서 말하건대, 원시사회들이 국가 없는 사회일 수 있는 것은 국가라는 성년(成年) 상태에 도달하는 것에의 선천적 무능력에 의해서가 아니라 국가라는 제도에 대한 거부에 의해서이다. 원시사회들은 국가를 알지 못한다. 국가를 원하지 않기 때문이고, 또 부족이 족장 제도와 권력을 분리시키기 때문이다. 부족은 우두머리가 권력을 소유하는 것을 원치 않고, 우두머리가 지배자가 되는 것을 거부한다. 원시사회들이란 바로 복종을 거부하는 사회들인 것이다.

여기서 우리는 심리학에 준거하는 것을 피해야 한다. 권력관계를 거부하는 것, 복종을 거부하는 것은 결코 선교사들이나 여행자들이 믿는 것처럼 야만인들의 성격상의 특징이 아니라, 사회적 기계의 작동이 개인적 수준에서 행사하는 효과이며 집합적 행위와 결정(決定)의 귀결이다. 다른 한편으로 권력관계에 대한 이러한 거부를 설명하기 위해 원시사회들이 국가에 대해 가지고 있던 선행적 인식을 언급할 필요는 전혀 없을 것이다. 어쩌면 원시사회들은 지배자와 피지배자 사이의 분화를 경험하였을 것이고, 그러한 분화의 불길함과 용납 불가능성을 확인한 후 재난이 생기기에 앞서 분화 이전의 상태로 회귀하였을 수도 있을 것이다.

또 다른 가설은 국가의 영원성과 명령-복종 관계에 따른 사회분화의 영원성을 긍정하려는 것이다. 물론 그러한 가설은 분화의 사실 속에서 사회 자체의 짜임을 드러내어 사회분화를 정당화하려는 부정직한 것으로서, 역사학과 민족학의 연구들에 의해 결국 부인되는 것이다. 사실상 역사학과 민족학의 연구들은 국가 사회가 다시 국가 없는 사회, 원시사회로 되돌아간 어떠한 예도 제시하지 못한다. 반면 한번 넘으면 되돌아갈 수 없는 지점이 존재한다. 즉 이행은 한 방향으로만 일어나는 것이다. 비(非)국가에서 국가로. 그 반대 방향은 존재하지 않는다.

공간과 시간, 즉 우리 역사의 어떤 문화권과 어떤 시기는 커다란 국가장치들과 관계되는 몰락과 쇠퇴의 항구적 스펙타클을 보여 준다. 국가는 붕괴되거나 봉건 영주의 권력들로 찢어질 수도 있고 게다가 지역적인 우두머리 지배 체제들로 나누어질 수도 있다. 그러나 권력관계는 결코 소멸되지 않고, 사회의 핵심적 분화는 결코 해체되지 않으며, 전(前)국가적 시기는 결코 다시 회귀하지 않는다. 국가의 힘은 거역될 수 없다. 국가는 비록 붕괴되더라도 소멸하지 않는다. 국가의 힘은 언제나 재확인된다. 로마제국 붕괴 이후 서양에서건, 잉카제국에서 그 최고의 형상을 보여 주었던 국가들의 등장-쇠퇴의 천년의 무대를 이룬 남미 안데스산맥에서건 말이다.

국가의 죽음은 왜 언제나 불완전한 것일까? 국가의 죽음은 왜 사회의 비분화된 존재를 다시 회복시켜 놓지 않는 것일까? 왜 권력관계는 축소되고 약화되더라도 여전히 행사되는 것일까? 사회의 분화 속에서 탄생하고 재생산되는 새로운 인간이 분화 이전의 상태로는 다시 회귀할 수 없는 종국적 인간, 불사의 인간이어서일까? 예속에의 욕망과 복종의 거부. 국가 사회와 국가 없는 사회. 원시사회들은 예속에의 욕망이 실현되는 것을 가로막으면서 권력관계를 거부한다. 라 보에시를 뒤쫓아, 자명한 이치에 불과한 것을 다시 강조하도록 하자. 우선 권력만이 그 실질적 행사 속에서 존재한다. 그 이후 권력에의 욕망은 오직 그 필수적 보완물인 예속에의 욕망의 호응을 불러일으킬 수 있을 때에만 실현된다. 지배에의 욕망은 그 상관적(相關的) 욕망인 복종에의 욕망 없이는 실현될 수 없다.

분화 없는 사회인 원시사회들은 권력에의 욕망과 굴복에의 욕망에 대해 모든 실현 가능성을 봉쇄한다. 자신들의 비(非)분화적 존재를 간직하려는 의지에 의해 거주되는 사회적 기계로서의 원시사회들은 **나쁜 욕망**에 대한 억압 장소로서 제도화된다. 나쁜 욕망에게는 어떠한 기회도 주어지지 않는다. "야만인들"은 그것을 원하지 않기 때문이다. 그들이 그 욕망을 나쁜 것으로 평가하는 이유는, 그 욕망이 실현되도록 내버려둘 경우 지배자와 피지배자의 분화를 수용함으로써, 권력을 가진 지배자와 권력에 예속된 자들 사이의 불평등을 인정함으로써, 사회 변화를 받아들이는 결과를 가져오게 될 것이기 때문이다. 사람들 사이의 관계가 동등한 자들 사이의 자유로운 관계이기 위해서는 불평등을 가로막아야 하고, 어쩌면 모든 사회와 모든 개인에 내재되어 있는 손도끼 같은 나쁜 욕망이 피어나는 것을 막아야 한다.

권력에의 욕망과 굴복에의 욕망 ― 권력 자체와 굴복 자체가 아니라 ― 의 내재성에 대항해서 원시사회들은 그들의 법에 따라 하여야 하는 것(*il faut*)과 하지 말아야 하는 것(*il ne faut pas*)을 부과한다. 즉 그들의 비분화된 존재에서 결코 어떤 것도 변화시키지 말아야 한다는 것과 나쁜 욕망이 실현되도록 내버려 두어서는 안 된다는 것이 그것이다. 따라서 국가를 경험해야지만 국가를 거부할 수 있는 것이 아니고, 재난을 겪어 봐야만 재난을 피할 수 있는 것이 아니며, 자유를 상실해 봐야만 자유를 요청할 수 있는 것이 아니다.

부족은 그들의 아이들에게 말한다. 너희들은 모두 동등하다, 너희들 가운데 그 누구도 다른 누구보다 잘나지 않았고 또 못나지도 않다, 불평등은 거짓된 것이고 나쁜 것이므로 금지되었다, 라고 말이다. 그리하여 사람들은 원시적 법의 기억을 잊지 않도록 하기 위해 그 법을 전수 받은 젊은이들의 몸에 그것을 새겨 준다. 고통과 함께 받아들여진 동등한 표식으로. 성인식 때 법이 기입되는 표면인 개인의 몸은 사회 전체에 의한 집합적 투자의 대상이다. 이는 언젠가 법의 언표를 위반하는 개인적 욕망이 사회적 장(場)에 침투하는 것을 가로막기 위한 것이다.

만약 공동체를 구성하는 동등한 자들 가운데 어떤 자가 권력에의 욕망을 실현하고자 하면서 사회적 장에 그러한 욕망을 침투시킨다고 한다면, 부족은 그러한 자에게 복종하기는커녕 다음과 같이 대답한다. 우리들 동등한 자들 가운데 한 사람인 너는, 다른 자들보다 더 잘난 것이 없는 너는 너 자신이 타자들보다 우월하다고 하면서 우리 사회의 비분화된 존재를 파괴시키려 했다. 이제 너는 다른 사람들보다 못한 존재이다.

이러한 상상적 담화가 갖는 민족지적으로 실제적인 효과는 다음과 같다. 누군가가 지배자가 되려고 한다면 사람들은 그를 쫓아내어 사회에서 배제시킨다. 그가 만약 계속 자신의 욕망을 실현하고자 한다면, 그를 죽여 버린다. 완전한 축출, 근본적 예방인 것이다.

재난이란 권력에의 욕망과 굴복에의 욕망을 내재성 속에 숨겨진 상태로 머물도록 하는 것을 방해하는 어떤 것이 벌어지는 것이다. 그리하여 이 욕망들은 동등하지 않은 자들로 이루어진 사회의 분화된 존재 속에서 행사되기 위해 분출된다. 원시사회들이 그들의 자유를-향한-존재를 보수하길 원한다는 점에서 보수적인 것과 마찬가지로, 분화된 사회도 권력에의 욕망과 예속에의 의지가 부단히 실현되는 가운데 스스로를 변화로부터 보존한다.

라 보에시의 사고의 완전한 자유는 그의 담화가 갖는 역사 관통적 성격과 연결된다. 그가 제기하는 질문의 야릇함은 그가 법률가 부르주아지에 속한다는 사실로 환원될 수 없는 것이며, 또 1549년 프랑스 남부의 조세 반란에 대한 왕권의 탄압에 그가 분노했었다는 사실로 환원되는 것도 아니다. 라 보에시의 작업은 그의 시대 속에 한정할 수 있는 것이 아니다. 그의 작업은 **친숙한** 사고를 통해 행해진 것이 아니다. 모든 친숙한 사고에 당연히 내재하는 자명함이 제공해 주는 안정성을 거슬러서 그의 작업이 행해지기 때문이다. 그러므로 『자발적 복종』에서의 사고는 고독한 사고이며, 자기 고유의 운동, 자기 고유의 논리만을 따르는 엄밀한 사고이다. 즉 인간이 자유롭게 태어난다면, 인간 사회의 최초의 존재 양식은 반드시 비분화와 비(非)-불평등 속에서 전개되리라는 것이 그것이다. 라 보에시에게서는 국가 없는 사회, 즉 원시사회의 선험적 연역이 행해진다. 그런데 오히려 바로 이 지점에서 우리는 기묘하게 시대의 영향을 식별해 낼 수 있다. 즉 16세기 전반에 벌어졌던 것에 대해 라 보에시가 고찰했던 것을 말이다.

16세기는 고대 그리스·로마 문화의 부활에 따른 르네상스의 시기이다. 하지만 우리는 16세기의 또 다른 측면을 종종 무시한다. 즉 16세기에는 서양의 형상 자체를 뒤집어 놓을 사건이 벌어지는데, 신세계의 발견과 정복이 그것이다. 아테네와 로마의 옛사람들에게로의 회귀도 행해지지만, 그때까지 존재하지 않았던 것, 다시 말해 아메리카 대륙이 분출하는 것이다. 우리는 미지의 대륙의 발견이 서유럽에 행사한 매력을 "바다 건너"에서 온 소식들의 급속한 전파를 통해 가늠할 수 있다. 몇몇 연대기적 지표들을 제시해 보자.[4] 1493년에는 신대륙 발견의 내용을 담은 크리스토퍼 콜럼버스의 편지들이 파리에서 출판된다. 1503년 파리에서는 아메리고 베스푸치의 첫 번째 여행기의 라틴어 번역본을 읽을 수 있게 되었다. 1507년에는 베스푸치의 여행기의 또 다른 판본에서 신대륙의 고유명사인 아메리카가 처음으로 등장한다. 1515년부터는 포르투갈인들의 여행기의 프랑스어 번역본이 서점에서 큰 성공을 거둔다. 한마디로 말해, 16세기 초 유럽에서는 아메리카에서 벌어지는 것들을 알기 위해 많은 시간을 기다릴 필요가 없었던 것이다. 교통수단의 불편함에도 불구하고 풍부한 정보들이 빠른 속도로 유통되었다는 사실은 새로운 대륙과 그곳에 사는 사람들에 대한 열정적인 관심이 당시의 교양인들 사이에 존재했었음을 말해 주는 것이다. 책을 통해 드러난 고대 세계에 대한 열정적인 관심과 마찬가지로 말이다. 이중적 발견이 행해졌고, 앎에의 욕망은 유럽의 고대사와 새로운 지리적 확장에 대해 동시적으로 투자되었다.

풍부했던 여행기들은 특히 스페인과 포르투갈의 것이었다. 이베리아

---

4. G. Chimard, *L'Exotisme américain dans la littérature française au XVIᵉ siècle*, Paris, 1911을 참조할 것.

반도 출신의 탐험가들과 정복자들은 마드리드와 리스본의 궁정의 재정적 지원을 받았고, 그 왕조들의 이름으로 모험을 행했다. 사실상 그들의 출정은 국가적 사업이었고, 여행가들은 매우 인색했던 왕조의 관료들에게 규칙적인 보고를 해야 했다.

그러나 당시 프랑스인들이 그들의 호기심을 충족시키기 위해 이웃나라에서 건너온 자료들에 의존할 수밖에 없었던 것은 아니다. 물론 대서양 건너의 식민지 건설에 대해 별다른 계획이 없던 프랑스의 왕조가 스페인인들과 포르투갈인들의 사업에 대해 거의 관심을 가지지 않았던 것은 사실이다. 하지만 신세계를 향한 사적인 사업들은 프랑스에서 제법 일찍부터 시작되었고 또 다양했었다. 16세기 초부터, 어쩌면 그 이전부터, 망슈(Manche) 항구와 대서양 연안의 선주들과 상인들은 서인도제도와 나중에 앙드레 테베(André Thevet)가 적도(赤道) 프랑스라고 명명한 곳들을 향해 거듭 출정을 시도했다. 국가의 침묵 및 부동성과는 대조적으로 옹플뢰르(Honfleur)로부터 보르도에 이르기까지 선박들과 승무원들의 강도 높고 잡음 많은 활동들이 펼쳐져서, 매우 일찍부터 남아메리카 원주민들과 규칙적인 상업적 교류 관계가 확립되게 된다. 브라질을 발견한 포르투갈인 카브랄(Cabral)보다 삼 년 늦은 1503년에는 드 곤느빌(de Gonneville) 선장이 브라질 연안 지방에 도착했다. 그는 수많은 모험을 거친 후 1505년 5월에 투피남바(tupinamba) 부족 우두머리의 아들인 에소메리크(Essomerique)와 함께 옹플뢰르로 귀환했다. 그 시대의 연대기는 대양을 횡단한 수백 명의 대담한 선원들 가운데 곤느빌을 비롯한 몇몇 사람들의 이름만 남겨 놓았다.[5] 하지만 그러한 여행들에 대해 우리가 지니고 있는 많은 정보들은 당시 프랑스인과 원주민들의 관

5. Ch. A. Julien, *Les Voyages de découverte et les Premiers Établissements*, Paris, 1947 을 참조할 것.

계의 규칙성과 빈도에 대해 별로 가르쳐 주는 것이 없다. 이것은 별로 놀라운 일이 아니다. 이 여행들은 경쟁으로 인해 그들 "제품"의 비밀을 지켜야 했던 개인 선주들에 의해 지휘되었기 때문이다. 우리가 손쉽게 상상할 수 있듯이, 쓰인 문서들은 상대적으로 드물었던 반면, 라 로셸(La Rochelle)과 보르도에 이르기까지 브르타뉴와 노르망디의 모든 항구들에는 아메리카 대륙에서 귀환한 선원들로부터 전해진 정보들이 폭넓게 존재했다. 그리하여 이미 1620년대부터 프랑스 교양인은 원하기만 하면 언제든지 신세계의 사람들과 사물들에 대해 정보를 얻을 수 있었다. 상업적 교류의 강화에 따른 정보의 흐름은 시간이 감에 따라 폭넓어지고 세밀해졌다. 예컨대 1544년에 항해사 장 알퐁스(Jean Alfonse)는 매우 큰 민족인 투피(Tupi)족의 하위 집단들인 세 부족들에 대하여 민족학적 구분을 할 수 있었다. 11년 후 앙드레 테베와 장 드 레비(Jean de Levy)는 같은 해안들을 탐사하여 브라질 인디언들에 대한 불후의 증언이라고 할 수 있을 연대기를 작성했다. 하지만 연대기의 이 두 대가와 더불어 우리는 16세기 후반에 들어서게 된다.

몽테뉴에 따르면, 『자발적 복종』은 라 보에시가 18세일 때, 즉 1548년에 작성되었다고 한다. 몽테뉴는 나중에 그의 『에세이』의 어떤 판본에서 이를 수정하여 라 보에시가 그 책을 쓴 것은 16세 때라고 하지만, 그렇다고 해서 중요한 것이 변하는 것은 아니다. 다만 그의 사고가 좀 더 조숙해질 수 있다는 것뿐이다. 5년 후 라 보에시가 오를레앙에서 저항적인 법학 교수들의 강의를 들으면서 『자발적 복종』의 텍스트를 수정했으리라는 것이 우리가 보기에 가능해 보이지만, 이것 또한 별로 중요한 것은 아니다. 어쨌거나 둘 중의 하나인 것이다. 『자발적 복종』은 1548년에 쓰였고 그 내용과 논리는 거의 변하지 않았으리라는 것이 그 하나이고, 다른 하나는 그 책이 좀 더 늦게 쓰였으리라는 것이다.

몽테뉴는 명확하게 라 보에시가 18세 때에 그 책을 썼다고 한다. 그렇다면 추후의 수정은 서술을 보다 가다듬기 위한 세부적인 것이거나 표면적인 것이었을 것이다. 그 이상 아무것도 아니다. 하나의 사고를 주변의 요소들에 귀착시키려는 현학적 집착만큼 모호한 것은 없으며, 슬프게도 "영향"들을 언급하면서 사고의 자율성을 파괴하려는 의지만큼 음습한 것은 없다. 그리고 『자발적 복종』은 현존하면서 그 엄밀한 운동을 견고하고 자유롭게 발전시킨다. 시대의 모든 담화들과 무관하게 말이다.

어쩌면 바로 그렇기 때문에 아메리카 대륙은 『자발적 복종』에서 완전히 부재하지 않으면서도, 단지 방금 발견된 새로운 민족들에 대한 암시 ― 그러나 매우 명확한 ― 의 형태로서만 등장한다. 다음과 같이 말이다. "그렇지만 오늘날 예속에도 길들여지지 않고 자유에 유혹당하지도 않는 완전히 새로운 사람들이 많이 탄생하고 있다면, 그리고 우리가 그들을 예속된 존재로 제시하건 아니면 서로 합의한 법률들에 따라 자유롭게 살아가는 존재로 제시하건 그들이 그 어느 하나도 받아들이지 않는다면, 다음의 사실은 확실하다. 즉 그들은 한 사람에 예속되기보다는 오로지 이성에만 복종하는 것을 훨씬 사랑한다는 것이다." 결국 우리는 다음의 사실을 확실한 것으로 간주할 수 있다. 즉 1548년 프랑스에서 신대륙에 대한 지식은 다양한 형태로 존재했고, 게다가 이미 오래 되었으며, 부단히 항해자들에 의해 새로워졌다는 것이다. 라 보에시 같은 사람이 아메리카 대륙에 대해 쓴 것들이나 그의 고향인 사를라(Sarlat)에서 가까웠던 보르도 같은 항구에서 말해지던 것들에 대해 긴밀한 관심을 가지지 않았다면 그것은 오히려 놀라운 일일 것이다. 물론 그러한 지식이 라 보에시가 『자발적 복종』을 사고하고 쓰기 위해 필수적으로 요청되었던 것은 아니었다. 라 보에시는 그러한 지식 없이도 『자발적 복종』을 쓸 수 있었을 것이다. 그렇지만 자발적 복종에 대해 그토록 진지하게 질문하면서 재난 이전의 사회를 꿈꾸던 이 젊은이가 벌써 오래 전부터 여행자들이 이 "완전히 새로운 사람들"에 대해 그려놓은 이미지를 보고 어떻게 충격을 받지 않았을 수 있었겠는가? 신앙도, 왕도, 법도 없이 사는 아메리카 원주민들의 이미지, 법도 황제도 없이 각자가 자기 자신의 영주인 사람들로 이루어진 민족의 이미지에 의해서 말이다.

지배자와 피지배자 사이의 권력의 수직 축에 의해 나누어진 사회에서 사람들을 결합시키는 관계들은 자유 속에서 당당하게 펼쳐질 수 없다. 왕이나 절대군주 또는 압제자를 비롯해 권력을 행사하는 자는 오로지 예속민들의 일치된 복종을 욕망한다. 예속민들은 지배자의 기대에 부응한다. 예속민들이 지배자의 권력에의 욕망을 실현시켜 주는 것은 공포 때문이 아니라, 복종을 하면서 그들에게 고유한 굴복에의 욕망을 실현하기 때문이다. 탈자연화는 자유의 기억을 추방하고 자유를 되찾으려는 욕망도 축출한다. 그리하여 모든 분화된 사회는 지속될 수 있게 된다. 탈자연화는 명령하는 자가 복종하는 자에 대해 필연적으로 갖는 경멸에 의해 표현되고, 또 동시에 군주에 대한 예속민의 사랑 속에서, 압제자 개인에 대한 민중의 숭배 속에서 표현된다. 언제나 아래쪽에서 위쪽으로 부단히 분출되는 이러한 사랑의 흐름은, 지배자를 향한 예속민들의 이러한 사랑은 예속민들 사이의 관계도 마찬가지로 탈자연화 한다. 모든 자유를 결여한 그러한 관계는 사회를 지배하는 새로운 법을 강요한다. 즉 압제자를 사랑하라는 법이 그것이다. 사랑의 불충분성이란 곧 법을 위반하는 것이다. 각자가 법이 지켜지는지 감시하며, 각자가 자신의 이웃을 법에의 충실성에 따라 평가한다. 법에 대한 사랑 ― 자유에의 두려움 ― 은 예속민 각자를 군주의 공범자로 만든다. 전제자에 대한 복종은 예속민들 사이의 우정을 축출한다.
분화되지 않은 사회들, 군주 없는 사회들, 즉 원시사회들은 그러한 면에서 어떠할까? 자신들의 자유를-향한-존재를 마음대로 전개시키는 원시사회들은 동등한 자들 사이의 투명한 관계를 자유롭게 행사할 수 있을 때에만 지속될 수 있다. 다른 성격의 관계는 따라서 본질적으로 불가능한데, 사회에 대해 치명적이기 때문이다. 동등성은 오로지 우정만을 요구하고, 우정은 오직 동등성 속에서만 체험될 수 있다. 젊은 라 보에시에게 과거의 "완전히 새로운 민족들"의 먼 후예들, 그러나 길들여지지 않는 후예들인 지금의 과라니(Guarani) 인디언들이 가장 성스러운 노래 속에서 말하는 것을 들려줄 수 있을까! 그들의 위대한 신인 나만두(Namandu)는 어둠을 뚫고 나와 세계를 발명한다. 그는 우선 신들과 인간들에게 공통된 실체인 말(Parole)을 도래시킨다. 그는 인간들에게 말을 수용하고 말 속에서 존재하고 말의 피난처가 되어야 할 운명을 부과한다. 모두들 동등하게 신들에 의해 선택된 인간들은 말의 보호자이며 또 말에 의해 보호된다. 사회란 말이라는 공동 재산을 향유하는 것이다. 신의 결정에 의해 — 자연에 의해 — **동등하도록** 제도화된 사회의 구성원들은 분화되지 않은 하나 속에 모두 모이게 된다. 그리하여 음보라유(mborayou), 부족의 삶, 살려고 하는 부족의 의지, 동등한 자들 사이의 부족적 연대성이 자리 잡는다. 음보라유는 우정이다. 우정을 통해 만들어지는 사회는 하나가 되고, 그 사회의 모든 사람들은 **모두 하나이다.**[6]

6. P. Clastres, *Le Grand Parler. Mythes et chants sacrés des Indiens Guarani*, Seuil, 1974.

제8장
원시 경제[1]

원시사회들에 대한 이미 오래된 열광 덕분에 프랑스 독자들은 민족학적 저술들을 규칙적이고 풍부하게 제공받을 수 있었다. 그 저술들이 모두 동일한 흥미를 불러일으킨다는 것은 있을 수 없는 일이다. 때때로 어떤 책이 그러한 생산의 회색 지평으로부터 분리되어 부각되는 경우가 있다. 그러한 경우는 매우 드물기 때문에 지적을 하지 않고 지나칠 수는 없다. 마셜 살린스의 작업은 우상 파괴적이고 엄밀하며, 학술적이고 경쾌하다. 그의 책이 불어로 출판된 데 대해 많은 사람들이 기뻐할 것이다.[2]

미국의 저명한 교수인 살린스는 멜라네시아 사회들에 대한 뛰어난 전문가이다. 하지만 그의 과학적 프로젝트가 특정한 문화권에 대한 민족지적 기술에 국한되는 것은 결코 아니다. 여러 대륙을 관통하는 그의 준거들이 증명해 주듯이, 살린스는 사실 묘사의 점묘적 방법을 뛰어넘어,

---

1. Marshall Sahlins, *Age de pierre, age d'abondance*, Gallimard, 1976의 서문. 제목은 이 책을 위해 새롭게 붙인 것이다.
2. 살린스의 이 책은 지식으로 가득 차 있을 뿐만 아니라 유머로도 가득 차 있다. 번역자 티나 졸라스(Tina Jolas)는 그의 유머를 완전히 되살려 냈다.

민족학자들에 의해 오래 전부터 탐색되어 온 사회성의 한 차원에 대한 체계적 탐구를 시도한다. 즉 그는 경제의 장(場)을 근본적으로 새로운 방식으로 접근한다. 그는 다음과 같은 근본적 질문을 제기한다. 원시사회에서 경제란 어떠한 것일까?[3] 앞으로 보겠지만, 이 질문은 결정적 중요성을 갖는 것이다. 물론 그 이전에도 많은 사람들이 이 질문을 제기했다. 그렇다면 이미 오래 전에 해결된 것처럼 보이는 이러한 문제를 왜 다시 건드리는 것일까?

하지만 우리는 살린스의 접근을 뒤쫓으면서 금방 알아차리게 된다. 원시사회의 경제문제는 그것이 문제화되었던 만큼에 값하는 대답을 얻지 못했고, 또 수많은 저자들이 관계된 민족지적 사실들을 왜곡했거나 그렇지 않을 경우 믿을 수 없을 만큼 가볍게 이 문제를 다루었다는 것을 말이다. 우리가 이때 대면하는 것은 모든 과학적 연구에서 있을 수 있는 해석상의 오류가 아니다. 우리가 대면하는 것은 사회와 역사에 대한 미리 갖춰진 관념에 원시사회의 현실을 끼워 맞추려는, 아직도 활발히 행해지고 있는 시도이다. 달리 말해 이른바 경제인류학의 몇몇 대표적 학자들은, 우리가 최대로 양보해서 말한다고 하더라도, 적어도 사실을 존중하도록 하는 객관성의 의무와 그들의 철학적 또는 정치적 신념을 유지하려는 의도를 적절히 결합시킬 수 없었던 것이다. 그리하여 그들은 명백히 의식하고서건 아니면 무의식적으로건 간에 사회적 사실에 대한 분석을 사회에 대한 특정한 담화에 종속시켰다. 그러나 엄밀한 과학이 요청하는 것은 그 반대이다. 결국 그들은 급속히 신비화의 경계에 가 닿게 된다.

마셜 살린스의 모범적 연구는 그러한 사실을 폭로하려고 한다. 하지

---

3. 생겨날 수도 있는 오해를 빨리 없애 버리자. 살린스가 말하는 석기 시대의 경제란 선사시대의 사람들에 관계되는 것이 아니라, 수 세기 전부터 여행자들, 탐험자들, 선교사들, 민족학자들에 의해 관찰되어 온 원시인들에 관계되는 것이다.

만 그가 그의 선행자들보다 훨씬 더 많은 민족지적 정보를 갖추고 있는 것은 결코 아니다. 물론 그는 현장 연구자이지만, 그가 원시사회에 대한 전통적 관념을 변화시켜 줄 전복적인 새로운 사실을 제시하는 것은 아니다. 그는 단순히 ― 그러나 대단한 강력함을 지니고서 ― 오래 전부터 수집되고 알려진 소여들의 진실을 재확립할 뿐이다. 그는 단지 주어진 자료들을 직접적으로 탐구할 뿐이다. 그 자료들에 덧붙여진 관념들을 가차 없이 축출하고서. 그러니 살린스가 떠맡았던 과제는 그에 앞서 다른 사람들에 의해 먼저 실현될 수도 있었던 것이다. 결국 자료들은 이미 거기에 완벽하게, 접근 가능하게 존재했었기 때문이다. 하지만 살린스는 그 자료들을 다시 열어 놓은 최초의 사람이다. 따라서 그는 선구자이다.

무엇이 관건인가? 경제 민족학자들은 원시사회의 경제는 생존 경제라는 관념을 끊임없이 발전시켰다. 그러한 언표가 자명한 이치의 단순한 반복에 그치는 것이 아님은 물론이다. 한 사회의 생산 체제의 핵심적 기능은 그 사회를 구성하는 개인들의 생존을 보장하는 것이라는 자명한 이치 말이다. 결국 원시 경제를 생존 경제라고 규정하면서 사람들은 모든 생산 체제의 일반적 기능을 지시하는 것이 아니라, 원시사회가 그 기능을 충족시키는 방식을 지시하는 것이다. 한 기계가 잘 작동한다고 말하는 것은, 그 기계가 정해진 기능을 만족스러운 방식으로 수행할 때이다. 원시사회의 생산 기계의 작동 방식을 평가할 때에도 유사한 기준을 적용할 수 있다. 이 생산 기계는 사회가 부여한 목적에 적합하게 작동하는가? 이 기계는 집단의 물질적 필요들을 적절히 만족시키는가? 원시 경제에 대해 우리가 제기해야만 하는 진짜 질문은 바로 이러한 것이다.

이러한 질문에 대해 "고전적인" 경제인류학은 생존 경제의 관념으로 대답한다.[4] 즉 원시 경제가 생존 경제인 것은 사회의 생존을 겨우 또는

---

4. 살린스 책의 제1장에서 이러한 관점을 가진 저자들이 많이 인용되고 있다.

매우 힘들게 확보해 주기 때문이라는 것이다. 원시사회들의 경제체제는 끊임없는 노동이라는 대가를 치르고서만 원시인들을 굶주림과 추위에 의한 죽음으로부터 보호할 수 있다는 것이다. 원시사회는 기술적 저발전으로 인해 적어도 집단의 직접적 미래를 보장해 줄 잉여 생산과 저장이 불가능하기 때문에 생존 경제라는 것이다. 바로 이러한 것이 상식의 거친 확실성에도 거의 합치하지 못하는, "과학자들"에 의해 전파되는 원시인들의 이미지이다. 즉 자신의 생태적 환경에 짓눌린 "야만인들," 굶주림의 끊임없는 위협, 가족들을 먹여 살려야 한다는 항구적인 불안이 그것이다. 한마디로 원시 경제가 생존 경제인 것은 빈곤의 경제이기 때문이라는 것이다.

  살린스는 원시 경제에 대한 이러한 관념에 대해 또 다른 관념을 대립시키는 것이 아니라 단지 민족지적 사실들을 대립시킨다. 특히 살린스는 가장 헐벗었다고 손쉽게 간주되는 원시인들, 기술적 비효율성으로 인해 자원의 희소성이 더욱 심각한 결과를 낳는 적대적 환경 속에서 살아가야 하는 원시인들에 대한 연구 작업들을 주의 깊게 검토한다. 즉 오스트레일리아 사막 지대와 남아프리카의 유목적 수렵 채취인들이 그러한 원시인들이다. 이들은 허스코비츠(Herskovits)와 같은 민족 경제학자들의 눈에는 원시적 빈곤을 완벽히 드러내 주는 부족들이다. 그러나 실재는 과연 어떠할까? 아넘(Arnhem) 지역의 오스트레일리아인들과 칼라하리(Kalahari)의 부시맨을 각각 연구한 민족지들은 자료를 숫자화해서 제시한 새로운 특수성을 갖는다. 예컨대 경제활동에 바쳐진 시간이 숫자화 되어 있는 것이다. 그래서 우리는 이른바 그 애처로운 원시인들이 음식을 발견하기 위한 열성적 추적에 자신의 모든 삶을 다 바치기는커녕, 많아 봤자 하루에 평균 다섯 시간을, 또 종종 세 시간 또는 네 시간 만을 식량을 위한 노동에 바친다는 것을 알 수 있게 되었다. 결국 오스트레일리아인들과 부시맨들은 상대적으로 짧은 시간 안에 그들의 생존 문제를 안정적으로 해결한다는 것이다. 또 그러한 일상적 노동이 힘들게 감내되는 것이 아니라 휴식을 위해 매우 빈번히 중단된다는 것도 지적되어야 한다. 게다가 집단 전체가 동원되는 것도 아니며, 아이들이나 청년들은 경제활동에 거의 또는 전혀 참여하지 않는다. 또 어른들이 모두 동시에 음식을 찾아 나서는 것도 아니다. 살린스는 최근에 얻어진 이처럼 양화된 자료가 그 모든 점에서 19세기 여행자들의 오래된 증언을 확인해 주는 것이라고 한다.

따라서 경제인류학의 몇몇 창시자들은 알려져 있는 진지한 정보들을 무시하면서, 야만인들이 자연환경을 효율적으로 이용하지 못해 거의 동물적인 조건에 처해 있다는 신화를 발명한 것이다. 우리는 아직 해결하지 못한 것이 많지만, 살린스의 커다란 공헌은 이론적(이론적!) 왜곡에 맞서 사실들의 진실을 재확립하면서 원시적 수렵민들을 복권시킨 것이다. 그의 분석에서 도출되는 것은, 원시 경제는 빈곤의 경제가 아닐 뿐만 아니라 오히려 원시사회를 **최초의 풍요로운** 사회로 규정해 준다는 것이다. 그러한 표현은 물론 인류학계의 사이비-과학자들의 교조주의적 마비 상태를 교란시키는 도발적 표현이지만, 올바른 표현이다.

원시적 생산 기계는 짧은 시간 내에 느슨한 강도로 사람들의 물질적 필요를 만족시켜 줄 수 있다. 그러니 원시적 생산 기계는 원하기만 한다면 더 오래 더 빨리 작동하면서 잉여를 생산하고 저장할 수 있을 것이다. 하지만 원시사회에서 그러한 것이 가능하면서도 그것을 하지 않는 이유는 그것을 원하지 않기 때문이다. 오스트레일리아인들과 부시맨들은 식량 자원을 충분히 모았다고 생각되면, 사냥과 채집을 중단한다. 소비할 수 있는 것 이상을 거두어들이기 위해 피곤하게 일할 필요가 없는 것이다. 살린스가 말하듯이, "자연 그 자체가 저장고"인데, 유목민들이 무거운 비축물들을 들고서 이곳에서 저곳으로 이동하기 위해 힘을 뺄 이유가 없는 것이다. "야만인들"은 형식주의 경제학자들처럼 미친 사람들이 아니기 때문이다. 이윤을 높이기 위해 끊임없이 생산을 확장하려는 기업가들의 심리를 원시인들에게서 발견하지 못한 형식주의 경제학자들은 그로부터 어처구니없게 원시 경제의 내재적 열등성을 연역해 낸다. 따라서 현대의 자본가를 모든 사물의 이상(理想)이자 척도로 삼는 이러한 "철학"을 평화롭게 폭로하는 살린스의 작업은 건강하다. 하지만 원시적 인간이 기업가가 아닌 것은 그가 이윤에 관심을 갖지 않기 때문이라는 것, 현학적인 사람들이 말하듯이 그가 자신의 행위를 "영리 행위화"하지 않는 것은 그러지 못해서가 아니라 그럴 의도가 없어서라는 것을 논증하는 것은 손쉬운 일이 아니다.

살린스의 논의는 수렵인들의 경우로 국한되지 않는다. 그는 가구적(家口的) 생산양식(Mode de Production Domestique)의 형태들로서 "신석기" 사회들의 경제와 아프리카, 멜라네시아, 베트남, 남아메리카 등의 원시 농경민 경제를 검토한다. 숲이나 사막의 유목민들과 사냥, 어로, 채취를 간간이 행하면서도 기본적으로 그들 농장의 생산물에 종속되어 있는 정주민들 사이에는 겉보기에는 아무런 공통점도 없다. 오히려 사람들은 거꾸로 수렵 경제에서 농업 경제로의 이행에 따른 변화를 통해 사회조직 자체의 변형은 물론 완전히 새로운 경제적 태도가 탄생할 것이라고 생각할 수도 있을 것이다.

살린스는 지구상의 다양한 지역들에서 수행된 엄청난 양의 연구들에 근거하면서 가구적 생산양식의 지역적 형태들(멜라네시아, 아프리카, 남아메리카 등의)을 세밀하게 검토한다. 그가 드러낸 가구적 생산양식의 공통된 특질들은 다음과 같다: 성적 노동 분업의 우위, 소비를 목적으로 한 분리된(segmentaire) 생산, 생산수단들의 자율적 사용, 생산 단위들 사이의 원심적 관계. 살린스는 경제적 현실(가구적 생산양식)을 설명하면서 원시적 사회조직의 핵심을 건드리는 고유한 정치적 범주들을 다음과 같이 제시한다: 분리성(segmentation), 자율성, 원심적 관계들. 사실상 원시 경제를 정치적인 것 외부에서 사고하는 것은 본질적으로 불가능하다.

여기서 주의해야 하는 것은 화전 농경민들의 생산양식을 묘사해 주는 특질들이 수렵 민족의 사회조직도 마찬가지로 식별해 준다는 것이다. 즉 그러한 관점에서는 유목 집단은 정주(定住) 부족과 마찬가지로 성적 노동 분업이 지배적인 생산과 소비의 단위들 —"집(foyers)"또는"가구(maisonnées)"와 같은 — 로 구성된다. 그러한 단위들 각각은 전체 내에서 자율적인 부분(segment)으로 기능한다. 비록 교환 규칙이 유목 집단을 강력하게 구조화한다 하여도, 원심적 힘들의 작용이 부재하는 것은 결코 아니다. 유목 공동체로부터 정주적인 촌락에 이르기까지 생활 스타일의 차이들은 존재하지만, 종교적 표상들이나 의례 행위 그리고 사회의 골격은 거의 동일하다. 결국 우리가 가늠해야 하는 것은 유목적 수렵이나 화전 농경과 같은 서로 상이한 생산 기계들이 동일한 성격의 사회구성체를 이룰 수 있다는 사실이 갖는 의미이다.

모든 원시 공동체는 그들의 소비의 생산이란 관점에서 완전한 자율성을 열망한다. 즉 모든 원시 공동체들은 그들의 이웃 집단에 대한 모든 의존 관계를 거부한다. 이는, 아주 압축적인 정식으로 표현해 보자면, 원시사회의 자급자족의 이상이다. 즉 모든 필요를 충족시키기 위해 요구되는 최소의 것을 생산하고, 그러나 이러한 최소치의 전체를 생산하기 위해 서로 조절한다는 것이다. 가구적 생산양식은 "잉여의 형성에 근본적으로 적대적인 체제"이면서도, 또 동시에 필요 충족을 보장하는 최소치 이하로 생산이 떨어지는 것도 거부한다. 경제적 자급자족의 이상은 사실상 정치적 독립의 이상이기도 하며, 정치적 독립은 타자들을 필요로 하지 않을 때에만 보장될 수 있는 것이다.

물론 이러한 이상은 모든 곳에서 언제나 실현되는 것은 아니다. 생태학적 차이들, 기후적 변이들, 교류 또는 차용은 한 사회로 하여금 스스로 충족시킬 수는 없지만 다른 부족은 생산할 수 있는 곡물, 재료, 재화를 필요로 하도록 할 수 있다. 그래서 살린스가 보여 주는 것처럼, 이웃하거나 심지어 제법 떨어진 집단들이 다소간 밀접한 재화 교환의 관계를 맺게 된다. 하지만 또한 살린스는 멜라네시아의 "상업"에 대한 면밀한 분석을 통해 "멜라네시아 사회에 시장은 존재하지 않고, 이는 원시적 사회들에서도 마찬가지이다"라고 밝힌다. 가구적 생산양식은 각 공동체의 독립에의 욕망으로 인해 필요에 따른 교환의 위험을 최소화하려고 한다. "상업적 파트너들 사이의 호혜성은 특권일 뿐만 아니라 의무이다. 특히 그러한 호혜성은 돌려주는 것뿐만 아니라 받는 것도 의무화한다." 부족들 사이의 교환은 수입-수출과는 아무런 관계도 없는 것이다.

가구적 생산양식에 내재하는 독립에의 의지 — 자치적 이상 — 는 다른 공동체들과의 관계에서뿐만 아니라 공동체 내부에서도 작동한다. 즉 공동체 내부의 원심적 경향들은 각각의 생산 단위, 각각의 가구로 하여금 "각자는 자기 자신을 위하여"라고 주장하게 한다. 물론 뚜렷하게 에고이즘을 표방하는 그러한 원리는 매우 드물게만, 즉 예외적 상황에서만 실현된다. 예컨대 퍼스(Firth)가 연구한 티코피아(tikopia) 사회에서 1953-54년의 참혹한 태풍으로 인해 벌어진 기근의 상황이 그러한 상황이다. 살린스는 다음과 같이 쓴다. "이때의 위기는 가구 집단의 힘을 자명하게 드러내면서 그 유명한 '우리' — '우리들, 티코피아' — 의 허약성을 드러내 준다. 가구는 사적 이익의 성채로, 가족적 집단의 성채로 나타난다. 위기 시에 외부 세계로부터 고립되고 자신의 사회적 도개교(跳開

橋)를 들어 올리는 성채가 그것이다. 남들의 밭에 가서 무엇을 훔치지나 않는다면 말이다."

그러나 일상생활의 정상적 흐름을 변화시키는 심각한 일이 벌어지지 않는다면, 공동체는 원심적 힘들이 통일체를 위협하는 것을 내버려 두지 않고, 사람들은 친족 관계의 의무들을 여전히 지켜 나간다. 바로 이 때문에 살린스는 통가(Tonga) 계곡 마을의 마줄루(Mazulu)족에 대한 매우 기술적인 분석 끝에, 몇몇 가구의 저생산을 그들에게 호의를 베풀어 줄 더 잘 사는 가구들의 확실한 연대성으로부터 설명한다. "만약 그들 중 몇몇이 실패한다면, 그것은 그들이 타자들의 도움을 받을 수 있다는 것을 알기 때문이 아닐까?" 그렇지만 예견할 수 없는 사건(예컨대 자연재해나 외부로부터의 공격)이 벌어져 사물들의 질서를 뒤집어 놓으면, 각각의 생산 단위의 원심적 힘이 확인되고, 가구는 자기 자신으로 후퇴하며, 공동체는 나쁜 시기가 지나갈 것을 기다리면서 "원자화"된다.

물론 그렇다고 하여 상황이 정상적일 때 사람들이 언제나 기꺼이 친족의 의무를 수행하는 것은 아니다. 마오리(maori) 사회의 경우, "가구는 언제나 딜레마에 처해 있는데, 자기 자신의 만족과 먼 친척들에 대한 보다 일반적인 의무들 사이에서 부단히 조절하고 타협해 나가야 하기 때문이다. 즉 가구는 자기 자신의 복지를 손상시키지 않으면서 먼 친척에 대한 의무를 충족시키기 위해 노력하는 것이다." 살린스는 마오리족의 몇 가지 재치 있는 속담들을 인용하는데, 그 속담들에는 귀찮게 구는 친척들에 대한 짜증과 제법 먼 친척들에 대해 비자발적으로 행해지는 관대한 행위와 결합된 불편한 감정이 명확히 드러난다.

가구적 생산양식은 필요에 따른 생산의 평준화에 의해 규제된 풍부함을 원시사회에 확보해 준다. 즉 가구적 생산양식은 필요들을 완전히 충족시키면서도, 그 이상의 것을 행하기는 거부한다. "야만인들"은 살기 위해서 생산을 하는 것이지, 생산을 하기 위해 사는 것은 아니다. "가구적 생산양식은 산출량을 제한하고 상대적으로 낮은 수준에 묶어 두려는 소비의 생산이다." 물론 이러한 전략은 미래에 대한 한 가지 선택을 내포한다. 즉 미래가 차이가 아니라 반복이도록 하고, 땅과 하늘과 신들이 동일한 것의 영원한 반복을 보장하도록 하는 것이다. 바로 이러한 것이 일반적으로 전개된다. 티코피아족이 당한 자연재해처럼 사회의 기본 골격을 바꾸어 놓는 변화는 예외적인 것이다. 물론 그처럼 예외적인 드문 상황 속에서 "구조에 기입된 관대함의 의무가 불행의 시련을 이겨 나가지 못하는" 취약성이 여실히 드러나기도 한다. 여행가들의 기록은 이것을 "야만인들"에게 고질적인 선견지명의 결여라고 한다. 하지만 그러한 태평스러움은 자신들의 자유에 대한 배려에서 비롯된 것이 아닐까?

살린스는 가구적 생산양식의 분석을 통해 원시 경제의 일반 이론을 제시한다. 원시 경제에서 생산이 가족의 필요에 정확히 부합한다는 사실로부터 살린스는 체제의 밑에 깔려 있는 법칙을 다음과 같이 지극히 명료하게 드러낸다. "가구적 생산양식은 생활필수품의 생산에 부합하는 반(反)잉여의 원리를 지니고 있다. 가구적 생산양식은 목표를 달성하면 이내 멈추어 버리는 경향을 갖는다." 민족지적 자료에 기초한 다음과 같은 두 가지 확인, 즉 원시 경제는 과소-생산적(짧은 시간 동안 약한 강도로 행해지는, 사회의 단지 한 부분에 의한 노동)이라는 확인과 항상 사회의 필요들(외적 층위에 의해서가 아니라 사회 자체에 의해 규정된 필요들)을 충족시키고 있다는 확인은 원시사회가 사실상은 풍부한 사회(가장 잘 사는 사회는 물론이고 가장 못 사는 사회도 어쩌면 마찬가지로)라는 관념을 역설적 진리의 형태로 제시한다. 왜냐하면 필요가 충족되기 때문이다.

살린스는 또한 그러한 사회체제의 핵심 속에서 작동하는 논리를 드러낸다. 즉 살린스에 따를 때, 원시사회에서 **구조적으로 "경제"**는 존재하지 않는다. 사회적 장에서 자율적 방식으로 작동하는 부문으로서의 경제적인 것은 가구적 생산양식에는 부재한다는 것이다. 가구적 생산양식은 소비의 생산(필요들의 충족을 보장하는 것)으로 기능하는 것이지 교환의 생산(잉여를 상업화하여 이윤을 획득하는 것)으로 기능하는 것이 아니다. 결론적으로 부과되는 것은(살린스의 탁월한 노동이 부과하는 것은), 원시사회들은 경제를 거부하는 사회들이란 것이다.[5]

형식주의 경제학자들은 원시인들이 자본가처럼 이윤의 매력에 끌리지 않는 것에 대해 놀란다. 어떤 면에서 보면 관건은 이윤일 수도 있다. 즉 원시사회는 생산에 대해 넘어서는 안 될 엄격한 한계를 부과한다. 경제적인 것이 사회적인 것을 벗어나 부자와 가난한 자의 분화와 부자에 의한 가난한 자의 소외라는 이질성의 틈을 만들어 내면서 오히려 사회에 대립하는 것을 피하기 위해서이다. 원시사회에 대한 살린스의 성찰은 우리를 경제 없는 사회, 또는 더 적절히 표현하여 경제에 반대하는 사회라는 명쾌한 진리로 이끈다. 살린스의 성찰은 그 내적 운동이 유사한 저술들보다 우리에게 더 길게 "야만인들"에 대해 가르쳐 주는 엄밀한 성찰이다. 또 그의 성찰은 진실한 사고의 작업인데, 모든 교조주의로부터 해방되어 다음과 같은 가장 본질적인 질문들을 열어 주기 때문이다. 어떤 조건하에서 한 사회는 원시적인가? 어떤 조건하에서 원시사회는 자신의 비분화된 존재를 보존할 수 있는가?

---

5. 여기서 우리는 수년 전부터 자크 리조(Jacques Lizot)가 아마존 최후의 커다란 민족인 베네수엘라의 야노마미(Yanomami)족에 대해 행한 모범적 연구를 언급해야 한다. 화전 농민들의 노동시간에 대해 수많은 척도들을 통해 접근하면서 리조는 가구적 생산양식에 대한 살린스의 분석과 정확히 합치하는 결론에 도달한다. 특히 다음의 글을 참조할 것. J. Lizot, "Economie ou société? Quelques thèmes à propos de l'étude d'une communauté d'Amérindiens," *Journal de la Société des Américanistes*, IX, 1973, 137-175쪽.

국가의 부재, 계급의 부재가 인류학이 한 사회를 원시적이라고 칭하기 위한 지표들이다. 정치권력의 분리된 기관이 없는 사회, 불평등하고 대립된 집단들로의 사회적 몸체의 분화를 확고하게 거부하는 사회가 바로 원시사회이다. "원시사회는 모두가 겪는 빈곤은 받아들이지만, 몇몇 사람의 축적은 받아들이지 않는다." 이러한 사실은 분화되지 않은 사회에서 족장제가 제기하는 문제의 중요성을 말해 준다. 가구적 생산양식의 핵심에 기입된 평등주의적 의지는 위계적 관계와 어떻게 맞서는가? 경제적 질서를 규제하는, 분화에 대한 거부는 정치의 장에서는 작동하기를 멈추는 것일까? 우두머리의 우월하다고 가정된 지위는 어떻게 사회의 비분화된 존재와 접합되는 것일까? 부족과 그 지도자 사이의 권력관계는 어떻게 짜이는 것일까? 이러한 문제 틀은 살린스의 작업을 관통한다. 살린스는 정치와 경제가 우두머리의 인물 속에서 합류하는 멜라네시아의 빅맨(*big-man*) 체제에 대한 세밀한 분석을 통해 그러한 문제 틀을 보다 직접적으로 전개한다.

많은 원시사회들에서 우두머리에게 요구되는 두 가지 핵심적 자질은 웅변술과 관대함이다. 말을 못하거나 인색한 자는 리더가 될 수 없다. 물론 문제는 개인의 심리적 특질이 아니라 제도의 형식적 속성들이다. 즉 리더가 재화들을 소유하지 못하도록 해야 한다는 것이다. 살린스는 통찰력을 가지고서 진정한 의무로서의 그러한 관대함의 기원과 결과를 검토한다. 빅맨의 경력의 출발점에서 존재하는 것은 "대단한 야심"이다. 즉 위세에 대한 전략적 끌림과 그것을 획득하기 위한 수단들에 대한 전술적 감각이 존재한다.

명확한 사실은 우두머리가 재화를 관대하게 나누어 주기 위해서는 우선 그것들을 소유해야 한다는 것이다. 어떻게 그는 재화들을 획득할까? 지도자가 선교사나 민족학자 들로부터 받아 공동체 구성원들에게 재분배하는 공산품들은 제기된 문제의 관점에서 부적절하므로 논의에서 제외하도록 하자. 우선 고려해야 할 사실은, 이 사회들에서는 "교환의 관계와 양태에서 남들에게 손해를 끼치고 자기가 이익을 얻는 자유는 있을 수 없다"는 원리가 부단히 작동한다는 것이다. 따라서 관대함의 의무를 충족하기 위해서 빅맨은 그가 필요로 하는 재화들을 혼자 힘으로 생산해야 한다. 즉 다른 사람들에게 의존할 수 없는 것이다. 단지 여러 가지 이유에서 그를 위해 일해 주는 것이 유용하다고 생각하는 사람들이 그에게 도움을 줄 수 있다. 그래서 그의 친족들이 그와 고객 관계(relation de clientèle)를 맺게 된다. 또한 우두머리의 외로움과 관대해야 하는 필요 사이의 모순은 일부다처제의 매개로 해결된다. 대부분의 원시사회에서 일부일처제의 규칙은 지배적이다. 그러한 상황에서 여러 명의 아내를 두었다는 것은 거의 언제나 중요한 사람, 즉 지도자의 "특권"을 이룬다. 하지만 일부다처제는 단지 특권에 그치는 것이 아니라, 우두머리에게 지도자로 행동할 수 있게 해 주는 주된 수단을 이루는 필수적인 것이다. 즉 우두머리는 아내들의 노동력을 이용하여 잉여적인 소비재를 생산한 뒤 공동체의 구성원들에게 나누어 주는 것이다.

따라서 현재로서는 한 가지가 확고히 확립된다. 즉 원시사회에서 경제는 가구적 생산양식의 운동 속에 기입되어 있지 않고, 단지 정치의 수단일 뿐이라는 것이다. 원시사회에서 생산 행위는 권력관계에 종속된다. 잉여 생산의 필요성과 가능성이 나타나는 것은 단지 족장제의 수준에서일 뿐이다.

살린스는 거기에서 올바르게 가구적 생산양식에 내재하는 원심적 힘과 족장제에 내재하는 반대의 힘 사이의 이율배반, 생산양식의 측면에서의 분산의 경향과 제도의 측면에서의 통일화의 경향 사이의 이율배반을 드러낸다. 권력의 가정된 장소에 중심이 자리 잡고, 끊임없는 해체의 힘에 의해 관통되는 사회가 그 중심의 주위에서 통일체이자 공동체로 제도화된다는 것이다. 즉 족장제의 통합적 힘이 가구적 생산양식의 해체적 힘에 맞서는 것이다. "빅맨과 그의 대단한 야심 덕분에 환절적(環節的)이고 '머리가 없고' 작은 공동체들로 조각나 있는 사회가 자신의 칸막이들을 해소할 수 있다… 그리하여 더 넓은 관계의 장이 형성되고 더 고차적인 협동의 수준이 달성된다."

살린스에 따를 때, 빅맨은 예컨대 폴리네시아의 왕조에까지 점진적으로 이어지는 정치권력의 연속된 곡선에서 가장 낮은 위치를 예시해 주는 것이다. "피라미드형 사회들에서 작은 공동체들의 통합은 완성되어 있다. 반면 멜라네시아의 빅맨 사회에서 그러한 통합은 단초적으로만 존재할 뿐이다. 수렵 민족들 사회에서는 그러한 통합은 상상 불가능한 것이다." 따라서 빅맨은 폴리네시아 왕의 최소화된 형상일 것이고, 폴리네시아의 왕은 빅맨의 권력이 최대한으로 확장된 것으로 여겨진다. 그 가장 분산된 형태들로부터 가장 집중된 형태들에 이르기까지 권력의 계보학이 존재한다는 것이다. 과연 우리는 지배자와 예속민들로의 사회적 분화의 토대와 국가 기계의 먼 기원을 그러한 권력의 계보학의 별로 신비로울 것도 없는 비밀 속에서 찾아낼 수 있는 것일까?

사물들을 보다 가까이에서 접근해 보자. 살린스가 말하듯이, 빅맨은 "자신의 이마에 땀을 흘리면서" 권력에 가 닿는다. 잉여를 생산하기 위해 남들을 착취할 수 없기 때문에 빅맨은 자기 자신과 아내들과 고객으로서의 친척들을 착취한다. 빅맨은 자기를 착취할 뿐 사회를 착취하지 못한다. 빅맨은 자신을 위해 타자들을 노동하게 할 수 있는 권력이 없는데, 이는 빅맨이 바로 그러한 권력을 획득하려 하기 때문이다. 따라서 그러한 사회들에서는 정치권력의 수직 축에 따른 사회적 몸체의 분화, 명령하는 소수의 지배자들(우두머리와 그의 고객들)과 복종하는 다수의 피지배자들(공동체의 나머지 사람들) 사이의 분화는 존재하지 않는다. 멜라네시아 사회들이 우리에게 보여 주는 것은 오히려 그 반대의 광경이다.

우리가 멜라네시아 사회들의 분화에 대해 말할 수 있다면, 그 분화는 단지 소수의 "부자" 노동자들과 다수의 가난한 "게으른 자들" 사이의 분화일 따름이다. 하지만 우리는 바로 이것을 통해 원시사회의 토대를 건드린다. 원시사회에서 부자는 자신의 노동을 통해 부자가 되지만, 그 노동의 결과는 가난하고 한가로운 대중에 의해 전유되고 소비된다. 달리 말하면, 사회 전체가 빅맨 주위의 소수자의 노동을 착취한다는 것이다. 그렇다면 어떻게 우두머리의 권력에 대해 말할 수 있을까? 그가 사회에 의해 착취당한다면 말이다. 이것은 모든 분화된 사회가 통일체 속에서 유지하는 힘들 사이의 역설적 이접(離接)일까? 즉 한편으로 우두머리는 사회에 대해 자신의 권력을 행사하고, 다른 한편으로 사회는 이 우두머리를 강도 높게 착취하는 것일까? 그렇다면 우리가 그 위력을 확인할 수 없는 이 이상한 권력의 정체는 무엇일까? 즉 원시사회가 결코 그것에 종속되지 않는 이 권력은 도대체 어떠한 것일까? 우리는 아직도 그것을 권력이라고 할 수 있는 것일까? 바로 이것이 문제이다. 왜 살린스는 명백히 권력이 아닌 것을 권력이라고 명명한 것일까?

우리가 여기서 확인하는 것은 민족학적 문헌들에서 거의 일반적으로 보이는 위세(prestige)와 권력의 혼동이다. 빅맨을 움직이는 것은 무엇일까? 그는 무엇을 위해서 땀을 흘리는 것일까? 물론 권력을 위해서가 아니다. 비록 그가 권력을 행사하기를 꿈꾼다 하더라도, 부족의 구성원들은 권력자를 추종하기를 거부한다. 빅맨이 추구하는 것은 위세이며, 그처럼 관대하고 열성적인 우두머리의 영예를 찬양하는 사회의 거울이 비추어 주는 훌륭한 이미지이다.

이처럼 권력을 결여한 위세를 사고하지 못하는 무능력이 수많은 정치

인류학적 분석들을 지체하게 하였던 것이고, 특히 원시사회들에 대한 연구의 경우에는 길을 잘못 인도하는 것이다. 사람들은 위세와 권력을 혼동했기 때문에 권력의 정치적 본질과 그에 따른 사회적 관계들을 몰인식하게 되고, 생겨날 수 없는 모순을 원시사회에 도입시킨다. 사회의 평등에의 의지가 어떻게 지배하는 자와 예속된 자 사이의 불평등을 확립하려는 권력에의 의지와 결합할 수 있다는 말일까? 원시사회에서 정치권력의 문제는 족장제를 권력의 외부에서 사고하도록 하며, 지도자는 권력을 갖지 않는다는 원시사회학의 직접적 소여를 성찰하도록 한다. 자신의 관대함에 대한 보답으로 빅맨이 얻는 것은 권력에의 의지의 실현이 아니라 명예욕의 위태로운 충족일 뿐이고, 명령하는 능력이 아니라 그가 땀 흘려 유지하는 영예의 결백한 향유일 뿐이다. 그는 엄밀한 의미에서 영예를 위해 노동한다. 사회는 그에게 영예를 부여하면서, 그의 노동의 생산물을 탐식한다. 모든 아첨자들은 그들의 아첨에 귀 기울이는 자 덕분에 사는 것이다.

빅맨의 위세는 그에게 어떠한 권위(autorité)도 확보해 주는 것이 아니기 때문에, 빅맨은 정치권력의 단계에서 최초의 위치를 점하는 것일 수 없고, 따라서 그에게서 권력의 실재적 장소를 보는 것은 잘못된 것이다. 그렇다면 빅맨과 족장제의 다른 형태들 사이에 연속성을 설정하는 것은 가능할까? 여기에서 드러나는 것은 위세와 권력 사이의, 출발점에서의 혼동에서 비롯된 결과이다. 폴리네시아의 강력한 왕권은 멜라네시아의 빅맨 체제가 점진적으로 발전한 귀결이 아니다. 왜냐하면 빅맨 체제로부터는 어떤 것도 발전할 수 없기 때문이다. 빅맨 사회는 자신의 우두머리가 위세를 권력으로 변형시키는 것을 그대로 놓아두지 않는다. 따라서 사회구성체들 사이에 연속성을 설정하는 그러한 관념은 결단코 폐기해야 한다. 그리고 우두머리가 권력을 가지고 있지 않은 원시사회들과 권력관계가 전개되는 사회들을 분리시키는 근본적 단절을 파악해야만 한다. 국가 없는 사회와 국가 사회 사이에는 본질적인 불연속성이 있다.

일반적으로 민족학자들에게 잘 알려지지 않은 하나의 개념적 도구가 어려움들을 해결해 줄 수 있다. 빚(dette)의 범주가 그것이다. 원시적 우두머리가 스스로를 예속시키지 않을 수 없는 관대함의 의무를 잠시 다시 살펴보자. 왜 족장 제도는 이러한 의무에 의해 매개되어야 하는가? 그 의무는 우두머리와 부족 사이의 일종의 계약처럼 나타난다. 그 결과, 우두머리는 사회를 향해 재화들을 흘려보내고 그 반대급부로 자신의 나르시시즘을 만족시킬 수 있는 보상을 받는다. 우리는 관대함의 의무가 평등주의적 원리를 자체 내에 내포한다는 것을 볼 수 있다. 즉 사회는 위세를 제공하고, 우두머리는 재화들을 제공한다는 것이다. 그러나 거기에서 관계자들 사이의 평등을 보장하는 계약만을 본다는 것은 관대함의 의무의 진정한 성격을 몰인식한 것이다. 즉 그러한 외양 아래에는 사회와 우두머리 사이의 심층적인 불평등이 숨겨져 있는 것이다. 왜냐하면 관대함의 의무는 의무, 즉 빚이기 때문이다. 리더는 사회에 대해 빚을 진 상태에 있는데, 그 이유는 그가 사회의 리더이기 때문이다. 그는 이 빚을 결코 갚을 수 없다. 그가 계속 리더인 한에서 말이다. 그가 리더이기를 그만두면, 빚도 소멸된다. 왜냐하면 빚은 오로지 족장 제도와 사회를 결합시키는 관계만을 각인하는 것이기 때문이다. **권력관계의 핵심에 채무관계가 성립한다.**

그리하여 우리는 다음과 같은 중요한 사실을 발견한다. 원시사회들이 권력의 분리된 기관을 가지고 있지 않다고 해서 그 사회들이 권력 없는 사회는 아니라는 것, 정치 문제가 제기되지 않는 사회는 아니라는 것이다. 오히려 부족은 권력이 사회로부터 분리되는 것을 거부함으로써, 우두머리에 대해 채무 관계를 부과한다. 왜냐하면 **권력을 가지고 있는 것**

은 부족이고, 부족은 그 권력을 우두머리에 대해 행사하기 때문이다. 권력 관계는 명백히 존재한다. 권력관계는 우두머리가 영원히 갚아야 하는 빚의 형태를 취한다. 우두머리가 영원히 빚을 지고 있다는 사실은 우두머리가 권력에 외재적이라는 것, 우두머리가 분리된 기관이 되지 않으리라는 것을 사회에 대해 보장해 준다. 위세에 대한 자신의 욕망의 포로가 된 "야만인"의 우두머리는 권력에 의해 설정된 빚을 갚으면서 스스로를 사회의 권력에 예속시킨다. 부족은 우두머리를 자신의 욕망의 덫에 걸리게 하면서, 정치권력이 사회로부터 분리되어 사회에 대립하게 되는 치명적 위험으로부터 스스로를 보호한다. 원시사회는 국가에 대항하는 사회인 것이다.

채무 관계는 권력 행사에 귀속되는 것인 만큼, 우리는 권력이 행사되는 모든 곳에서 채무 관계를 찾아낼 수 있어야 한다. 이는 폴리네시아와 다른 지역들의 왕권들이 우리에게 가르쳐 주는 것이다. 그곳에서는 누가 빚을 갚는 것일까? 빚을 지고 있는 자들은 누구일까? 그것은 물론 왕들이나 대사제들 또는 압제자가 "평민"이라고 명명한 자들이다. 평민들은 지배자들에게 "공물(貢物)"이란 이름으로 빚을 갚는다. 따라서 결국 권력은 언제나 부채를 동반하는 것이고, 또 거꾸로 부채의 존재는 권력의 존재를 의미한다. 어떤 사회에서든지 권력을 가지고 있는 자는 권력의 현실을 드러낸다. 즉 그들은 피지배자들에게 공물의 지불을 강요하면서 권력을 행사하는 것이다. 권력을 소유한다는 것과 공물을 부과한다는 것은 동일한 것이다. 압제자의 첫 번째 행위는 공물을 바치는 것을 의무로 선언하는 것이다. 권력의 기호이자 진리로서의 빚은 정치의 장을 처음부터 끝까지 관통하고, 사회적인 것 자체에 내재한다.

즉 정치적 범주로서의 빚은 사회들의 존재를 평가할 수 있는 확실한 척도를 제공한다. 사회의 성격은 빚의 방향과 더불어 변화한다. 우두머리가 사회에 대해서 빚을 진다면, 사회는 비분화된 것이고 권력은 동질적인 사회적 몸체에 근거한다. 반대로 사회가 우두머리에 대해 빚을 지고 있다면, 권력이 사회로부터 분리되어 우두머리의 손에 집중되어 있는 것이고, 사회의 이질적인 존재는 지배자와 피지배자들 사이의 분화를 내포한다. 분화되지 않은 사회와 분화된 사회 사이의 절단선은 어떠한 것일까? 그 절단선은 빚의 방향이 바뀔 때, 제도가 권력관계를 자신을 위해 전유하면서 사회에 대해 대립시킬 때 발생한다. 그때부터 사회는 꼭대기와 밑바닥으로 나뉘고, 빚에 대한 영원한 인정이 공물이란 형태로 꼭대기에 대해 행해진다. 빚의 순환 방향에 있어서의 단절은 사회들 사이에 분할을 행한다. 그러한 분할은 연속성 속에서는 사고 불가능한 것이다. 즉 점진적 발전이란 없는 것이며, 비분화된 사회와 분화된 사회 사이의 매개적인 사회 형태란 없는 것이다. 한 형태가 다른 형태로부터 기계적으로 산출되는 사회구성체들의 연속으로서의 역사의 관념은 단절과 불연속이라는 막중한 사실에 대해 침묵함으로써, 다음과 같은 진정한 문제들을 제기하는 것을 가로막는다. 왜 특정한 시점에서 원시사회는 권력의 흐름을 규제하기를 멈추는가? 왜 원시사회는 여태까지 방어해 왔던 것과는 달리 불평등과 분화가 죽음을 사회적 몸체에 새겨놓는 것을 방치하는가? 왜 "야만인들"은 우두머리의 권력에의 욕망을 실현시켜 주는가? 복종의 수용은 어디에서 생겨나는가?

살린스의 책을 세심하게 읽다 보면, 이러한 질문들이 계속 솟아난다. 살린스는 이러한 질문들을 명시적으로 제기하지는 않는다. 왜냐하면 연속주의적 편견이, 적용된 분석의 논리에 진정한 인식론적 장애로 작용하기 때문이다. 하지만 그의 엄밀성은 그를 그러한 개념적 노동에 무한히 가깝도록 접근시킨다. 그는 사회의 평등에의 욕망과 우두머리의 권력에의 욕망 사이의 대립, 지도자를 죽음에까지 몰고 갈 수 있는 대립을 결코 모르지 않는다. 예컨대 파니아이(Paniai)족 사람들은 처형당하기 직전의 빅맨에게 다음과 같이 설명해 준다. "너는 우리 가운데 유일한 부자가 되면 안 된다. 우리는 모두 같아야만 한다. 그리고 너는 우리와 동등해야만 한다." 이것은 바로 권력에 대립하는 사회의 담화이다. 이러한 담화와 대조를 이루는 것이 사회에 대립하는 권력의 거꾸로 된 담화이다. 예컨대 다음과 같이 말하고 있는 우두머리의 담화가 그것이다. "내가 우두머리인 것은 사람들이 나를 사랑해서가 아니다. 그것은 사람들이 나에게 돈을 빚지고 있고 나를 두려워하기 때문이다." 경제인류학의 전문가들 가운데 처음이자 유일하게 살린스는 원시사회에 대한 새로운 이론의 토대를 놓는다. 빚이라는 경제적-정치적 범주의 엄청난 발견적 가치를 가늠할 수 있게 해 주기 때문이다.

이제 마침내 지적해야 하는 것은, 살린스의 저술이 여태까지는 은밀하게 전개되었지만 머지않아 큰 화제에 오르게 될 논쟁에 핵심적 부품을 제시한다는 것이다. 그 논쟁은 민족학에서의 마르크스주의, 마르크스주의에서의 민족학에 대한 것이다. 이 논쟁의 관건은 폭넓은 것인데, 대학의 평화로운 입씨름을 넘어서는 것이기 때문이다.

마르크스주의는 특수한 사회체제(산업자본주의)의 묘사에 국한된 것이 아니라, 역사와 사회 변화에 대한 일반 이론이기도 하다. 이 이론은 스스로를 사회와 역사의 과학으로 제시하고, 사회들의 운동에 대한 유물론적 관념 속에서 스스로를 전개시키며, 그 운동의 법칙을 발견한다. 즉 역사의 합리성이 있다는 것이며, 사회-역사적 실재의 존재와 생성은 종국적으로는 사회에 대한 경제적 규정성들로 귀속된다는 것이다. 즉 생산력의 운동과 발전이 사회의 존재를 결정하고, 생산력과 생산관계 사이의 모순이 사회 변화와 혁신을 초래하면서 역사의 실체와 법칙을 구성한다는 것이다. 사회와 역사의 마르크스주의적 이론은 물질적 하부구조의 우위를 인정하는 경제적 결정론이다. 역사가 사고 가능한 것은 그것이 합리적이기 때문이고, 역사가 합리적인 것은 그것이 자연적이기 때문이다. 마르크스가 『자본론』에서 다음과 같이 말하고 있듯이 말이다. "사회의 경제적 구성체의 발전은 자연의 전개와 자연의 역사에 비견될 수 있다." 그리하여 인간 사회 일반에 대한 과학으로서의 마르크스주의는 역사가 그 스펙타클을 제시하는 모든 사회구성체들을 사고할 수 있게 된다. 이는 물론 능력이기도 하겠지만 구속이기도 하다. 이론이 도처에서 자신의 정당성을 발견하기 위해 모든 사회를 사고해야만 하는 구속이 그것이다. 마르크스주의는 따라서 원시사회를 사고하지 않을 수가 없다. 그들이 주장하는 이론에 의해 긍정된 역사적 연속성(continuisme) 때문이다.[6]

민족학자들이 마르크스주의자인 경우에 그들은 자신들의 도구, 즉 마르크스주의 이론과 그 경제적 결정론에 따라 원시사회를 분석한다. 그리하여 그들은 자본주의 이전의 사회들에서도 경제가 중심적 위치, 결정적 위치를 점했다고 주장한다. 즉 모든 사회를 포괄하는 일반 법칙에서 원시사회가 예외를 이룰 어떠한 이유도 없다는 것이다. 생산력은 항상 발전한다는 것이다. 그리하여 우리는 매우 간단한 두 가지 질문을 제기하게 된다. 경제는 원시사회들에서 중심적인 것인가? 원시사회들에서 생산력의 발전 경향을 확인할 수 있는가?

살린스의 책은 바로 이러한 질문들에 대한 대답을 제시한다. 살린스

---

6. 우리는 여기서 마르크스의 "마르크스주의"보다는, 마르크스가 엥겔스에게 "내가 아는 전부는 내가 마르크스주의자가 아니라는 것"(Maximilian Rubel, *Marx critique du marxisme*, Payot, 1974, 21쪽에서 재인용)이라고 말하면서 경멸했던 자들의 마르크스주의를 염두에 두고 있다. 무능한 아류들인 오늘날의 마르크스주의자들은 자랑스럽게 그들의 사고가 "저속한" 마르크스주의와는 아무런 관계가 없다고 주장한다. 그들의 마르크스주의가 그처럼 뛰어난 것일까?

가 우리에게 가르쳐 주는 것 또는 우리에게 환기시켜 주는 것은 원시사회들에서 경제는 자율적으로 작동하는 기계가 아니라는 것이다. 즉 경제를 사회적, 의례적, 종교적 생활 등에서 분리할 수 없다는 것이다. 경제적 삶은 원시사회의 존재를 결정하지 못하고, 오히려 사회가 경제의 장의 장소와 한계들을 결정한다. 원시사회들에서 생산력은 발전하지 않는다. 오히려 과소-생산에의 의지가 가구적 생산양식에 내재적인 것이다. 원시사회는 생산력의 눈먼 놀이의 장난감이 아니다. 반대로 원시사회는 자신의 생산 능력에 대해 부단히 엄격하고도 숙고된 통제를 하는 사회이다. 즉 경제적 활동을 규제하는 것은 사회적인 것이고, 종국적으로는 정치가 경제적인 것을 결정한다. 원시사회들은 반(反)생산의 기계들이다.

그렇다면 역사의 동력은 무엇인가? 계급 없는 사회로부터 사회 계급을, 비분화된 사회로부터 분화를, 오직 우두머리의 노동만을 소외시키는 사회에서 소외된 노동을, 국가 없는 사회에서 국가를 도출시키는 것이 가능할까? 수수께끼이다. 이 모든 것으로부터 마르크스주의는 원시사회를 사고할 수 없다는 결론이 나온다. 왜냐하면 원시사회는 마르크스주의적 사회 이론의 틀 속에서는 사고될 수 없기 때문이다. 어쩌면 마르크스주의적 분석은 분화된 사회 또는 외적으로 경제가 중심을 이루는 체제(자본주의)에 대해서는 타당할 수 있을 것이다. 하지만 그러한 분석은 분화되지 않은 사회, 경제에 대한 거부에 토대한 사회에 적용될 때는 우스꽝스러울 뿐만 아니라 몽매주의적인 것이다. 철학에 있어서 마르크스주의자인 것이 쉬운 일인지 어려운 일인지는 알 수 없지만, 민족학에서 마르크스주의자가 되는 것은 불가능한 것이다.

이른바 인간 과학들이 너무 자주 빠져드는 신비화와 사기에 대항한 살린스의 훌륭한 작업에 대해 우리는 우상 파괴적이고 건강하다고 말했었다. 사실들을 이론에 끼워 맞추기보다는 사실들로부터 이론을 발전시키려 했던 살린스는 우리에게 연구란 생동하고 자유로운 것일 수밖에 없음을 보여 줬다. 위대한 사고도 신학으로 전락하면 사멸할 수밖에 없기 때문이다. 형식주의적 경제학자들과 마르크스주의 인류학자들의 공통점은 원시사회의 인간들을 자본주의 또는 자본주의 비판으로부터 비롯된 윤리적, 개념적 틀에 집어넣지 않고서는 성찰할 수 없다는 점이다. 그들의 우스꽝스러운 작업들은 같은 장소에서 태어났고 같은 결과를 생산한다. 그들은 모두가 빈곤의 민족학을 한다. 살린스의 중요한 기여는 우리로 하여금 그들의 민족학의 빈곤을 깨닫도록 해 준 것이다.

제9장

계몽의 회귀[1]

나는 해명할 것이다. 그렇지만 그것은 아마도
가장 무용하고 불필요한 배려를 하는 것이리라.
왜냐하면 내가 당신들에게 말할 모든 것은
오직 그것을 말해 줄 필요가 없는 그런 자들에 의해서만
청취될 것이기 때문이다.
— 장-자크 루소

피에르 비른봄(Pierre Birnbaum)이 나에게 영예를 부여해 주었다. 나는 그가 나를 그 자신과 가깝게 위치시켜 준 것에 대해 매우 고맙게 생각한다. 그렇지만 그것이 그의 에세이의 주된 기여는 아니다. 내가 보기에 그 글은 일종의 익명성(마치 민족지적 자료처럼)을 지닌다는 점에서 매우 흥미롭다. 다시 말해 그러한 작업은 정치의 문제, 즉 사회의 문제에 접근하는(접근하지 않는), 우리가 사회과학들이라고 부르는 것 속에 매우 널리 퍼져 있는 방식을 온전히 예시해 준다. 나는 거기에서 우스꽝스러운 측면들을 끄집어내려고 하지는 않을 것이다. 나는 어떤 자들에게는 필수적인 것으로 보이는 어조의 안정성과 사고의 흐리멍덩함 사이의 결합에 대해 별도로 언급하지 않고, 비론봄이 자신의 텍스트를 생산하는 "이론적" 장소를 차분히 식별해 내려 한다.

---

1. *Revue française de science politique*, n° 1, Presses de la Fondation nationale des sciences politiques, 1977년 2월호에 실렸다.

하지만 그에 앞서 몇몇 오류들을 수정하고 또 몇 가지 공백들을 메우도록 하자. 비른봄에 따르면, 나는 동시대인들에게 "야만인들의 삶을 부러워하도록" 부추기는 사람처럼 여겨진다. 순진함일까 아니면 교활함일까? 천문학자가 남들에게 천체의 운동을 부러워하도록 부추기지 않는 것처럼, 나도 야만인들의 세계를 편들기 위해 투쟁하지 않는다. 비른봄은 나를 나 자신이 주주가 아닌 기업(졸랭R. Jaulin과 그의 부하들)의 발기인으로 혼동한다. 비른봄은 차이를 식별할 줄 모르는 것일까? 특정한 유형의 사회에 대한 분석가인 나는 작동 양식들을 드러내려고 할 뿐이지, 프로그램을 개발하지는 않는다. 즉 나는 "야만인들"을 묘사하는 데 만족할 뿐이다. 아마도 "야만인들"을 선하다고 여기는 것은 그가 아닐까? 그러니 선한 "야만인"의 회귀에 대한 이처럼 경박하고 또 별로 결백하지 않은 잡담은 그냥 지나치도록 하자.

다른 한편으로 비른봄이 과야키(Guayaki)족에 대한 내 책을 계속 언급하는 것은 나를 약간 당혹스럽게 한다. 혹시 그는 그 부족이 나의 유일한 민족지적 준거를 구성한다고 믿는 것은 아닌지? 만약 그렇다면 그는 정보 상에 있어서 중요한 공백을 드러낸다. 내가 제시한, 인디언 족장 제도에 대한 민족지적 사실들은 결코 새로운 것이 아니다. 내가 제시한 것은 16세기 초 이래 신세계에서 연이어 나온 모든 여행자들, 선교사들, 연대기 작성자들, 민족학자들의 글에 지겨울 정도로 토대한 것이다. 아메리카를 그러한 관점에서 발견한 것은 결코 내가 아니다. 게다가 덧붙일 것은, 나의 노동이 비른봄이 생각하는 것보다 훨씬 더 야심적이라는 것이다. 내가 성찰하려는 것은 단지 아메리카의 원시사회들만이 아니라 모든 특수한 원시사회들을 자신의 개념 아래 포괄하는 **원시사회 일반**이다. 이제 잡다한 해명들이 행해졌으므로 진지한 것들을 다루어 보자.

비른봄은 매우 드문 통찰력으로 자신의 텍스트의 서두를 오류로 장식한다. 앞으로의 잘못들을 예측할 수 있도록 해 주면서 말이다. 즉 그는 다음과 같이 말한다. "사람들은 언제나 정치적 지배의 기원을 탐구해 왔다." 이 말은 사실과 반대이다. 사람들은 **결코** 기원의 문제를 탐구한 적이 없다. 왜냐하면 고대 그리스 시대로부터 서양 사상은 언제나 지배자와 피지배자 사이의 사회적 분화를 사회 자체에 내재적인 것으로 간주해 왔기 때문이다. 즉 사회의 존재론적 구조로, 사회적 존재의 **자연적** 상태로 간주된 지배자와 예속민들 사이의 분화는 실재하거나 가능한 모든 사회의 본질에 속하는 것으로 부단히 사고되어 왔던 것이다. 따라서 그러한 관점 아래에서는 정치적 지배의 기원 같은 것은 존재할 수 없다. 정치적 지배가 인간 사회 자체의 속성이고 사회의 직접적 소여인 것으로 여겨지기 때문이다. 그래서 원시사회들에 대한 최초의 관찰자들은 크게 놀랄 수밖에 없었다. 왜냐하면 그 사회들은 분화를 결여하고 있었고, 우두머리는 권력이 없었고, 사람들은 "신앙도, 법도, 왕도" 없었기 때문이다.

그 이후 유럽인들은 "야만인들"에 대해 어떤 담화를 행할 수 있었을까? 그 하나는 분화가 없는 사회란 사고될 수 없다는 자신들의 확신을 포기하고 원시인들이야말로 완전한 의미의 사회를 이루고 있다고 인정하는 것이다. 다른 하나는 우두머리가 명령을 내리지 않고 그 누구도 복종하지 않는 분화되지 않은 집단은 사회일 수 없고, 그래서 "야만인들"은 진정으로 야만인들이며, 따라서 그들을 문명화하고 "개화"시키자고 주장하는 것이다. 이것은 바로 16세기 서양인들이 만장일치로 참여했던 이론적이고 실천적인 길이다. 몽테뉴와 라 보에시를 예외로 하고서 말이다. 어쩌면 몽테뉴는 라 보에시의 영향을 받았을 터이지만 말이다. 어쨌건 오로지 이 두 사람만이 지배적 흐름을 거슬러 사고했다. 비른봄이 이를 놓치고 있음은 물론이다. 하지만 비른봄은 잘못된 방향으로 질주한 최초의 사람도 아니고 마지막 사람도 아니다. 라 보에시는 자신을 방어하기 위해 나를 필요로 하지 않을 것이다. 그러니 비른봄의 의도로 되돌아가 보자.

그가 원하는 것은 무엇일까? 그의 목적(또는 적어도 그의 행보)은 완전히 명확하다. 그의 목적은 "국가 없는 사회는 완전한 구속의 사회라는 것"을 확립하는 것이다. 달리 말해 원시사회가 사회분화를 모른다면, 그것은 더 끔찍한 소외의 대가를 치르고서라는 것이다. 즉 그 누구도 변화시킬 수 없는 강력한 규범 체계에 공동체가 종속되는 것이 바로 그 대가이다. 원시사회들에서는 "사회통제"가 절대적 방식으로 행해진다는 것이고, 따라서 그 사회들은 국가에 대항하는 사회가 아니라 개인에 대항하는 사회라는 것이다.

비른봄은 자기가 원시사회에 대해 그처럼 잘 알고 있는 이유를 우리에게 솔직하게 말해 준다. 즉 그는 뒤르켐을 읽었다는 것이다. 비른봄은 착실한 독자이고, 따라서 어떠한 의문도 갖지 않는다. 원시사회에 대한 뒤르켐의 의견이 원시사회에 대한 진리인 것처럼 말이다. 지나치자. 결국 "야만인들"의 사회는 인간들의 개인적 자유에 의해서가 아니라 "모든 자에 의한 숭배를 상징화하는 신비적이고 종교적인 사고의 우위"를 통해 특징지어진다는 것이다. 비른봄은 이 대목에서 충격적인 정식을 제시할 수 있는 기회를 놓친다. 그는 그것을 생각하지만 표현하지는 못했다. 내가 그를 위해 대신 말해 주겠다. "신화는 야만인들의 아편이다"라는 정식이 바로 그것이다.

인도주의자이자 진보주의자인 비른봄은 당연히 "야만인들"의 해방을 희구한다. 즉 "야만인들"을 해독(解毒)시켜야(문명화 해야) 한다는 것이다. 이 모든 것은 우스꽝스럽다. 비른봄은 이미 낡은 19세기 말의 과학주의에 깊이 뿌리내리고 있는 그의 변두리적 무신론이 선교 사업의 가장 완강한 담화와 식민주의의 가장 거친 실천에 직접적으로 합류하는 것이고 또 그것들을 정당화시키고 있음을 깨닫지 못하고 있다. 그러니 뭐 그렇게 자랑스러워할 것도 없는 것이다.

다른 한편으로 비른봄은 족장제와 사회 사이의 관계의 문제를 고찰하면서 원시사회의 또 다른 유명한 전문가인 라피에르(J. P. Lapierre)에 의거하고, 그의 의견을 완전히 받아들인다. 다음과 같이 말하면서 말이다. "우두머리는 […] 정당한 말(parole légitime)의 용법을 독점한다. […] 그 누구도 우두머리의 말에 대립하는 말을 할 수 없다. 만약 우두머리의 말에 대립하는 자가 있다면, 그는 공공 여론에 의해 만장일치로 신성모독으로 정죄될 것이다." 적어도 명확하기는 하다. 라피에르 교수는 무척 단호하다. 그는 도대체 어디서 이 모든 것을 알게 되었을까? 그는 그러한 것들을 어떤 책에서 읽었을까? 그는 정당성의 사회학적 개념을 잘 가늠하고나 있는 것일까? 그가 말하는 우두머리들은 정당한 말의 독점권을 소유하고 있는 것일까? 그리고 도대체 이 정당한 말이란 어떤 것일까? 모두들 이것이 매우 알고 싶을 것이다. 그 누구도 "신성모독을 범하지 않고는" 이 정당한 말에 대립할 수 없다니 말이다. 그렇다면 그것은 절대군주의 말, 훈족의 왕(Attila)이나 파라오의 말일 것이다. 하지만 이들의 말의 정당성에 대해 성찰하는 것은 완전히 시간을 낭비하는 일이다. 그들만이 말을 하는 것은 그들이 명령을 내리기 때문이고, 그들이 명령을 내리는 것은 정치권력을 소유하고 있기 때문이다. 그들이 정치권력을 소유하고 있다는 것은 사회가 지배자와 예속민들로 분화되어 있다는 것이다. 그렇다면 우리는 주제에서 이탈해 있는 것이다. 왜냐하면 내가 지금 관심을 갖는 것은 원시사회이지 고대 전제주의는 아니기 때문이다. 라피에르와 비른봄은 가벼운 모순을 피해 나가기 위해 선택을 해야 할 것이다. 원시사회가 규범에 의한 "총체적 구속" 아래 놓여 있다는 주장과 "우두머리의 정당한 말"에 의해 지배된다는 주장 사이에서 말이다. 교수는 명상을 하도록 내버려 두고, 비록 간략한 것일지라도 보충 설명이 필요한 제자에게로 되돌아가자.

원시사회란 어떠한 사회인가? 원시사회는 분화되지 않은 동질적 사회이다. 원시사회가 부자와 가난한 자의 차이를 모른다면, 그것은 착취자와 피착취자의 대립이 부재하기 때문이다. 하지만 그것은 핵심적인 것이 아니다. 중요한 것은 특히 지배자와 피지배자 사이의 정치적 분화가 부재한다는 것이다. 즉 원시사회에서 우두머리는 명령을 내리지 않고, 또 그 누구도 그에게 복종하지 않는다. 권력은 사회로부터 분리되지 않는데, 사회는 하나의 전체이며 권력을 배타적으로 소유한다. 나는 권력은 오직 실행될 때에만 존재한다고 여러 곳에서 말한 적이 있다(그러나 아직도 충분히 말해지지 않은 듯하다).[2] 즉 실행되지 않는 권력은 **아무것도 아니**라는 것이다. 원시사회는 자신이 소유한 권력으로 무엇을 하는 것일까? 물론 원시사회는 그 권력을 행사하는데, 특히 우두머리에 대해 행사한다. 우두머리가 권력에의 욕망을 실현하는 것을 막기 위해서, 우두머리가 진정한 우두머리가 되는 것을 막기 위해서이다. 보다 일반적으로 말해, 원시사회는 권력을 보존하기 위해서, 권력이 분리되는 것을 막기 위해서, 사회적 몸체 내에서 지배자와 피지배자 사이의 분화가 생겨나는 것을 예방하기 위해서 권력을 행사한다.

달리 말해, 자신의 비분화된 존재를 보존하기 위해 사회에 의해 행해지는 권력 행사는 사회적 존재를 자기 자신과 관계 맺게 한다. 그러한 관계화를 매개해 주는 제3의 항은 어떤 것일까? 뒤르켐과 비른봄은 이 문제로 골머리를 앓는데, 그 제3의 항은 바로 신화와 의례의 세계이자 종

---

2. 예컨대 앞의 6장과 8장을 참조할 것.

교의 차원이다. 즉 원시사회는 종교를 매개로 해서 자기 자신과 관계를 맺는다. 비른봄은 법의 기호 하에서만 사회가 존재한다는 것을 몰랐던 것일까? 어쩌면 그랬을 것이다. 종교는 법에 대한, 사회관계를 조절해 주는 규범들의 총체에 대한 사회의 관계를 확보해 주는 것이다. 법은 어디에서 비롯될까? 사회의 정당한 토대로서의 법의 출생지는 어디일까? 사회에 앞서는 시간, 신화적 시간이 바로 그곳이다. 즉 직접적이면서도 동시에 무한히 먼, 조상들, 문화적 영웅들, 신들의 공간이 그곳이다. 그곳에서 비분화된 몸체로서의 사회가 성립되고, 조상들, 영웅들, 신들은 규범들의 체계로서의 법을 선포한다. 그리고 종교는 이 법을 전달하고 또 영원히 준수되도록 하는 사명을 갖는다. 이것은 무슨 뜻일까? 이는 곧 사회가 자신의 외부에 토대를 갖는다는 것, 사회는 자기 자신의 창립자가 아니라는 것이다. 원시사회의 성립은 인간의 결정에 속하는 것이 아니라 신의 행위에 속하는 것이다. 마르셀 고셰(Marcel Gauchet)에 의해 절대적으로 독창적인 방식으로 발전된 이러한 생각에 대해 비른봄은 놀랐다고 말한다. 즉 종교가 아편이 아니라는 것, 종교적 사실이 사회에 대해 "상부구조"로 작용하기는커녕 원시사회의 존재에 내재적이라는 것이 놀랍다는 것이다. 원시사회가 하나의 총체적인 사회적 사실로 여겨질 수 있는 것이 놀랍다는 것이다.

계몽주의의 약간 뒤늦은 사도(使徒)들인 라피에르와 비른봄은 이제 원시적 우두머리의 말의 정당성을 좀 더 잘 이해할 수 있을까? 그렇지 않을 것 같으므로, 좀 더 명확히 해 두자. 우두머리의 담화가 정당한 것은 전통을 말하기 때문이고(그러므로 우두머리의 담화는 전통을 독점할 수 없다) ― "조상들이 가르친 규범을 존중하자! 법의 질서를 변화시키지 말자!" ― 사회를 비분화된 몸체로 영원히 정립시키고 분화의 유령을 축출하며 지배에 대항하는 인간의 자유를 보장하는 법을 말하기 때문이다. 조상들의 법의 대변인인 우두머리는 이 이상의 것을 말할 수 없다. 또 그는 치명적 위험을 감수하지 않고서는 사회의 입법자로 자처할 수 없으며, 자신의 욕망의 법칙으로 공동체의 법칙을 대체할 수 없다.

분화되지 않은 사회에서 변화와 혁신이 초래하는 것은 무엇일까? 그것은 물론 사회적 분화, 특정인들에 의한 나머지 사회의 지배이다. 비른봄은 물론 원시사회의 억압적 성격에 대해, 게다가 사회에 대한 나의 "유기체적 관점"에 대해 장광설을 늘어놓을 수 있을 것이다. 그는 그가 읽고 있는 것을 이해하지 못하는 것일까? 벌통의 은유(모델이 아니라 은유)는 내가 한 것이 아니라 과야키 인디언들이 행한 것이다. 이 비합리주의자들은 벌꿀 축제를 하면서 모든 논리에 대립하여 스스로를 벌통과 비교한다. 물론 비른봄은 그러한 은유를 행할 수 없을 것이다. 그는 시인이 아니라 차가운 이성을 가진 학자이기 때문이다. 그가 그러한 이성을 계속 지니기를![3]

그의 글 10쪽에서 비른봄은 내가 "국가의 발생에 대한 사회학적 설명을 제공할 수 없다"라고 말한다. 그러나 그는 또 18쪽에서는 국가의 탄생은 "이제 엄밀한 인구학적 결정론에 따라 설명될 수 있을 것"이라고 한다. 그러니 독자들은 선택을 해야 한다. 이 선택을 돕기 위해 설명을 좀 덧붙여 보자. 사실상 여태까지 나는 국가의 기원에 대해, 즉 사회분화의 기원, 지배의 기원에 대해 결코 아무것도 말한 적이 없다. 왜냐하면 관건이 되는 것은 (근본적인) 사회학적 문제이지, 신학이나 역사철학의 문제가 아니기 때문이다. 달리 말해 기원의 문제를 제기하는 것은 사회적인 것에 대한 분석에 속한다는 것이다. 어떤 조건 하에서 비분화된

---

3. 혹시 비른봄이 사회에 대한 유기체적 관념에 관심이 있다면 르루아-구랑(Leroi-Gourhan)을 읽어야 할 것이다. 그러면 그는 크게 만족할 것이다. 수수께끼를 내보자. 남아메리카에서 백인들은 스스로를 "합리적인 자(racionales)"라고 부른다. 누구와 대비하여 그렇다는 것일까?

사회로부터 사회분화가 일어날 수 있을까? "야만인들"로 하여금 지배자와 예속민들로의 분화를 받아들이도록 몰고 가는 사회적 힘들의 성격은 어떤 것일까? 비분화된 사회로서의 원시사회의 사멸의 조건들은 어떠한 것일까? 재난의 계보학, 사회적 클리나멘(clinamen)[변화를 일으키는 빗나감]의 탐구는 원시사회의 존재에 대한 탐구로부터 발전되어야 한다. 즉 기원의 문제는 철저하게 사회학적인 것이고, 그러니 콩도르세, 헤겔, 콩트, 엥겔스, 뒤르켐, 비른봄은 어떤 도움도 줄 수 없다. 사회적 분화를 이해하기 위해서는, 사회분화를 가로막기 위해 존재했던 사회로부터 출발해야 한다. 내가 국가의 기원 문제에 대답을 제시할 수 있는지 없는지는 나 자신도 결코 알 수 없고, 비른봄은 더더욱 모른다. 기다려 보자. 작업을 하자. 서두를 이유가 없다.

이른바 국가의 기원에 대한 나의 이론에 대해 두 마디만 해 두자. 완벽한 유머 감각을 가지고서 비른봄은 내가 국가의 발생을 "엄격한 인구학적 결정론"에 의해 설명한다고 한다. 만약 인구 증가에 따라 단번에 국가가 성립될 수 있다고 한다면, 그것은 우리에게 큰 짐을 덜어 주는 것이고, 우리는 다른 일에 힘을 쏟을 수 있을 것이다. 그러나 사태는 그렇게 간단하지가 않다. 인구학적 유물론으로 경제학적 유물론을 대체할 수 있을까? 그래도 사태는 여전히 해결되지 않은 상태로 머물 것이다.

반면, 한 가지 확실한 것은 민족학자들, 역사학자들, 인구학자들이 매우 오랫동안 잘못된 확신을 공유해 왔다는 것이다. 원시사회들의 인구는 매우 적고 안정적이고 변화하지 않는다는 확신이 그것이다. 하지만 최근의 역사들은 전혀 그렇지가 않음을 논증해 낸다. 원시 인구는 진화하고, 대부분의 경우 증가한다. 나 자신은 인구학적 사실이 사회학적 사실에 영향을 미친다는 것, 원시사회에서 변화의 가능 조건을 규정하기 위해서는 다른 변수들과 마찬가지로(더 많이도 더 적게도 아니라) 인구학적 변수가 고려되어야 한다는 것을 논증하려 노력했다. 그래서 그것으로부터 국가를 도출시키는 것으로 여겨졌던 모양이다.

다른 사람들과 마찬가지로 비른봄은 민족학이 가르쳐 주는 사실을 평온히 받아들인다. 즉 원시사회들은 국가 없는 사회, 정치권력의 분리된 기관이 없는 사회라는 사실을 말이다. 좋은 일이다. 나는 한편으로 원시사회, 다른 한편으로 원시사회에 대한 민족학적 담화를 진지하게 고찰하면서, 왜 원시사회에는 국가가 없는지, 왜 원시사회에서 권력은 사회적 몸체로부터 분리되어 있지 않은지를 물었다. 그리고 조금씩 나에게 드러난 것은, 권력의 이러한 비(非)분리, 사회적 존재의 이러한 비(非)분화는 원시사회의 태아적 또는 배아적 상태에서 비롯된 것이 아니라, 미성숙 또는 불완전성에서 비롯된 것이 아니라, 사회학적 사실에서 기인한다는 것, 분화와 지배를 거부하는 방식으로의 사회성의 제도화에서 기인한다는 것이었다. 원시사회가 국가를 결여하고 있는 것은 국가에 반대하기 때문이라는 것이다. 하지만 비른봄은 다른 많은 사람들과 마찬가지로 이러한 사실을 귀담아 들으려 하지 않는다. 이 사실은 그들을 교란한다. 국가 없는 사회까지는 좋은데, 국가에 대항하는 사회는 받아들일 수 없다는 것이다. 그들은 분노의 고함을 지른다. 그렇다면 마르크스는? 그리고 뒤르켐은? 그리고 우리는? 사람들은 더 이상 평온하게 소화할 수 없는 것일까? 우리는 더 이상 우리의 작은 이야기들을 계속할 수 없는 것일까? 그들은 말한다. 그것은 아니다, 그렇게 될 수는 없다, 라고. 우리는 여기서 정신분석학에서 저항이라고 명명한 흥미로운 경우를 만난다. 우리는 이 모든 박사들이 무엇에 저항하는지를 잘 알고 있다. 치료는 꽤 시간이 걸릴 것이다.

비른봄의 독자들은 끊임없이 선택을 하느라고 지치지 않을까 걱정된다. 비른봄은 9쪽에서는 "국가에 대한 모든 구조적 설명을 배제하는" 나의 "자원주의(自願主義, volontarisme)"에 대해 말한다. 그리고 20쪽에서는 내가 "라 보에시의 『자발적 복종』을 고취하고 있는 자원주의적 차원"을 포기한다고 한다. 내가 보기에 논리적 사고에 익숙하지 않은 비른봄은 성찰의 두 지평, 즉 이론적 지평과 실천적 지평을 혼동하는 듯하다. 이론적 지평은, 지배의 기원은 어떠한 것인가라는 역사적이고 사회학적인 문제를 중심으로 접합되는 것이다. 실천적 지평은, 지배를 종식시키기 위해서는 무엇을 해야 하는가라는 정치적 질문으로 회송되는 것이다. 지금 이 자리에서는 실천적 지평의 문제는 다룰 수 없다. 그러니 이론적 지평으로 돌아가 보자.

내가 보기에 비른봄은 라 보에시에 관한 나의 짧은 글을 전혀 읽지 않았다. 물론 그가 그 글을 읽어야 할 이유는 하나도 없다. 그렇지만 도대체 그는 왜 그가 전혀 알지도 못하는 것에 대해 글을 쓰는 것일까? 나는 라 보에시의 『자발적 복종』 자체의 순수하게 인류학적인 관건과 복종의 자발적 성격에 관련된 한 문장을 인용해 보겠다. "숙고되지 못한 이 의지는 이제 자신의 진정한 정체성을 되찾는다. 즉 그 의지는 욕망이다"(117쪽). 고등학교 3학년 학생들도 이를 모두 알고 있다. 욕망은 무의식에 회송되고, 사회적 욕망은 사회적 무의식에 회송된다는 것을 말이다. 또 사회-정치적 삶은 의식적으로 표명된 의지들의 양립 가능성 속에서만 전개되는 것이 아니라는 것을 말이다. 19세기 중반에나 어울리는 심리학적 관념을 가지고 있는 비른봄에게 욕망의 범주는 포르노이고 의지는 이성이다. 하지만 내가 하려는 것은 욕망의 장(場)을 정치의 공간으로 드러내려는 것이고, 권력에의 욕망은 그것과 대칭되는 예속에의 욕망 없이는 실현될 수 없다는 것을 확립하려는 것이다. 나는 원시사회가 이러한 두 가지 욕망에 대한 억압의 장소임을 드러내려고 하고, 다음과 같이 자문한다. 어떠한 조건하에서 그러한 욕망은 억압보다 더 강력할까? 왜

평등한 자들의 공동체는 지배자들과 예속민들로 나누어지는 것일까? 어떻게 법에 대한 존중은 전제자에 대한 사랑에 자리를 양보하는 것일까?

우리는 진리에 접근하고 있는 것일까? 그런 것 같다. 그러한 것들에 대한 종국적인 분석은 마르크스주의라 불리는 것이 다루는 것과는 완전히 다른 것일까? 내가 마르크스주의적임을 자처하는 인류학을 묘사하기 위해 사용했던 "늪지대 마르크스주의"라는 (비른봄을 고통스럽게 할) 표현은 정확한 것이다. 그러나 그때는 과도한 호의를 지니고 있었던 때였다. 마르크스의 사상에 대한 연구 및 분석과 "마르크스주의적"임을 자처하는 것들에 대한 검토는 전혀 다른 두 가지 일이다. 인류학적 "마르크스주의" ─ 마르크스주의적 인류학 ─ 와 관련하여 매우 자명한 사실이 (서서히) 드러나기 시작한다. 즉 마르크스주의적 "인류학"이 이중적 사기를 통해 구성된다는 사실이 그것이다. 첫 번째 사기는 자신이 마르크스적 사고의 문자 및 정신과 일정한 관계를 맺고 있다는 뻔뻔스러운 긍정이다. 두 번째 사기는 원시사회의 사회적 존재를 "과학적으로" 말하겠다는 광신적 프로젝트이다. "마르크스주의적 인류학자들"은 원시사회들을 모독한다. 오직 "전(前)자본주의" 사회들에 대해서만 말할 줄 아는 이 몽매주의적 신학자들에게 원시사회는 존재하지도 않는다. 성스러운 도그마를 빼놓고서는 아무것도 존재하지 않는다. 무엇보다 독트린이 우선인 것이다. 사회적 존재의 현실에 앞서서 말이다.

알다시피 사회과학들(그리고 특히 민족학)은 지금 강력하게 이데올로기적으로 충당된 무대를 이루고 있다. 이해하려는 습관을 이미 오래 전에 잃어버린, 언제나처럼 교활한 우파는 "마르크스주의화!"라고 소리 지른다. 하지만 내가 보기에 마르크스는 그러한 요리에 별 관계가 없다. 대단한 근시안인 마르크스는 철근 콘크리트를 한 "마르크스주의자들"을 단지 멀찍감치서 바라볼 뿐이다. 우리는 그들의 전투적이고 음습하며 초보적이고 지배하려는(이때 지배는 비른봄에게 아무것도 의미하지 않을까?) 이데올로기를 레닌주의, 스탈린주의, 마오주의(이들은 얼마 전부터 섬세한 면모를 지닌다)라는 서로 바꿔 쓸 수 있는 가면들 속에서 알아차릴 수 있다. 클로드 르포르(Claude Lefort)가 구멍을 뚫기 시작한 것은 바로 **총체적 권력**을 정복하려는 이러한 이데올로기, 쉽게 파괴되지 않을 화강암의 이데올로기이다.[4] 결국 비른봄은 바로 그러한 이데올로기적 입장에서 말하려고 시도한 것은 아닐까(그가 질퍽거리고 싶어 한 늪지대가 바로 그곳이다)? 바로 그러한 이데올로기에 대해 그는 겸허한 기여를 하고자 했던 것이 아닐까? 어쨌거나 그는 나에게 자유에 대해, 사고에 대해, 자유에 대한 사고에 대해 말하기를 두려워하지 않는다. 그는 용기가 있다.

나의 페시미즘에 대한 그의 장난에 관해 말한다면, 그의 텍스트가 나를 낙관주의자로 만들어 주지 않으리라는 것은 확실하다. 하지만 나는 내가 패배주의자는 아니라는 점에 대해 비른봄을 안심시키고 싶다.

---

4. *Un homme en trop, Réflexions sur l'Archipel du Goulag*, Seuil, 1976을 참조할 것.

제10장
마르크스주의자들과 그들의 인류학[1]

　매우 즐거운 일은 아니겠지만, 마르크스주의 인류학에 대해, 그 동기
들과 결과들에 대해, 그 이점들과 부적절성들에 대해 약간의 성찰을 해
야만 한다. 민족-마르크스주의(ethno-marxisme)가 인간 과학들 가운데
아직 강력한 흐름을 구성하고 있지만, 마르크스주의자들의 민족학은 절
대적으로 또는 근본적으로 ― 그 뿌리에서부터 ― 무가치한 것이기 때
문이다. 따라서 그 저술들의 세부로까지 들어갈 필요도 없다. 왜냐하면
우리는 민족-마르크스주의자들의 그 수많은 생산물들을 어려움 없이
한 덩어리로 간주할 수 있기 때문이다. 즉 제로(zéro)와 마찬가지의 동질
적인 덩어리로 말이다. 따라서 존재가 넘쳐나는(문제되는 것이 어떤 존재인
지는 앞으로 볼 것이다) 이 무(無)에 대해, 마르크스주의적 담화와 원시사

---

1. 이 텍스트는 *Libre*, n° 3, Payot, 1978, 135-149쪽에 다음과 같은 설명과 함께 실렸다.
"이 텍스트는 피에르 클라스트르가 죽기 며칠 전에 작성한 것이다. 그는 이 텍스트를 정
서(淨書)하고 또 교정볼 수 없었다. 따라서 초고를 해독하는 데 몇 가지 문제가 있었고,
의심스러운 단어들은 괄호를 쳐서 표시했다. 읽을 수 없는 단어들이나 표현들은 공란으
로 처리했다."

회의 이 결합에 대해 탐구해야 한다.

우선 몇 가지 역사적 지적이 필요하다. 프랑스의 인류학은 20여 년 전부터 사회과학에 대한 제도적 지원에 따라(대학과 국립과학연구소에서 수많은 민족학 강좌의 개설) 발전하기도 했지만, 대단히 독창적인 한 작업, 즉 레비스트로스에 의해 행해진 작업의 궤적 속에서 발전해 왔다. 그래서 최근에 이르기까지 민족학은 주로 구조주의의 기치 아래 전개되어 왔다. 하지만 십여 년 전부터 그러한 경향에 변화가 생겨났다. 즉 마르크스주의(마르크스주의라고 불리는 것)가 인류학 연구의 중요한 흐름으로 서서히 부각되기 시작했고, 민족학의 연구 대상이 되는 사회들에 대한 정당하고 존중할 만한 담화로 많은 수의 비(非)마르크스주의적 연구자에 의해 인정되기 시작했다. 구조주의적 담화는 마르크스주의적 담화에 인류학의 지배적 담화의 지위를 물려주었다.

그 이유는 무엇이었을까? 몇몇 마르크스주의자들이 예컨대 레비스트로스보다 더 재능이 있었기 때문이라고 주장한다면 만인의 웃음거리가 될 것이다. 만약 마르크스주의자들이 빛난다면, 그것은 결코 그들의 재능 때문이 아니다. 마르크스주의자들은 재능을 완전히 결여하고 있다. 우리는 다음과 같이 정의 내릴 수 있다. 앞으로 보겠지만, 마르크스주의적 기계는 그 기술자들이 최소한의 재능이라도 가지고 있다면 작동하지 않을 것이라고. 다른 한편으로 사람들이 종종 생각하는 것처럼, 구조주의의 퇴조를 유행의 변덕 탓으로 돌리는 것은 완전히 피상적인 태도이다. 구조주의적 담화가 강력한 하나의 사고(하나의 사고)를 전달하는 한에서, 그것은 정황을 뛰어넘는 것이며 유행과 무관한 것이다. 반면 텅 빈 담화는 곧장 잊힌다. 우리는 조금 후에 구조주의적 담화에서 아직 살아 있는 것이 무엇인지를 볼 것이다.

물론 우리는 민족학에서의 마르크스주의의 확장에 대해서도 유행 탓이라고 말할 수 없다. 마르크스주의는 이미 구조주의적 담화의 거대한 공백을 메울 준비가 되어 있었던 것이다(그러나 내가 잠시 후 드러내겠지만, 사실상 마르크스주의는 어떤 것도 메우지 못한다). 구조주의의 실패가 자리 잡고 있는 이 공백은 어떤 것일까? 사회에 대해 말하지 않는다는 것이 그 것이다. 구조주의적 담화(기본적으로 레비스트로스의 담화, 왜냐하면 작은 레 비스트로스가 될 수 있는 다소간 유능한 제자들 말고는 구조주의자는 없기 때문 이다)에서 축출된 것, 지워진 것, 구조주의적 담화가 말할 수 없는 것 — 왜냐하면 그것에 대해 말할 수 없도록 짜여 있기 때문에 — 이 있다. 구 체적인 원시사회, 그 작동 방식, 그 내적 동력학, 그 경제와 정치가 그것 이다.

그러나 친족과 신화는 중요하다. 물론이다. 몇몇 마르크스주의자를 제 외하곤 모두가 『친족의 기본 구조』에서 레비스트로스의 작업이 갖는 결 정적 중요성을 인정할 것이다. 게다가 이 책은 민족학자들 사이에서 친 족 연구의 굉장한 열풍을 불러일으켰다. 어머니의 형제 또는 누이의 딸 은 고갈되지 않는 원천이다. 하지만 그들이 다른 것에 대해서도 말할 수 있는지 자문해야 된다. 단번에 진정한 질문을 제기하자. 친족에 대한 담 화는 사회에 대한 담화인가? 한 부족의 친족 체계에 대한 인식은 우리에 게 그들의 사회적 삶에 대해서도 가르쳐 줄 것인가? 전혀 그렇지 않다. 우리가 한 친족 체계를 해부했다고 할지라도, 그 친족 체계를 작동시키 는 사회에 대한 인식에서는 거의 진보가 이루어지지 않는다. 즉 우리는 여전히 문턱에 머물러 있는 것이다. 원시적인 사회적 몸체는 혈통과 결 혼의 연결망 위에서 세워지는 것은 아니다. 원시적인 사회적 몸체는 단 지 친족 관계를 만들어 내는 기계에 불과한 것이 아니다. 친족은 사회가 아니다.

그렇다면 친족은 원시사회의 짜임에서 단지 부차적인 것일까? 오히려 반대이다. 친족 관계는 근본적인 것이다. 달리 말해 원시사회는 다른 사회들보다도 더 친족 관계 없이는 사고될 수 없다. 그러나 친족에 대한 연구(적어도 여태까지 행해진)는 원시사회의 존재에 대해 우리에게 전혀 가르쳐 주지 못한다. 원시사회에서 친족 관계는 무슨 역할을 하는가? 구조주의는 단 하나의 육중한 대답을 제시한다. 근친상간 금기를 코드화하는 것이 그것이다. 친족의 이러한 기능은 인간이 동물이 아님을 설명해 준다. 그러나 그것뿐이다. 친족의 기능은 어떻게 원시적 인간이 다른 인간들과는 다른 특수적 인간인지를, 원시사회는 왜 다른 사회들로 환원될 수 없는지를 설명해 주지 못한다. 하지만 친족의 연결망은 동등한 자들로 구성된 비분화된 사회인 원시사회 자체에 내재한 특정한 기능을 충족시킨다: 친족, 사회, 평등 그리고 심지어 전투. 하지만 그것은 또 다른 이야기이고, 이에 대해서는 다음번에 말할 것이다.

레비스트로스의 또 다른 큰 업적은 신화학에 관한 것이다. 신화 분석은 친족 분석만큼 전문가들을 배출하지 못했다. 그 주된 이유는 신화 분석이 친족 분석보다 어렵기 때문이고, 또 그 누구도 레비스트로스보다 신화 분석을 더 잘해 낼 수 없었기 때문이다. 그의 분석은 어떤 조건 아래 전개되었던 것일까? 신화들이 하나의 동질적인 체계를 형성한다는 조건과, 레비스트로스 자신이 말하고 있듯이, 신화들이 "그들 사이에서 서로 사고한다"는 조건하에서이다. 즉 신화들은 그들 서로 간에 관계를 갖는 것이며 사고 가능한 것이다.

하지만 신화(특정한, 특수한 신화)는 자기의 이웃 신화들에 대해서만 사고할 수 있고 신화학자만이 신화들 전체를 사고할 수 있는 것일까? 그렇지 않음은 물론이다. 여기서 또다시 구조주의적 관념은 특수하게 명료한 방식으로 사회적인 것에 대한 관계를 소멸시킨다. 즉 생산의 장소와 신화의 발명을 생략하면서, 사회를 생략하면서, 신화들 서로 간의 관계가 단번에 특권화 되는 것이다. 신화들이 서로들 사이에서 사고한다는 것, 그들의 **구조**가 분석될 수 있다는 것은 확실하다. 레비스트로스는 그 증거를 탁월하게 제시한다. 하지만 그것은 어떤 의미에선 부차적인 것이다. 왜냐하면 신화들은 그것들 속에서 사고되는 사회를 우선 사고하고, 또 그것이 바로 그것들의 기능이기 때문이다. 신화는 자기 자신에 대한 원시사회의 담화를 구성하며, 구조적 분석이 자신의 한계로 인해 당연히 고려하기를 회피하는 사회-정치적 차원을 포괄한다. 구조주의는 신화들을 사회로부터 분리시킨다는 조건하에서만, 신화들을 그들의 발생 공간에서 멀리 떨어져 가볍게 날아다니는 상태에서 포착한다는 조건하에서만 작동한다. 바로 이 때문에 구조주의에서는 원시적 사회생활의 특권적 경험인 의례가 결코 다루어지지 않는다. 의례적인 것보다 더 집합적인 것, 더 사회적인 것이 있을 수 있을까? 의례는 신화와 사회 사이를 종교적으로 매개해 준다. 하지만 구조적 분석에 있어서의 난점은 의례들이 그것들 사이에서 서로 사고하지 않는다는 점이다. 따라서 의례들을 사고하는 것은 불가능해지고, 의례가 추방됨과 더불어 사회도 추방된다.

우리가 구조주의를 그 정점(레비스트로스의 저술)을 통해 접근하고, 또 그 정점을 두 가지 주된 축(친족 분석과 신화 분석)을 통해 고려할 때, 한 가지가 확인된다. 이 확인은 부재의 확인이다. 매우 풍요로운 이 고급스런 담화는 사회에 대해 말하지 않는다는 것이다. 신 없는 신학으로서의 구조주의는 바로 그러하다. 구조주의는 사회 없는 사회학이기도 하다.

인간 과학들의 강력한 부상과 결합하여 연구자들과 학생들 사이에 강력하고도 정당한 요구가 생겨난다. 사회에 대해 말하고 싶다는, 사회에 대해 말해 달라는 요구가 그것이다. 그리하여 장면이 바뀐다. 정중하게 쫓겨난 구조주의자들의 차가운 미뉴에트 대신에 마르크스주의자들(그들은 스스로를 이렇게 부른다)의 새로운 발레가 등장한다. 마르크스주의자들은 오베르뉴 지방의 건강한 댄스를 추고, 그들의 징 박힌 커다란 나막신으로 연구의 대지를 쾅쾅 두드린다. 그리고 여러 가지 이유(과학적이 아니라 정치적인)로 수많은 관중들은 박수를 보낸다. 사실상 사회와 역사에 대한 이론으로서 마르크스주의는 그 본성상 자신의 담화를 원시사회의 장(場)에까지 확장하도록 되어 있다. 게다가 마르크스주의적 독트린의 논리는 어떠한 유형의 사회도 무시하지 않도록 되어 있다. 그 본성에 따라 마르크스주의는 역사를 구획하는 모든 사회구성체들에 대한 진리를 말하려 한다. 그렇기 때문에 전체적인 마르크스주의적 담화에는 원시사회에 대한 이미 준비된 담화가 내재되어 있는 것이다.

마르크스주의적 민족학자들은 칙칙한, 그러나 많은 사람들이 가입한, 하나의 밀집 군단을 이룬다. 우리가 이 규율화 된 몸체에서 독창적 정신을 가진, 눈에 띄는 개인성을 발견하려 해봤자 헛일이다. 동일한 독트린의 독실한 신도들인 그들은 동일한 신앙을 고백하고 동일한 신조를 읊조린다. 별로 천사 같지 않은 이 합창단이 노래하는 성가(聖歌)의 가사 한 마디 한 마디가 자신의 이웃에 의해 정통적인 방식대로 지켜지는지를 각자가 감시하면서 말이다. 그러나 그럼에도 여러 경향들이 그 속에서, 믿기지 않지만, 강력하게 충돌한다. 사실상 그들 각자는 남들을 사이비 마르크스주의적 사기꾼으로 취급하느라 시간을 다 보낸다. 각자는 자신의 것이 도그마에 대한 올바른 해석이라고 주장하는 것이다. 당연히 나는 누가 정통 마르크스주의자인지 가려낼 자격도 없다(그들이 서로 알아서 가려내길!). 그러나 반대로 나는 그들 사이의 분파적 논쟁이 자신들의 교구만을 휘저을 뿐이며, 그들 중 누구의 마르크스주의가 다른 자의 마르크스주의자보다 더 값나가는 것도 아니라는 것을 드러내려 한다(이는 즐거움이 아니라 의무이다).

메이야수(Meillassoux)의 예를 들어 보자. 사람들은 그가 마르크스주의 인류학의 사고하는(사고하는!) 두뇌들 가운데 하나라고 한다. 그의 경우 우리는 고통스런 노고를 면제받는데, 아들러(A. Adler)가 벌써 메이야수의 최근 저서에 대해 세밀한 분석을 행했기 때문이다.[2] 독자들은 이 저서와 아들러의 비판을 참조하기 바란다. 아들러의 작업은 진지하고 압축적이며 매우 주의 깊다(아들러는 메이야수와 마찬가지로 — 또는 차라리 그와는 다르게 — 아프리카 전문가이다). 마르크스주의 사상가는 이처럼 성실한 독자가 있다는 데 대해 자긍심을 느껴야 할 것이며, 그에게 감사해야 할 것이다. 그러나 그렇지가 않았다. 아들러의 매우 합리적인 반박(우리가 기대하는 것처럼 저자의 작업을 붕괴시키는)에 대해 메이야수는 쉽게 요약할 수 있는 단 하나의 답변을 제출한다.[3] 즉 마르크스주의 인류학에 동의하지 않는 자는 피노체트와 같은 편이라는 것이다. 이런 식이다(Cékomça). 그의 답변은 간략하지만, 명확하다. 사람들은 독트린의 오만한 수호자가 될 때, 뉘앙스를 경멸하게 된다. 그는 일종의 근본주의자이고, 그 안에는 르페브르 주교(Monseigneur Lefebvre)가 자리 잡고 있다. 메이야수는 르페브르 주교와 마찬가지의 편협한 광신, 르페브르 주교와 똑같은 회의에 대한 치유할 수 없는 알레르기를 갖고 있다. 그들은 비공격적인 꼭두각시가 되는 것이지만, 꼭두각시가 권력을 가지면 위험해진다. 비신스키(Vishinsky)처럼 말이다. 그리고 불신자들은 집단 수용소로 보내진다. 거기에서 사람들은 생산관계가 원시적 사회생활을 지배한다는 것을 의문에 부치게 될 것이다.

---

2. C. Meillassoux, *Femmes, Greniers et Capitaux*, Maspero, 1976. 그리고 A. Adler, "L'ethnologie marxiste: vers un nouvel obscurantisme?," *L'Homme*, XVI(4), 118-128쪽.

3 C. Meillassoux, "Sur deux critique de *Femmes, Greniers et Capitaux* ou Fahrenheit 450, 5," *L'Homme*, XVII(1), 123-128쪽.

하지만 메이야수만 있는 것은 아니다. 메이야수가 인류학적 마르크스주의를 독점하고 있는 것처럼 말하면 다른 사람들이 섭섭할 것이다. 그러니 공평하게 메이야수의 동료들에게도 자리를 내주자. 예컨대 고들리에(Godelier)에게 말이다.

그는 마르크스주의 사상가로 상당한 명성을 (투르농Tournon가[파리 6구역의 거리]의 아래 구역에서) 획득했다. 그의 마르크스주의는 주의를 끄는데, 메이야수의 마르크스주의보다 덜 거칠고 더 보편적으로 보이기 때문이다. 고들리에에게는 급진-사회주의적인 면모가 있다(겉은 빨갛고 안은 하얀). 그는 기회주의자일까? 그렇다면 별것 아니군! 그는 사고(思考)의 선수(選手)이다. 그는 구조주의와 마르크스주의의 종합을 시도한다. 그가 마르크스에게서 레비스트로스로 도약하는 것을 보아야만 한다. (도약하기! 마치 어린 새처럼. 이는 코끼리가 길을 벗어나는 것이다.)

그의 최근의 책을 뒤적여 보자.[4] 특히 제2판 서문을. 별로 즐거움을 주는 일은 아니지만 말이다. 사실상 문체란 그 사람 자체이다. 그 사람은 프루스트적이지는 않다(이 소년은 프랑스 학술원을 넘보지 않는다). 한마디로 말해, 이 서문의 결론은 다소간 혼란스럽다. 고들리에는 설명하기를, 르포르(Lefort)와 나 자신이 라 보에시에 대한 우리의 작업에서 국가의 기원 문제를 제기했다고 하고(그러나 전혀 그것이 아니었다), 들뢰즈와 가타리가 『앙티 오이디푸스』에서 이 문제에 답변을 했는데 그 답변은 "어쩌면 클라스트르로부터 고취된 것"(25쪽, 주3)이라고 한다. 이해하도록 해보자. 어쨌거나 고들리에는 정직하다. 자신이 읽은 것을 하나도 이해 못했다고 인정하기 때문이다(그는 인용문들에 감탄부호와 의문부호를 마구 찍어 놓는다). 그는 욕망의 범주를 좋아하지 않는데, 그에게 익숙하지 않기 때문이다. 르포르와 내가 욕망의 개념으로 뜻하는 것이 들뢰즈와 가

---

4. M. Godelier, *Horizon, trajets marxistes en anthropologie*, 제2판, Maspero, 1977.

타리의 용법과 완전히 다른 것임을 설명하기 위해 시간을 버릴 필요는 없다. 고들리에는 이해하지 못할 것이므로 말이다. 지나치자. 어쨌거나 고들리에는 욕망에 대한 사유를 의심스럽게 바라보는데, 부르주아지가 그러한 사유들에 대해 박수를 치기 때문이다. 그는 부르주아들이 "박수를 치는 유일한 자들이도록 하기 위해" 할 수 있는 모든 것을 다한다.

고들리에에게 박수를 치는 것은 프롤레타리아이다. 그의 자랑스런 담화에 대해 빌랑쿠르(Billancourt)[파리 근교의 산업 도시]에서 열렬히 박수를 보낸다. 이러한 금욕적 단절에는 감동스러운(그리고 뜻밖의) 그 무엇이 있음을 인정하자. 그는 부르주아들의 대학을 포기했고, 그의 허영과 경력과 저술과 승진을 포기했다. 그는 인간 과학들의 사도 바울이다. 아멘. 하지만 독자는 인내해야 한다. 이 둔재는 언제나 우둔한 말만을 할 것인가? 그는 혹시 자기만의 생각을 가지고 있을지도 모른다. 그러나 이 숨막히는 마르크스주의적 수사학 속에서 고들리에의 생각을 찾아내는 것은 매우 어렵다. 마르크스로부터의 인용을 제외하고, 누구나가 긴장감이 없어졌을 때 저지르는 하찮은 것들을 제외하면, 별로 남는 것이 없다.

하지만 제1판 머리말에서, 그리고 제2판 서문에서 우리의 낯 두꺼운 자는 상당한 노력을 경주한다(그러니 결핍된 것은 선한 의지가 아니다). 진정한 "순례 여행"을 위해 배에 오른 자칭 대담한 이 항해사는 개념들의 바다를 건넌다. 그는 무엇을 발견했을까? 예컨대 그가 발견하는 것은, 원시사회들의 표상들(종교, 신화 등등)은 이데올로기의 장에 속한다는 것이다. 하지만 여기서 그의 발견을 비판하기 위해서는 (고들리에와는 다른 식으로) 마르크스주의자인 것으로, 마르크스의 텍스트에 충실한 것으로 충분하다. 마르크스에게 있어서 이데올로기란 무엇일까? 그것은 분화된 사회가, 사회 갈등을 중심으로 구조화된 사회가 자기 자신에 대해 행하는 담화이다. 이 담화의 임무는 분화와 갈등을 숨기고 사회적 동질성의 외양을 제시하는 것이다. 한마디로 말해 이데올로기란 거짓말이다. 이데올로기가 존재하기 위해서는, 적어도 사회분화가 존재해야 한다. 하지만 고들리에는 그것을 모르고 있다. 마르크스가 말한 의미의 이데올로기는 16세기에 나타난 현대적 현상으로, 현대 민주주의 국가의 발생과 동시대적임을 고들리에가 어찌 알 수 있었을까? 고들리에의 두뇌를 채우고 있는 것은 역사적 지식이 아니다. 그에게는 종교와 신화도 이데올로기인 것이다. 틀림없이 그는 관념들 자체를 이데올로기로 간주한다. 그리고 그는 다른 사람들도 모두 자기 같다고 생각한다. 하지만 종교가 이데올로기인 것은 원시사회에서가 아니라, 고들리에의 머릿속에서이다. 물론 그의 종교는 자신의 마르크스주의 이데올로기이겠지만 말이다. 원시사회, 즉 비분화된 사회, 계급 없는 사회와 관련하여 이데올로기를 말하는 것은 무슨 의미가 있을까? 그 성격상 원시사회는 근원적으로 그러한 담화의 가능성을 배제한다면? 그 의미는 고들리에가 마르크스를 제멋대로 취급한다는 것이며, 또 원시사회가 무엇인지를 하나도 이해하지 못했다는 것이다. 마르크스주의자도 아니고 민족학자도 아닌 자의 능란한 솜씨!

원시종교를 이데올로기로 간주하는 그의 논리를 밀고 나가면, 신화는 야만인들의 아편이 될 것이다. 하지만 그를 재촉하지 말자. 그는 그가 할 수 있는 것을 할 뿐이며, 언젠가는 그렇게 말할 것이다. 하지만 그의 논리는 엉터리인 반면, 그의 어휘는 빈곤하다. 이 불굴의 산악인은 안데스 산맥의 진창 속을 걷기 위해 떠난다(21-22쪽). 거기서 그는 무엇을 발견할까? 그는 잉카의 지배 카스트와 피지배 농민 사이의 관계가 **불평등** 교환의 관계임을 발견한다(게다가 강조는 그가 한 것이다). 어디서 그는 이를 낚아 올렸을까? 지배자와 예속민 사이에는 불평등 교환이 있는 것일까? 그리고 자본가와 노동자 사이에도 틀림없이? 그것은 혹시 코포라티즘이라고 부르는 것이 아닐까? 고들리에와 살라자르(Salazar)는 같은 투쟁을 벌이고 있는 것일까? 누가 그것을 믿었을까! 이제 고들리에의 어휘를 풍부하게 해 주자. 불평등 교환은 간단히 말해서 도둑질이라고 불리는 것이며, 마르크스주의적 용어로는 착취이다. 자, 이것이 누군가가 동시에 구조주의자이면서(교환과 호혜성) 또 마르크스주의자이고자(불평등) 할 때 치러야 할 값이다. 즉 아무것도 아닌 것이 되어 버리는 것이다. 고들리에는 교환의 범주(원시사회, 즉 동등한 자들의 사회에만 타당한)를 계급으로 분화된 사회, 불평등에 토대해 구조화된 사회에 덧씌우려 한다. (그는 모든 것을 뒤섞고, 물론 반동적인 바보 같은 것을 쓴다.) 그는 여기서는 종교를 이데올로기 속에 쑤셔 넣고, 저기서는 교환을 불평등 속에 쑤셔 넣는다.

고들리에에게서는 모든 것이 응분의 자리를 갖는다. 이를테면 그는 오스트레일리아 사회들에 대해서도 관심을 가질까? 그는 늘상 그렇듯이 충만한 섬세함을 가지고서 오스트레일리아 사회들에서 "친족 관계는 그 자체가 생산관계이기도 하고, 경제구조를 구성한다"(9쪽, 강조하는 것은 언제나 고들리에이다)라고 말한다. 잠깐 멈추어 보자. 생산이 거기에 있다니! 엄밀히 말해, 그러한 명제에는 어떠한 내용도 없다. 어쩌면 그 명제는 생산관계가 친족들 사이에서 성립된다는 것을 뜻할 수도 있다. 누구와 더불어 생산관계가 성립된다는 것일까? 적들과 함께? 전쟁 때를 제외한다면, 모든 사회관계는 친족들 사이에서 성립한다. 어떤 신참 민족학자라도 이를 안다. 그러니 이는 흥밋거리가 될 수 없는 진부한 것이다. 하지만 마르크스주의자 고들리에가 우리에게 말해 주려 하는 것은 그것이 아니다. 그는 생산관계, 생산력, 생산력 발전이라는 마르크스주의적 범주들 — 그들이 입에 달고 다니는 이 고통스러운 교조적 언어 — 을 단번에 (그것들과 아무 관련이 없는) 원시사회 속으로 집어넣으려 한다. 구조주의에 달라붙으면서 말이다. 원시사회 = 친족 관계 = 생산관계. 바로 이처럼 말이다(Cékomça).

이에 대해 간략한 지적을 해 두자. 우선 생산의 범주에 대해서. 고들리에보다 더 능력 있고 주의 깊은(이는 어려운 일이 아니다) 원시사회의 전문가들인 미국의 마셜 살린스나 프랑스의 자크 리조 — 이들은 교리문답을 하지 않고 민족학을 한다 — 는, 원시사회가 반(反)생산 기계로 기능한다는 것, 가구적 생산양식은 언제나 자신의 능력 이하로 작동한다는 것, 생산에 대해 전혀 생각하지 않는 원시사회에서는 생산이 없기 때문에 생산관계도 없다는 것(살린스의 서문 참조)을 확립한다. 물론 고들리에는 성스러운 생산을 포기할 수 없다(고들리에의 마르크스주의와 메이야수의 마르크스주의는 그것이 그것이다. 그들은 Marx Brothers이다). 성스러운 생산을 포기한다면 그는 파산하고 실업자가 될 것이기 때문이다. 하지만 그럼에도 고들리에가 건강하지 않은 것은 아니다. 이 순박한 사람은 불도저의 우직함으로 민족지적 사실들을 깨부순다. 그를 살게 하는 독트린에 의거해서 말이다. 그러나 그는 "자기들에게 반대되는 모든 사실을 완전히 무시한다"라고 남들을 비난하는 뻔뻔스러움을 지니고 있다. 그는 자기가 무엇을 말하고 있는지 알 것이다. 이 원기완성한 자는.

그리고 친족에 대해서. 마르크스주의자는 비록 그가 구조주의자라 할지라도 친족 관계가 무엇인지 이해할 수 없다. 친족 관계는 무엇에 소용되는가? 고들리에에 따를 때, 친족을 만들어 내는 데 소용된다. 그렇다면 친족은 무엇에 소용이 될까? 결코 생산하기 위해서는 아니다. 그것은 새로운 질서에 이르기까지 **친족의 명칭을 지니고 다니는** 데 소용된다. (근친상간 금기가 아니라) 바로 이것이 원시사회에서 친족의 사회적 기능이다. 물론 나는 더 명확하게 말할 수 있다. 하지만 지금으로서는 친족에 내포된 **명명의 기능**이 원시사회의 모든 사회-정치적 존재를 규정한다는 것을 말해 두는 것으로 만족하려 한다(왜냐하면 약간의 유보가 최고의 효과를 생산하므로). 바로 거기에 친족과 사회 사이의 매듭이 존재한다. 우리는 다른 기회에 그 매듭을 풀 것이다. 고들리에가 이에 대해 무언가 더 말할 것이 있다면, 우리는 그에게 『리브르(Libre)』지의 정기 구독권을 공짜로 제공할 것이다.

고들리에의 이 서문은 꽃다발이다. 제일 우아한 꽃들이 그 꽃다발을 이룬다. 예술가의 작업이다. 그 최종의 꽃을 따 보자. "많은 자들이 이를 모르고 있는데, 신분, 카스트, 계급으로, 착취자와 피착취자로 분화되었으면서도 **국가를 갖지 않았던** 수많은 사회들이 존재했고 또 아직도 존재한다." 그러나 그는 왜, 그 중요성에도 불구하고, 도대체 어떤 구체적 사회들에 근거해서 이 말을 하는지를 말하지 않을까? 그는 숨기는 것을 좋아한다. 어쨌거나 그는, 국가 없는 사회분화를 사고할 수 있다는 것, 지배자와 피지배자 사이의 분화가 반드시 국가를 전제하는 것은 아니라는 것을 명백히 말하고 싶어 한다. 그렇다면 도대체 고들리에에게 국가란 어떠한 것일까? 물론 정부 부처들, 엘리제 대통령궁, 백악관, 크렘린이 그것이다. 매우 호감이 간다. 수도에 올라온 시골 사람의 순박함이다. 결단코 I like it. 그러나 잠시 멈춰 보자. 고들리에는 가장 핵심적인 단 하나의 사실(마르크스주의자들이 국가 장치를 통제할 때 잊지 않으려고 노력하는)을 잊고 있다. 즉 국가는 권력 행사라는 사실을 말이다.

우리는 국가 없는 권력을 사고할 수 없고, 권력 없는 국가를 사고할 수 없다. 달리 말해서, 사회의 한 부분이 나머지 부분에 대해 실질적인 권력 행사를 하는 곳에서 우리는 분화된 사회, 즉 국가를 갖춘 사회를 만나게 된다는 것이다(비록 전제자의 [?][5]이 매우 강력하지는 않더라도). 지배자와 피지배자로의 사회의 분화는 철저하게 정치적이며, 사람들을 권

---

5. 서두의 각주에서는 초고에서 읽을 수 없는 부분은 공란으로 남겨두었다고 했는데, 실제로는 이처럼 [?]로 표시되어 있다 — 옮긴이.

력을 가진 지배자와 권력에의 예속민으로 나눈다. 경제, 공납, 빚, 소외된 노동이 권력의 축에 따른 정치적 분화의 기호이자 효과로 나타난다는 것은 내가 이미 다른 곳에서 충분히 드러냈다(고들리에도 예컨대 22쪽에서 그 덕을 보고 있는데, 하지만 나를 인용하지는 않고 있다. 너절한 놈…[6] 칸트가 말했듯이, 빚을 갚는 것을 좋아하지 않는 사람들이 있다). 원시사회가 분화되지 않은 것은 정치권력의 분리된 기관이 없기 때문이다. 사회분화는 우선 사회와 권력의 [?] 기관 사이의 분화를 거친다. 따라서 원시적이지 않은(즉 분화된) 모든 사회는 정도의 차이는 갖지만 국가의 형상을 내포한다.

지배자들이 있는 곳, 그들에게 공납을 바치는 예속민들이 있는 곳, 빚이 있는 곳에는 권력이 존재하고 국가가 존재한다. 물론 폴리네시아나 아프리카 또는 다른 곳의 왕권에 의해 체현된 국가의 최소화된 형상과 국가의 가장 국가적인 형태들(인구 분포, 도시 현상, 노동 분업, 글쓰기 등과 복합적으로 결합된) 사이에는, 행사되는 권력의 강도, 감내해야 하는 억압의 강도에 있어서 수많은 등급이 존재한다. 그 최고의 등급은 국가권력이 전체적이고 억압이 절대적인 파시스트적 권력 유형과 공산주의적 권력 유형이다. 하지만 다음과 같은, 환원 불가능한, 핵심적 사실은 그대로이다. 즉 국가의 부재 없이는 비분화된 사회를 사고할 수 없듯이, 국가의 존재 없이는 분화된 사회를 사고할 수 없다는 것이다. 불평등, 사회분화, 계급, 지배의 기원에 대해 성찰하는 것은, 경제나 생산의 장에서가 아니라 정치, 권력, 국가의 장에서 사고하는 것이다. 경제는 정치로부터 발생하고, 생산관계는 권력관계로부터 발생하며, 국가는 계급을 발생시킨다.

---

6. 이 텍스트는 미발표 초고이기 때문에 이처럼 심한 표현들이 간간이 눈에 띈다. 하지만 클라스트르가 살아서 이 글을 교정 볼 수 있었다면 이러한 지나친 표현들을 완곡하게 가다듬었을 것이다 ─ 옮긴이.

이제 어릿광대를 구경하였으니, 중요한 문제를 다루어 보자. 나는 이 글을 시작하면서 마르크스주의적 민족학의 근본적 무가치성에 대해 말했다(독자들은 메이야수와 고들리에 그리고 그들의 동료들의 저술들을 읽어 보라. 도움이 될 것이다). 근본적이라는 것은 출발점에서부터 그렇다는 것이다. 왜냐하면 그러한 담화는 (진리를 추구하는) 과학적 담화가 아니라 (정치적 유효성을 추구하는) 순전히 이데올로기적 담화이기 때문이다. 보다 사태를 명백히 파악하기 위해서는 우선 마르크스의 사상과 마르크스주의 사이에 구분을 행하는 것이 필요하다. 마르크스는 바쿠닌과 더불어 마르크스주의에 대한 최초의 비판자이다. 마르크스의 사상은 자기 시대의 사회와 그 사회를 만들어 낸 역사에 대해 사고하려는 (어떤 때는 성공하고 어떤 때는 실패한) 웅대한 시도이다. 오늘날의 마르크스주의는 정치에 봉사하는 이데올로기이다. 그러니 마르크스주의자들은 마르크스와는 아무런 관계도 없다. 그들도 남들에 앞서 이를 인정할 것이다. 고들리에와 메이야수는 서로를 사이비-마르크스주의적 사기꾼으로 취급하고 있지 않은가? 그것은 맞는 말이다. 나는 이들에게 동의한다. 그들 각자는 서로 옳다. 뻔뻔스럽게도 이들은 자신들의 상품을 더 많이 팔아먹기 위해 마르크스의 수염 속으로 피신한다. 거짓 광고의 좋은 예이다. 하지만 마르크스의 명예를 더럽히기 위해서는 [?]가 하나 더 필요할 것이다.

마르크스 이후의 마르크스주의는 노동운동의 지배적 이데올로기이면서도 노동운동의 주된 적이 되었고, 19세기가 생산해 낸 가장 바보스러운 것인 과학주의의 가장 거만한 형태를 이루었다. 달리 말해 오늘날의 마르크스주의는 스스로를 역사와 사회에 대한 배타적인 과학적 담화로 정립한다. 역사적 운동의 법칙들, 서로를 잇는 사회들의 변형의 법칙들에 대한 담화가 그것이다. 따라서 마르크스주의는 모든 형태의 사회에 대해 다 말할 수 있는데, 왜냐하면 그 기능 원리를 미리 알고 있기 때문이다. 하지만 그것이 다가 아니다. 마르크스주의는 가능하거나 실재하는 모든 유형의 사회에 대해 **말해야만 한다**. 마르크스주의가 발견한 법칙들은 보편적이어서 어떠한 예외도 있을 수 없기 때문이다. 만약 예외가 있다면 독트린 전체가 무너질 것이므로 말이다. 그리하여 그 담화의 정합성뿐만 아니라 그 존재 자체를 유지하기 위해서 마르크스주의는 원시사회에 대한 마르크스주의적 관념을 정식화하고, 마르크스주의 인류학을 구성해야 하는 것이다. 그렇지 않다면, 역사에 대한 마르크스주의 이론은 없을 것이고, 단지 마르크스라는 이름을 가진 자에 의해 수행된 특수한 사회(19세기 자본주의)에 대한 분석만이 있을 것이기 때문이다.

하지만 마르크스주의자들은 마르크스주의의 함정에 빠진다. 즉 그들은 선택의 여지가 없는 것이다. 그들은 원시사회의 사실들을 다른 사회구성체들을 지배하는 작동과 변형의 규칙들에 종속시킬 수밖에 없다. 역사의 법칙들이 있다면, 그 법칙들은 역사의 시작(원시사회)과 그 이후의 전개에 공히 타당해야 하는 것이다. 따라서 단 하나의 무게가 있고, 단 하나의 척도가 있는 것이다. 사회적 사실들에 대한 마르크스주의적 척도란 무엇인가? **경제**가 그것이다.[7] 마르크스주의는 경제주의이다. 즉 마르크스주의는 사회적 몸체를 경제적 하부구조 위에 세우고, 사회적인 것은 경제적인 것이 되어 버린다. 바로 그래서 마르크스주의적 인류학자들은 원시적인 사회적 몸체에다가 다른 곳에서 작동하는 것들을 덮어씌운다. 생산, 생산관계, 생산력 발전, 착취 등의 범주가 그것이다. 아들러가 말했듯이, 핀셋으로 집어내기이다. 그리하여 연장자는 연소자를 착취하고

---

7. 이 점에 있어서 마르크스주의의 뿌리는 마르크스에게 있다. 이와 관련해 마르크스를 마르크스주의로부터 구출하려는 것은 가소로운 일이다. 결국 마르크스는 『자본론』에서 다음과 같이 쓰지 않았던가?: [초고에 인용문이 누락되어 있다].

(메이야수) 친족 관계는 생산관계가 된다(고들리에).

이런 음탕한 노래책을 다시 훑어볼 필요는 없다. 차라리 마르크스주의적 인류학자들의 투쟁적 몽매주의(蒙昧主義, obscurantisme)를 드러내 보자. 그들은 파렴치하게 사실들을 거래하며 짓밟고 분쇄하여 거의 아무것도 남겨 놓지 않는다. 그들은 그들의 담화의 이데올로기로 사회적 사실들의 현실을 대체한다. 메이야수, 고들리에 그리고 그들의 동료들은 과연 누구인가? 그들은 인간 과학의 리센코(Lyssenko)[변증법적 유물론을 생물학에 적용한 소련 학자]들이다. 그들의 이데올로기적 열광, 민족학을 황폐화시키려는 그들의 의지는 어디까지 갈까? 끝까지, 고유한 사회로서, 독립된 사회적 존재로서 원시사회를 아예 완전히 없애 버리는 데까지 갈 것이다. 마르크스주의적 담화의 논리 속에서 원시사회는 존재하지 않는다. 원시사회는 자율적 존재에의 권리를 갖지 못한다. 원시사회의 존재는 단지 그 다음에 올 것에 의해, 그 필연적 미래에 의해 규정될 뿐이기 때문이다. 마르크스주의자들에게 원시사회란 그들이 현학적으로 얘기하듯이 전(前)자본주의적 사회들일 뿐이다. 바로 그것이 수만 년 동안 존재했던 모든 인류 사회의 조직 양식이다. 그러나 마르크스주의자들에게는 [?]. 그들에게 원시사회는 18세기 말에 나타난 사회의 형상, 즉 자본주의에 토대해서만 가늠되는 것이다. 자본주의 이전에는 그 어떤 것도 중요하지 않다. 모든 것은 전자본주의적인 것일 따름이다. 이 빌어먹을 놈들은 복잡한 것을 싫어한다. 마르크스주의자인 것은 매우 편안한 것이다. 모든 것은 자본주의로부터 설명되는데, 왜냐하면 그들이 자본주의에 대해 훌륭한 독트린을 가지고 있기 때문이다. 자본주의 사회를 열어 주는 이 열쇠는 그러나 모든 역사적 사회구성체들에 대해서도 열쇠 구실을 한다. 그리하여 마르크스주의 일반에 있어서 사회를 [가늠해 주는] 것은 경제이며, 더욱 멀리 나가 있는 민족-마르크스주의자들에게 있어서 원시사회를 가늠해 주는 것은 자본주의 사회이다. 이런 식이다(Cékomça). 그러나 약간의 피로 때문에 후퇴하지 않는 자는 몽테뉴, 라 보에시, 루소 식으로 질문을 던지고, 나중에 오는 것을 앞선 것에 의해 판단한다. 포스트-원시사회는 어떤 사회인가, 왜 불평등, 사회분화, 분리된 권력, 국가가 생겨나는가, 라는 식으로 말이다.

하지만 우리는 자문한다. 어떻게 그처럼 삐뚤어진 일들이 일어날 수 있는지를. 이제 마르크스주의적 인류학은 얼마 전부터 퇴조하고 있지만 아직도 고객들을 끌어들이고 있다. 우리가 최소한으로 말할 수 있는 것은, 이 고객들(그러한 마르크스주의의 청중들과 독자들)이 그들이 소비하는 생산품의 질에 대해 그다지 엄격하지 않다는 것이다. 어쩔 수 없는 일이다. 그들이 그 수프를 좋아한다면 그것을 먹는 수밖에. 하지만 그처럼 방치하는 것은 매우 잔인하고 또 너무 간단한 것이다. 우리는 민족-마르크스주의자들의 작업을 폭로하면서 몇몇 중독자들이 백치의 상태에서 죽어 가지 않도록 도와줄 수 있을 것이다(그들의 마르크스주의는 빈곤한 정신의 아편이다). 그러나 메이야수나 고들리에 같은 자들의 무가치성을 부각시키는 것에만 골몰하는 것은 매우 가볍고도 무책임한 일이다. 그들의 생산물은 아무 가치가 없다. 이는 확실하다. 하지만 그것을 과소평가해서는 안 된다. 그들의 담화의 텅 비어 있음은 사실상 그들의 담화에 가득 차 있는 것을 은폐한다. 즉 권력 장악의 이데올로기를 전파하는 능력이 바로 그것이다. 오늘날 프랑스 사회에서 대학은 중요한 위치를 차지하고 있다. 현행 마르크스주의라는 이 정치적 이데올로기는 특히 인간 과학 분야를 중심으로(수학이나 생물학에서 마르크스주의자가 되는 것은 더 어려우므로) 대학에서 지배적 이데올로기로 자리 잡으려 시도한다.

이 전반적 배치 속에서 우리 민족-마르크스주의자들은 약소한 위치를 차지하지만, 결코 무시할 수 있는 것은 아니다. 정치적 노동 분업이 존재하고, 그들은 집단적 기획 속에서 자신의 역할을 완수한다. 즉 그들의 공통적 이데올로기의 승리를 확보해 내는 것이 그것이다. 제기랄! 그들은 스탈린주의자들, 관료 지망자들이 아닐까? 어쩌면… 어쨌거나 이 사실은 이미 보았듯이 그들이 원시사회들을 경멸하는 이유를 설명해 준다. 그들에게 원시사회들이란 단지 그들의 차가운 이데올로기, 그들의 교조주의적 언어를 전파하기 위한 구실에 불과하다. 따라서 관건은 그들의 우스운 짓거리를 조롱하는 것보다는, 이데올로기적 차원에서의 정치적 대립이라는, 그들이 위치한 실제의 장소에서 그들을 쫓아내는 것이다. 스탈린주의자들을 권력을 장악하려는 다른 모든 자들과 동일하게 여겨서는 안 된다. 그들이 추구하는 것은 전체적 권력이다. 그들이 꿈꾸는 국가는 전체주의적 국가이다. 파시스트들처럼 지성과 자유의 적들인 그들은, 전체적 권력의 행사를 정당화하기 위해 그들이 전체적 지식을 가지고 있다고 주장한다. 살인자들이 마르크스주의자들이라는 이유로 캄보디아와 에티오피아에서의 살인에 대해 박수를 치는 자들을 우리는 경계해야 한다. 언젠가 아민 다다(Amin Dada)가 스스로를 마르크스주의자라고 한다면, 그들은 "다다 만세!"라고 외칠 것이다.

이제 기다리면서 귀를 기울여 보자. 어쩌면 뇌룡(雷龍, brontosaures)들이 울 것이다.

제11장
폭력의 고고학
원시사회들에서의 전쟁[1]

　몇 십 년 전부터 원시사회들을 묘사하고 그들의 작동 양식을 이해하려는 수많은 민족지적 문헌들이 쌓여 왔다. 그 가운데 (드물게) 폭력의 문제를 다루는 것이 있었다면, 그것들은 주로 원시사회들이 얼마만큼이나 폭력을 통제하고 코드화 하고 의례화 하려고 노력하는지, 즉 폭력을 줄여 나가고 또 아예 없애 버리려 노력하는지를 드러내기 위한 것이었다. 원시사회들이 얼마나 폭력을 두려워하는지를 드러내고 또 결국은 원시사회들이 폭력에 반대하는 사회임을 확립하기 위해 폭력이 언급되었던 것이다. 따라서 오늘날 민족학 연구의 장(場)에서 가장 과격하고 가장 집단적이며 가장 순수하고 가장 사회적인 형태의 폭력, 즉 전쟁에 대한 일반적 성찰을 거의 찾아보기 힘든 것은 놀라운 일이 아니다. 그래서 민족학적 담화를 받아들인다면, 아니 차라리 원시 전쟁에 대한 담화의 부재를 받아들인다면, 호기심 많은 독자나 사회과학자들은 정당하게도 다음과 같이 결론지을 수 있겠다. (부차적인 일화들을 제외하고는) "야

---

1. *Libre*, n° 1, Payot, 1977, 137-173쪽에 실렸다.

만인들"의 사회생활의 지평에는 폭력이 존재하지 않고, 원시사회의 존재는 무기를 든 싸움의 외부에서 전개되며, 전쟁은 원시사회의 정상적이고 일상적인 작동에 속하지 않는다고 말이다. 즉 전쟁은 민족학적 담화에서 제외되어 있고, 전쟁을 사고하지 않고도 원시사회를 사고할 수 있다는 것이다. 관건은 이러한 과학적 담화가 원시사회의 진실을 말해 주고 있는지 확인하는 것이다. 그러니 잠시 동안 민족학적 담화에서 말하는 것을 듣지 말고, 관계되는 현실에 주의를 기울여 보자.

알다시피 서양인들로 하여금 그들이 "야만인"이라고 명명할 사람들과 최초로 만날 수 있도록 해 준 것은 아메리카의 발견이다. 유럽인들은 그들이 여태까지 알아 왔던 것과는 근본적으로 다른 사회 형태와 처음으로 마주쳤던 것이고, 사회의 존재에 대한 그들의 전통적 표상 속에서는 찾아볼 수 없던 사회 현실을 사고해야만 했다. 달리 말해 "야만인들"의 세계는 유럽인들의 사고로는 문자 그대로 사고 불가능했던 것이다. 우리는 지금 여기에서 이 진정한 인식론적 불가능성의 이유들을 세밀하게 분석할 수는 없다. 그 이유들은 인간 사회의 존재와 당위에 대한 모든 서구 문명사에 내재하는 확실성, 정치와 폴리스에 대한 유럽 사상사의 그리스적 새벽에서부터 ─ 헤라클레이토스의 단편적 작품들 속에서 ─ 표현된 확실성에서 찾아진다. 즉 사회에 대한 그러한 표상은 사회에 외재하는 일자(一者, l'Un)의 표상 속에서, 정치적 공간의 위계적 배치 속에서, 지배자, 왕 또는 전제자의 명령 기능 속에서 체현된다. 지배자와 예속민들로 분화된 사회만이 존재한다는 것이다. 이러한 사회관으로부터 분화가 부재하는 인간 집단은 사회로 간주될 수 없다는 관념이 도출된다. 하지만 신세계의 발견자들이 대서양 연안에서 맞닥뜨려야 했던 자들은 어떤 자들이었을까? 16세기 연대기 작가들에 따를 때 "신앙도, 법도, 왕도 없는 사람들"이 그들이다. 그 원인은 다음과 같이 설명되었다.

그 사람들은 아직 사회의 상태에 이르지 못한 자연의 상태에 있다고. 브라질 인디언에 대한 이러한 설명은 거의 만장일치를 이루었고, 다만 몽테뉴와 라 보에시만이 예외였다.

하지만 야만인들의 풍속을 묘사하는 데 있어서는 완벽한 만장일치가 이루어졌다. 16세기부터 세계의 정복이 끝난 최근까지 탐험가들과 선교사들, 상인들과 지식인 여행자들은 한 가지 점에서 일치했다. 즉 (알래스카로부터 티에라델푸에고에 이르기까지의) 아메리카 인디언들이건 아프리카인이건, 초원의 시베리아인이건 멜라네시아의 섬사람들이건, 오스트레일리아 사막의 유목민들이건 뉴기니 정글의 정주(定住) 농경민이건 간에, 원시민족들은 언제나 열정적으로 전쟁을 행한다는 것이다. 즉 유럽 관찰자들에게 예외 없이 충격을 준 것은 원시 민족들의 특별히 호전적인 성격이다. 연대기, 여행기, 신부와 목사, 군인과 상인 들의 보고서와 같은 엄청난 양의 문서 자료들을 통해 무엇보다 먼저 드러나는 것은, 무한히 다양한 문화들이 제공하는 가장 명백한 이미지, 즉 전사(戰士)로서의 이미지이다. 이 이미지는 제법 압도적인 것이기 때문에 다음과 같은 사회학적 확증을 도출시키기에 충분하다. 원시사회들은 폭력적 사회라는 확증, 원시사회들의 존재는 전쟁을-위한-존재(être-pour-la-guerre)라는 확증이 그것이다.

바로 그것이 토착 부족들 속에서 수년간 같이 생활하기도 했던 많은 직접적 증인들이 모든 기후대에 걸쳐서, 그리고 수 세기에 걸쳐서 받아들인 인상이다. 상이한 지역과 시대의 민족들에 대해 내려진 그러한 판단의 총목록을 작성하는 일은 쉬운 일이면서도 불필요한 일일 것이다. "야만인들"의 공격적 성향은 언제나 엄격하게 판단되었다. 이웃과의 전쟁, 패배의 복수, 승리의 축하에 골몰해 있는 이들을 어떻게 기독교화 하고 문명화 하고 또 노동과 상업의 가치를 가르칠 것인가? 사실상 16세기 중반 브라질 연안 지방의 투피(Tupi) 인디언에 대한 프랑스와 포르투갈 선교사의 의견은 미래의 모든 담화들을 선취(先取)하고 또 압축해 준다. 즉 이 부족들이 서로에 대해 자행하는 부단한 전쟁만 없었다면, 이 지역은 인구 과밀이 되었으리라는 것이다.

결국 사회 이론가들의 주의를 가장 먼저 끌었던 것은 원시 민족들의 생활에서 겉으로 드러나는 전쟁의 지배적 성격이다. 토머스 홉스는 자신이 국가 사회와 동일화한 사회의 상태를 **자연적 조건**에서 인간의 현실적이기보다는 논리적인 형상에 대립시킨다. 이때 자연적 조건에서의 인간이란 "모두를 존중하는 공통된 권력 아래에서" 사회생활을 하기 이전 상태의 인간이다. 그렇다면 인간의 자연적 조건을 특징지어 주는 것은 어떤 것일까? 그것은 "만인에 대한 만인의 전쟁"이다.

하지만 사람들은 다음과 같이 말할 것이다. 추상적 인간들 서로를 대립시키는 그러한 전쟁은 시민사회의 사상가가 자신의 주장을 정당화하기 위해 창조한 것으로, 원시사회의 전쟁의 경험적·민족지적 현실과는 아무 관련이 없다고. 그럴 수도 있다. 그러나 홉스 자신은 자신의 추론을 구체적 현실에 준거하여 예시할 수 있다고 믿었다. 인간의 자연적 조건은 철학자의 추상적 구성물이 아니라 새롭게 발견된 인류에게서 관찰할 수 있는 실질적 운명이라고 말이다. 그는 다음과 같이 말한다. "사람들은 어쩌면 그러한 시대나 그러한 전쟁 상태는 결코 존재하지 않았다고 생각할 것이다. 물론 세계 전체에서 일반적으로 그러한 상태가 존재한 것은 아니었을 것이다. 그러나 지금도 사람들이 그러한 방식으로 살고 있는 장소들이 많다. 사실상 아메리카 대륙의 여러 곳에서 야만인들은 그 화합이 자연적 탐욕에 달려 있는 소가족들의 정부(政府, gouvernement)를 제외하고는 전혀 정부라는 것을 알지 못한다. 내가 앞서 말했듯이, 이들은 오늘날에도 거의 동물적 방식으로 살고 있다."[2] 게

---

2. Hobbes, *Léviathan*, Ed. Sirey, 125쪽.

다가 우리는 "야만인들"을 아주 자연스럽게 경멸하는 홉스의 관점에 대해 전혀 놀랄 것이 없다. 왜냐하면 그러한 관점은 그 시대의 것이기 때문이다(그러나 몽테뉴와 라 보에시는 그것을 거부한다). 즉 정부나 국가가 없는 사회는 사회가 아니라는 것, 따라서 "야만인들"은 사회성 외부에 존재하고 만인에 대한 만인의 전쟁이 지배하는 인간의 자연적 조건 속에서 살아간다는 것이다. 홉스는 아메리카 인디언들의 강렬한 호전성을 잘 알고 있었다. 그래서 그는 그들의 실제 전쟁을 통해 자기주장의 확실성을 명확히 확인했다. 국가의 부재는 전쟁을 일반화하고 사회제도를 불가능하게 한다는 주장이 그것이다.

야만인들의 세계 = 전쟁의 세계라는 등식은 "현장에서" 부단히 검증되고, 따라서 원시사회에 대한 모든 표상 — 민중적인 것이건 지식인들의 것이건 간에 — 속에 자리 잡는다. 또 다른 영국의 철학자 스펜서(Spencer)가 『사회학의 원리』에서 "야만인들과 미개인들의 삶 속에서 지배적인 사건들이란 전쟁들이다"라고 쓰고 있듯이 말이다. 또 스펜서로부터 3세기 전에 예수회 수사(修士)인 소아르스 지소자(Soarez de Souza)는 브라질의 투피남바(Tupinamba)족에 대해 다음과 같이 썼다. "투피남바족은 매우 호전적이어서, 그들의 모든 관심은 어떻게 하면 적들과 전쟁을 할 수 있는가 하는 것이다." 그러나 신세계의 거주인들만이 전쟁에의 열정을 독점하고 있는 것일까? 모리스 다비는 이미 오래된 책에서 원시사회에서의 전쟁의 원인들과 기능들에 대해 성찰하면서 당대의 민족지가 이와 관련하여 보고한 사례들을 체계적으로 정리하려 했다.[3] 그의 세밀한 조사로부터 도출된 결론은 다음과 같다. 즉 매우 드문 예외들(중부와 동부의 에스키모들)을 제외할 때, 어떤 원시사회도 폭력으로부터 자유롭지 못하고, 또 생산양식, 기술 경제 체계, 생태적 환경이 어떠하든지

---

3. Maurice R. Davie, *La guerre dans les sociétés primitives*, Payot, 1931.

간에, 무장투쟁에 연루된 각각의 공동체의 존재 자체를 걸어야 하는 폭력적 전쟁의 수행을 회피하거나 거부하지 않는다는 것이다. 따라서 원시사회학의 직접적 소여로서 **보편성**의 차원을 갖는 전쟁을 사고하지 않고는 원시사회를 사고할 수 없다는 것이 확실한 것처럼 여겨진다.

전쟁의 이러한 편재적 존재에 대응하는 것은 폭력과 전쟁을 단지 그것들을 예방하기 위한 수단 속에서만 존재하는 것으로 여기는 최근 민족학의 침묵이다. 이 침묵은 어디에서 비롯되는가? 그것은 우선 민족학자들이 관심을 갖는 사회들이 현재 처해 있는 조건에서 비롯된다. 오늘날 세계 전체에 걸쳐서 "백인들"의 사회 경제적 질서와 접촉하지 않고 있는, 완전히 자유롭고 자율적인 원시사회는 거의 존재하지 않는다. 달리 말해 민족학자들은 과거의 원시사회들을 규정하고 지탱해 주던 전통적 힘 관계가 자유롭게 펼쳐지는, 충분히 고립된 사회들을 접하기가 매우 힘들어졌다는 것이다. 원시 전쟁은 사라졌다. 이제 원시 전쟁을 치를 전사들이 더 이상 존재하지 않기 때문이다. 바로 그러한 점에서 아마존의 야노마미(Yanomami)족의 상황은 매우 고유하다. 그들의 오랜 고립은 세계 최후의 커다란 원시사회를 이루고 있는 그들로 하여금 아메리카 대륙이 발견되지 않은 것과 마찬가지의 삶을 살 수 있도록 해 주었기 때문이다. 그래서 우리는 그들의 사회에서 전쟁의 편재성을 발견할 수 있다. 물론 그렇다고 하여 몇몇 사람들이 그러하듯이, 그들에 대한 희화화(戲畵化)된 형상, 즉 센세이셔널한 것에 대한 추구가 강력한 사회학적 메커니즘에 대한 이해를 뒷전으로 몰아낸 형상을 제시해서는 안 된다.[4] 결국 민족학이 전쟁에 대해 말하지 않는 것은, 그것을 말할 근거가 없기 때문이다. 즉 연구 대상이 된 원시사회들은 이미 탈구(脫臼)와 붕괴와 죽음의

---

4. 예컨대 N.A. Chagnon, *The Fierce People*, Holt, Rinehart & Winston, 1968을 참조할 것.

길로 접어들었기 때문이다. 어떻게 그러한 사회들이 그들의 자유로운 전사적(戰士的) 생명력을 발휘할 수 있겠는가?

　하지만 그것만이 유일한 이유는 아니다. 민족학자들은 연구 대상 사회를 현장에서 접하게 될 때 그들의 연구 노트와 녹음기만을 들고 가는 것이 아니라 원시사회들의 존재에 대한 이미 획득된 관념을 투사한다. 이때 투사되는 관념에는 폭력의 지위, 원인, 효과에 대한 관념이 포함된다. 원시사회에 대한 어떠한 일반 이론도 전쟁에 대한 고려를 생략할 수 없다. 전쟁에 대한 담화는 사회에 대한 담화의 일부를 이룰 뿐 아니라 사회에 대한 담화에 그 의미를 부여해 준다. 즉 전쟁에 대한 관념은 사회에 대한 관념을 가늠할 수 있게 해 준다. 바로 그 때문에 오늘날 민족학에서 폭력에 대한 성찰의 부재는 우선 "야만인들"을 강제된 평화주의로 몰아넣은 자유의 상실에 따른 전쟁의 소멸 탓으로 설명할 수 있지만, 다른 한편으로 특정한 담화 유형에 가담하는 것이 원시사회의 사회관계의 장(場)에서 전쟁을 배제시켰기 때문이기도 하다. 따라서 문제는 그러한 담화 유형이 원시사회의 현실에 부합하는가 하는 것이다. 또 그 현실을 탐구하기 이전에, 간략하게나마 원시사회와 전쟁에 대한 담화 유형을 제시해 보는 것이 필요하겠다. 그 담화는 이질적인 것으로, 우리는 커다란 세 가지 정향성을 구별할 수 있다. 자연주의적 담화, 경제주의적 담화, 교환주의적 담화가 그것이다.

　자연주의적 담화는 르루아-구랑(A. Leroi-Gourhan)의 『몸짓과 말(le Geste et la Parole)』에서 특별한 엄격성과 함께 제시되어 있다. 특히 이 책 제2권의 끝에서 두 번째 장에서 저자는 원시사회와 그 변화에 대한 자신의 역사 민족학적 관념을 매우 폭넓은(그러나 많은 토론의 여지를 갖는) 관점으로 발전시킨다. 원초적 사회와 전쟁 현상의 분리 불가능한 결합에 적합하게, 르루아-구랑의 일반적 기획은 원시 전쟁에 대한 하나의 시각 (visée)을 논리적으로 내포한다. 그 시각의 의미는 저술 전체를 관통하는 정신에 의해, 그 시각이 제시되는 장의 사회적 유기체라는 제목에 의해, 충분히 드러난다. 명확히 긍정된, 사회에 대한 유기체적 관점은 완전히 정합적인 방식으로 전쟁에 대한 특정한 관념을 이끌어 내고 또 감싸 안는다. 르루아-구랑의 관점을 따를 때 폭력이란 무엇인가? 그의 대답은 명료하다. "공격적 행동은 적어도 오스트랄로피테쿠스 이래 인간의 현실에 속하는 것이다. 사회적 장치의 가속화된 진화도 계통 발생적인 성숙의 느린 흐름을 하나도 바꾸어 놓지 못했다"(237쪽). 그리하여 행동으로서의 공격, 즉 폭력의 사용은 종으로서의 인류의 속성으로 간주되기에 이른다. 결국 인간 종(種)의 동물학적 속성으로서의 폭력은 환원 불가능한 종(種)의 현실로, 인간의 생물학적 존재에 뿌리를 내리고 있는 **자연적 소여**로 파악된다. 공격적 행동 속에서 실현되는 이러한 특별한 폭력은 원인과 목적이 없는 것이 아니다. 그 폭력은 언제나 하나의 목표를 향해 정향되어 있다. "모든 시대를 통틀어 공격은 식량 획득과 근본적으로 연결된 기술로 나타난다. 원시사회에서 공격의 원래 역할은 사냥에 있는 것이다. 사냥에서 공격과 식량 획득은 서로 겹쳐진다"(236쪽). 자연적 존재인 인간에 내재하는 폭력은 생존 수단으로, 생존을 확보하기 위한 수단으로, 유기체의 핵심에 자연적으로 기입된 살아남아야 한다는 목적을 실현하기 위한 수단으로 규정된다. 결국 원시 경제는 약탈 경제와 동일시된다. 인간으로서 원시인은 공격적 행동을 할 수밖에 없다. 원시인은 유용하고 생산적인 공격성의 기술적 코드화 속에서 그의 자연성과 인간성을 종합할 수 있고 또 그래야 하는 것이다. 그는 수렵인이기 때문이다.

식량 획득 기술로서 규율화된 폭력과 폭력에 의해 그 통합성이 유지되는 인간의 생물학적 존재 사이의 이러한 접합을 인정하도록 하자. 하지만 전쟁 폭력 속에서 표출되는 매우 특별한 공격성은 어디에 위치시켜야 할까? 르루아-구랑은 우리에게 설명한다. "수렵과 그 자매어인 전쟁 사이에는 점진적으로 확립되는 미묘한 동일화가 존재한다. 왜냐하면 그 둘은 새로운 경제 질서 속에서 탄생한 하나의 계급으로 집중되기 때문이다. 무사들의 계급이 바로 그것이다"(237쪽). 이제 사회적 분화의 신비가 단 하나의 문장 속에서 밝혀졌다. 즉 "미묘한 동일화"(?)를 통해 수렵인들은 점차적으로 전사(戰士)가 되고, 무기를 소유한 전사들은 이때부터 공동체의 나머지 부분에 대해 정치권력을 행사할 수 있는 수단을 갖게 된다는 것이다. 우리는 그의 전공인 선사시대에 대해 모범적인 저서를 쓴 학자의 붓끝에서 펼쳐지는 주장의 가벼움으로 인해 놀랄 수밖에 없다. 이 모든 것은 특별한 서술을 필요로 하겠지만, 우리가 끌어내야 할 교훈은 명백하다. 즉 인간에 대한 사실의 분석에 있어서 연속성(continuisme)의 편에 서는 것, 그리고 또 자연적인 것과 생물학적인 것의 토대 위에 사회적인 것과 제도적인 것을 세우는 것은 극히 경솔하다는 것이다. 인간 사회는 동물학에 속하는 것이 아니라 사회학에 속하는 것이다.

전쟁의 문제로 되돌아가자. 전쟁은 사냥 ― 식량 획득 기술 ― 으로부터 그 공격성을 물려받는다고 한다. 전쟁은 사냥의 반복, 연장, 재전개일 뿐이라는 것이다. 더 평범하게 말한다면, 르루아-구랑에게 전쟁은 인간 사냥이다. 진짜일까 거짓일까? 이를 알아보는 것은 쉽다. 르루아-구랑이 말하고 있는 사람들, 즉 오늘날의 원시인들을 참조하는 것으로 충분하기 때문이다. 민족지적 경험이 우리에게 가르쳐 주는 것은 무엇일까? 사냥의 목적이 식량을 획득하는 것이라면 그 수단은 공격임이 자명하다. 즉 먹기 위해 동물을 죽여야 한다. 그렇다면 우리는 식량 획득 기술로서의 사냥의 장(場) 속에, 먹기 위해 다른 형태의 생명을 죽이는 모든 행위를 포괄해야 할 것이다. 동물들, 물고기들, 육식 조류들뿐만 아니라 식충류(食蟲類)(먹이인 파리에 대한 어린 새들의 공격)의 행위를 포함해서 말이다. 사실상 논리적으로 모든 폭력적 식량 획득 기술은 공격 행위로 분석되어야 한다. 사냥하는 인간을 사냥하는 동물보다 특권화 할 이유는 전혀 없다. 실제로 원시 사냥꾼을 동기 짓는 것은 다른 것이 아니라 식욕이다(물론 비非식용적 사냥, 즉 의례적 사냥은 다른 영역에 속한다). 전쟁을 사냥으로부터 근본적으로 구분시켜 주는 것은, 전쟁이 사냥에는 부재하는 공격성의 차원에 전적으로 토대하고 있다는 사실이다. 같은 화살이 인간도 죽일 수 있고 원숭이도 죽일 수 있다는 사실은 전쟁과 사냥을 동일화하기에는 결코 충분치 않다.

따라서 우리는 전쟁과 사냥을 서로 연관 지을 수 없다. 전쟁은 공격과 공격성의 순수한 행동이다. 만약 전쟁이 사냥이라면, 그것은 인간 사냥일 것이다. 또 그렇다면 사냥은 예컨대 들소와의 전쟁일 것이다. 전쟁의 목적이 식량이 아닌 한에서, 그러한 유형의 공격 대상이 먹이로서의 인간이 아닌 한에서, 전쟁을 사냥으로 환원시키는 르루아-구랑의 입장은 어떠한 근거도 없다. 만약 전쟁이 사냥과 같은 것이라고 한다면, 전쟁은 일반화된 식인 행위가 될 것이다. 그렇지만 사실은 전혀 그렇지 않다. 심지어 식인 부족들에게 있어서도 전쟁의 목적은 결코 먹기 위해 적들을 죽이는 것이 아니다. 그리고 전쟁과 같은 행위의 그러한 "생물학화"는 순전히 사회적인 차원을 축출하는 결과를 가져온다. 르루아-구랑의 걱정스런 관념은 사회학적인 것을 생물학적인 것 속에 해체시킨다. 그의 관념 속에서 사회는 사회적 유기체가 되고, 사회에 비(非)동물학적인 담화를 접합시키려는 모든 노력은 미리부터 부정된다. 이제 관건은, 원시 전쟁은 사냥과 아무 관련이 없다는 것, 원시 전쟁은 종(種)으로서의 인간 현실이 아니라 원시사회의 사회적 존재에 뿌리내리고 있다는 것, 원시 전쟁의 보편성은 자연적인 것이 아니라 문화적이라는 것을 확립하는 것이다.

경제주의적 담화는 어떤 면에서 익명적인 것이다. 특정한 이론가의 저술에서 비롯된 것도 아니고, 오히려 일반화된 확신의 표현, 상식의 막연한 확실성의 표현이기 때문이다. 이 "담화"는 19세기에 형성된다. 유럽에서 야만인에 대한 관념과 행복에 대한 관념이 분리되어 사고되기 시작할 무렵, 맞건 틀리건 원시적 삶은 행복한 삶이라는 믿음이 해체되기 시작할 무렵부터 말이다. 이때 과거의 담화는 그 대립물로 전화한다. 그리하여 이때부터 "야만인들"의 세계는 맞건 틀리건 간에 빈곤과 불행의 세계로 여겨진다. 그리고 그 훨씬 뒤에 이 민중적 "지식"은 이른바 인간 과학들로부터 과학적 지위를 부여받고, 고급 담화, 지식인의 담화가 된다. 경제인류학의 창립자들은 원시적 빈곤의 확실성을 진리로 받아들이면서, 그 원인과 결과들을 해명하려고 노력했다. 상식과 과학적 담화의 이러한 결합으로부터 민족학자들에 의해 끊임없이 되풀이된 다음과 같은 주장이 도출된다. 원시 경제는 "야만인들"에게 오직 생존만을 허용하는, 즉 살아남는 것만을 허용하는 생존 경제라는 주장이 그것이다. 원시사회들의 경제가 생존 — 또는 죽지 않기 — 의 처참한 문턱을 뛰어넘지 못하는 것은 기술적 저발전 때문이고, 또 그들이 지배하지 못하는 자연적 환경과 대면한 무능력 때문이라는 것이다. 결국 원시 경제는 빈곤의 경제이고, 그래서 전쟁이 벌어진다는 것이다. 즉 경제주의적 담화는 원시 전쟁을 생산력의 저발전으로부터 설명한다. 사용 가능한 물질적 재화들의 희소성은 그 재화들을 서로 획득하려는 집단들 사이의 경쟁을 불러일으키고, 생존을 위한 이러한 투쟁은 무장 갈등으로 귀착된다는 것이다. 즉 원인은 바로 모두에게 있어서의 물질적 결핍 때문이라는 것이다.

원시 전쟁을 "야만인들"의 빈곤에 의한 것으로 설명하는 이러한 태도는 의문의 여지가 없는 자명한 것으로 받아들여졌다. 앞에서 이미 인용한 글에서 모리스 다비가 다음과 같이 말하고 있듯이 말이다. "각각의 집단은 자신의 생존을 위해 자연에 대항하여 벌이는 투쟁 이외에, 자신이 접촉하고 있는 다른 집단과 경쟁해야 한다. 그리하여 다른 집단과의 갈등과 이해 대립이 벌어지고, 또 이것들이 악화되어 무력 분쟁이 일어난다. 우리는 이 무력 분쟁을 전쟁이라 부른다"(28쪽). 그는 또 다음과 같이 말한다. "전쟁은 생존 경쟁의 관계에 있는 정치적 집단들 사이에서 생겨나는 무력 분쟁으로 정의된다. … 그래서 주어진 한 집단에서 전쟁의 중요성은 직접적으로 생존 경쟁의 강도에 따라 달라진다"(78쪽). 이미 보았듯이, 이 저자는 민족지적 정보에 입각해 원시사회에서 전쟁의 보편성을 확인한다. 다만 그린란드의 에스키모들만 예외라는 것인데, 다비의 설명에 따르면, 이 예외성은 식량 획득 이외의 다른 것에는 에너지를 바칠 수 없을 정도로 자연환경이 극단적으로 열악하다는 점에서 기인한다. "그들의 경우 생존을 위한 투쟁에서 협동은 절대적으로 필요하다"(79쪽). 하지만 우리가 보기에 오스트레일리아 원주민이라고 해서 상황이 더 나은 것도 아니다. 그들의 찌는 듯한 사막은 에스키모들의 눈에 못지않다. 그럼에도 오스트레일리아 원주민은 다른 민족들 못지않은 전사들이다. 여기서 지적해야 할 사실은, 원시적 빈곤에 대한 민중적 가설의 "과학적" 언표에 불과한 이 지적인 담화가 사회에 대한 "마르크스주의적" 관념의 가장 최근 형태인 마르크스주의 "인류학"에 싫든 좋든 정확히 부합한다는 것이다.

원시 전쟁과 관련하여 마르크스주의적 해석을 제공하는 자들은 북미의 인류학자들이다. 아프리카의 연령 계급이나 아메리카의 포틀래치 또는 도처의 남녀 관계에 대해서 마르크스주의적 진리를 말할 준비가 되어 있는 그들의 프랑스 동업자들보다 더 앞서서, 해리스나 그로스 같은 연구자들은 야노마미족을 중심으로 한 아마존 인디언들에 있어서 전쟁의 원인들을 설명한다.[5] 그러나 이러한 마르크스주의로부터 예견되지 않았던 빛을 기대하는 자는 실망하게 될 것이다. 왜냐하면 그들은 그들의 비(非)마르크스주의적 선배들이 말했던 것에 다른 어떤 것도 덧붙이지 못하기 때문이다(그리고 사고는 더 적게 한다). 그로스와 해리스에 따르면, 남미 인디언들 사이에서 전쟁의 강도가 특별히 높은 것은 식량에 단백질이 부족하기 때문이고, 그래서 수렵을 위한 새로운 영토를 정복해야 할 필요 그리고 그 영토의 거주자들 사이의 불가피한 갈등 때문이다. 결국 적합한 식량을 공급하는 데 있어서 원시 경제의 무능력이라는 다비의 고색 창연한 명제가 반복되는 것이다.[6]

여기서 더 발전시킬 수 없는 한 가지를 단순히 지적하는 것으로 만족하기로 하자. "마르크스주의적" 담화(경제주의적 담화)가 가장 간략한 상식적 표상들을 자기화할 수 있었던 것은, 어쩌면 그 상식이 자생적으로 마르크스주의적이었거나(오, 마오의 죽은 혼이여!) 아니면 그 마르크스주의가 단지 스스로를 과학적 담화로 코믹하게 자처한다는 점에서만 상식과 구별되기 때문이라는 것이다. 하지만 그것이 다는 아니다. 사회와 역사에 대한 일반 이론으로서 마르크스주의는 원시 경제의 빈곤을, 즉 생산 활동의 매우 낮은 소출을 전제하도록 짜여 있기 때문이다. 왜 그런가? 왜냐하면 마르크스주의적 역사 이론(문제되는 것은 마르크스 자신의 이론이다)은 역사적 운동과 사회 변화의 법칙을 부단히 **발전하려는 생산력**의 경향 속에서 발견하기 때문이다. 역사가 진행되기 위해서는, 생산력이

5. D.R. Gross, "Proteine Capture and Cultural development in the Amazon Basin," *American Anthropologist* 77, 1975, 526-549쪽; M. Harris, "The Yanomamö and the Causes of war in Band and Village," 등사본 텍스트.
6. 야노마미족의 탁월한 전문가인 리조는 그로스와 해리스의 글에 내포된 커다란 무지를 드러내 준다. 「야노마미족에서의 인구, 자원, 전쟁」, *Libre*, 2, 1977을 참조할 것.

도약하기 위해서는, 역사 과정의 출발점에서 생산력이 가장 낮은 단계에, 가장 완전한 저발전의 상태에 머물러야 한다는 것이다. 그렇지 않다면 생산력이 발전해야 할 이유가 없고, 또 생산력 발전과 사회 변화를 접합시킬 수 없기 때문이다. 바로 그래서 생산력 발전의 경향에 기초한 역사 이론인 마르크스주의는 준거 지점으로서 생산력의 제로 상태를 설정해야만 한다. 즉 빈곤의 경제로 간주된 원시 경제, 빈곤으로부터 벗어나기 위해 생산력을 발전시키려고 하는 원시 경제가 바로 그것이다.

마르크스주의 인류학자들이 여기에서 자신들의 관점을 스스로 제시하고 인식시킬 수 있다면 많은 사람들이 흡족해할 것이다. 하지만 마르크스주의 인류학자들은 원시사회에서 착취 형태의 발명(연장자와 연소자, 남성과 여성 등등의 사이에서)에 대해서는 많은 말을 하면서도, 그들의 독트린의 기초에 대해서는 말을 아낀다. 왜냐하면 원시사회는 마르크스주의 이론에 대해 다음과 같은 결정적 질문을 제기하기 때문이다. 원시사회에서 경제가 사회적 존재를 해명해 주는 하부구조가 아니라면, 생산력이 발전하려는 경향을 갖지 않고 또 사회 변화의 결정인으로 작동하지 않는다면, 역사의 운동을 진행시키는 동력은 무엇일까?

이제 다시 원시 경제의 문제로 되돌아가 보자. 원시 경제는 빈곤의 경제일까? 원시 경제의 생산력은 가장 저발전한 것일까? 최근의 매우 세심한 경제인류학적 연구들은 "야만인들"의 경제 또는 가구적 생산양식이 실제로는 사회의 물질적 필요를 완전히 충족시켜 주는 것이었음을 드러내 준다. 그것도 매우 짧은 노동시간과 매우 낮은 노동 강도를 가지고서 말이다. 달리 말해, 원시사회는 생존을 하기 위해 온 힘을 다 소모하지 않는다. 오히려 자신의 필요들을 선택하는 원시사회는 필요들을 충분히 충족시켜 주고 또 각자에게 필요한 것을 충족시켜 준다는 원리에 따라 작동하는 생산 "기계"를 갖추고 있다. 바로 그래서 마셜 살린스는 원시사회가 최초의 풍족한 사회라고 정당하게 말했던 것이다. 한 공동체에 필요한 식량의 양과 그것을 획득하기 위한 노동시간에 대한 살린스와 리조의 분석은, 유목 수렵민 사회이건 정주 농경민 사회이건 원시사회는 그 짧은 생산 시간을 감안할 때 진정으로 여가의 사회임을 드러내 준다. 그리하여 살린스와 리조의 작업들은, 과거에 여행자들과 연대기 작가들이 제공하였던 민족지적 자료를 재발견시켜 주고 또 확인해 준다.[7]

민중적, 지적 또는 마르크스주의적 변이형들 속에서 경제주의적 담화는 전쟁을 희소한 재화들을 차지하기 위한 집단 간의 경쟁으로 설명한다. 하지만 식량을 얻기 위해 하루 종일 힘겹게 일한다는 "야만인들"이 어떻게 이웃과의 전쟁을 위해 별도의 에너지와 시간을 낼 수 있는지 이해하기 어렵다. 게다가 오늘날의 연구들은 원시 경제가 희소성의 경제는커녕 오히려 풍부한 경제임을 드러낸다. 즉 폭력은 빈곤에 접합될 수 없는 것이고, 원시 전쟁에 대한 경제주의적 설명은 근거를 잃게 된다. 원시적 풍부성의 보편성은 전쟁의 보편성을 빈곤에 연결시킬 수 없도록 한다. 왜 부족들은 전쟁을 할까? 이제 우리는 적어도 "유물론적" 답변이 별 가치가 없는 것임을 알게 되었다. 경제적인 것이 전쟁과 아무 관계가 없다면, 시선을 **정치적인 것**으로 돌려야 할까?[8]

원시 전쟁에 대한 **교환주의적** 담화는 클로드 레비스트로스의 사회학적 작업을 지지하는 것이다. 얼핏 보기에 이러한 지지는 역설적으로 보일 수

---

7. M. Sahlins, *Age de pierre, age d'abondance. L'économie des sociétés primitives*, Gallimard, 1976을 참조할 것.
8. 자연재해(가뭄, 홍수, 지진, 동물 종의 소멸 등)는 자연의 지역적 희소화를 초래할 수 있다. 하지만 그러한 지역적 희소화는 오래 지속되어야만 갈등을 불러일으킬 수 있다. 자연과는 무관한 또 다른 유형의 상황도 희소성을 초래할 수 있다. 예컨대 완전히 폐쇄된 공간과 절대적으로 열린(즉 증가하는) 인구 상황 사이의 결합은 전쟁으로 이어지는 사회 병리를 함유할 수 있을까? 이는 자명하지 않으며, 폴리네시아(즉 닫힌 공간으로서의 섬) 전문가들이 답변해야 할 사항이다.

있다. 왜냐하면 레비스트로스의 방대한 저술 중에서 전쟁에 관한 부분은 매우 적은 양이기 때문이다. 하지만 테마의 중요성이 결코 그것에 할당된 공간에 의해 가늠될 수 없음은 물론이다. 게다가 레비스트로스가 발전시킨 사회의 일반 이론은 폭력에 대한 그의 관념과 밀접히 연관되어 있다. 그러한 관념의 관건은 원시사회의 존재에 대한 구조주의적 담화 그 자체이다. 따라서 이러한 관건을 가늠해야 한다.

레비스트로스는 전쟁의 문제를 남아메리카 인디언들에게서 전쟁과 상업의 관계를 다루는 단 하나의 글에서만 고찰한다.[9] 이 글에서 전쟁은 명백히 사회관계의 장에 위치 지어진다. "콜럼버스 이전의 아메리카의 수많은 민족들과 마찬가지로 남비콰라(Nambikuara)족의 경우에도 전쟁과 상업은 결코 고립되어 다루어질 수 없는 행위를 구성한다"(136쪽). 그는 또 다음과 같이 말한다. "남아메리카에서 전쟁 갈등과 경제적 교환은 공존하는 두 가지 유형의 관계가 아니라, 하나의 동일한 사회 과정의 대립되면서도 분리될 수 없는 두 측면이다"(138쪽). 달리 말해 원시사회에서는 폭력의 공간이 자율성을 갖지 못한다는 것이다. 원시사회에서 폭력의 공간은 집단들을 둘러싸고 있는 관계의 일반적 망 속에서만 의미를 갖는다. 폭력은 단지 이 전체적 체계의 한 특수한 경우일 뿐이라는 것이다. 이를 통해 레비스트로스는 원시 전쟁이 엄격히 사회학적 질서에 속하는 행동임을 보여 주고자 한다. 사실상 아무도 이를 부정하지 못할 것이다. 전쟁 활동을 생물학적 질서로 귀착시키는 르루아-구랑을 빼고서 말이다.

물론 레비스트로스는 막연한 일반성에 만족하지 않는다. 반대로 그는 원시사회 ─ 적어도 아메리카 인디언 사회 ─ 의 작동 양식에 대한 세밀한 사유를 제시한다. 이 작동 양식을 식별하는 것은 대단히 중요한데, 왜

---

9. Lévi-Strauss, "Guerre et commerce chez les Indiens de l'Amérique du Sud," *Renaissance*, vol. I, New York, 1943.

냐하면 그것이 폭력과 전쟁의 성격과 의미를, 폭력과 전쟁의 존재 자체를 규정하기 때문이다. 레비스트로스에게서 전쟁과 사회의 관계는 무엇일까? 대답은 명확하다. "상업적 교환은 평화적으로 해결된 잠재적 전쟁을 표상하고, 전쟁은 불행한 상호 교류의 귀결이다"(136쪽). 전쟁은 사회학적인 것의 장(場) 속에 기입될 뿐만 아니라, 원시사회의 특수한 작동으로부터 그 존재와 궁극적 의미를 부여받는 것이다. 즉 공동체들(부족, 군단, 지역 집단 등등) 사이의 관계들은 우선 상업적이고, 그러한 상업적 기획의 성공 또는 실패에 부족들 사이의 평화와 전쟁이 달려 있다는 것이다. 전쟁과 상업은 그 연속성 속에서 사고되어야 한다. 게다가 상업은 전쟁에 대해 사회학적 우선성을 갖는다. 이 우선성은 사회적 존재의 핵심에 위치한다는 의미에서 일종의 존재론적 우선성이기도 하다.

여기서 덧붙여야 할 것은 전쟁과 상업의 결합이라는 관념은 사실상 새로운 것이 아니라, 민족학적으로 흔해 빠진 사실이다. 희소성이 원시 경제의 지평을 이룬다는 확신과 마찬가지로 말이다. 그래서 모리스 다비는 레비스트로스와 정확히 똑같은 용어들을 사용하면서 다음과 같이 말한다. "원시사회의 경우에 상업은 종종 전쟁에 대한 대안을 이룬다. 상업이 행해지는 방법을 통해 우리는 상업이 전쟁의 변형임을 알 수 있다"(앞에서 인용된 책, 302쪽).

그렇지만 사람들은 다음과 같이 반박할 수 있을 것이다. 지금 논의된 주변적인 논문은 레비스트로스가 그의 방대한 저술들에서 발전시킨 사회적 존재의 일반 이론과는 별 관계가 없는 것이라고. 그러나 그렇지 않다. 이른바 주변적인 이 논문의 이론적 결론은 레비스트로스의 위대한 사회학적 저술인 『친족의 기본 구조』의 가장 중요한 장들 가운데 하나인 「호혜성의 원리」의 결론으로 온전히 이어지기 때문이다. 다음과 같이 말이다. "적대적 관계와 호혜적 급부(給付)의 제공 사이에는 연결성, 연속성이 있다. 교환은 평화적으로 해결된 전쟁이고 전쟁은 불행한 상호 교류의 귀결이다."[10] 하지만 『친족의 기본 구조』에서는 다른 점이 한 가지 있는데, 그것은 명시적으로(그러나 설명 없이) 상업의 개념이 제거되어 있다는 것이다. 서로 다른 토착 집단들 사이의 선물 교환을 묘사한 뒤 레비스트로스는 상업에 대한 준거의 포기를 다음과 같이 명백히 밝힌다. "논의되는 것은 호혜적 증여이지 결코 상업적 행위들이 아니다." 이를 좀 더 상세히 살펴보자.

호혜적 증여와 상업적 행위를 구분하는 레비스트로스의 엄격성은 정당한 것이다. 경제인류학적으로 우회하면서 그 이유를 설명하는 것은 헛된 일이 아닐 것이다. 원시사회의 물질적 삶이 풍부함 속에서 펼쳐지는 것이라고 할 때, 살린스가 강조하는 것처럼 가구적 생산양식은 하나의 본질적 속성을 갖는데, 그것은 곧 자급자족의 이상이다. 각각의 공동체는 자기 구성원들의 생존에 필요한 재화들을 스스로의 힘으로 생산하려 한다는 것이다. 달리 말해 원시 경제는 공동체의 폐쇄성을 지향한다는 것이다. 경제적 자급자족의 이상은 자기 자신이 그것을 위한 수단일 뿐인 그 무엇을 숨기고 있다. 즉 정치적 독립의 이상이 그것이다. 자신의 소비의 생산을 위해 오직 자기 자신에게만 의존하기로 결정을 내린 원시 공동체(촌락, 군단 등등)는 그리하여 이웃 집단과의 경제적 관계의 필요성을 배제한다. 원시사회에서 "국제적(internationales)" 관계를 성립시켜 주는 것은 물질적 필요가 아니다. 원시사회는 타자의 도움을 요청하지 않고도 자신의 모든 필요를 충족시킬 수 있기 때문이다. 즉 필요한 모든 것(식량과 도구)을 스스로 생산할 수 있고, 따라서 타자들이 필요 없다. 달리 말해 자급자족의 이상은 반(反)상업적 이상이다. 모든 이상처럼 그 이

---

10. *Structures élémentaires de la parenté*, 제1판(PUF, 1949) 86쪽, 제2판(Mouton, 1967) 78쪽.

상은 언제나 도처에서 실현되는 것은 아니다. 하지만 "야만인들"은 그 이상을 실현할 수 있는 경우, 타자들을 필요로 하지 않는다는 데 대해 자긍심을 가진다.

그래서 가구적 생산양식에서는 상업적 관계가 존재하지 않는다. 가구적 생산양식의 경제적 작동이 상업적 관계를 배제하기 때문이다. 원시사회의 존재 자체가 상업에 내재한 위험, 즉 자율성을 빼앗기고 자유를 상실할 위험을 거부한다. 따라서 『친족의 기본 구조』에서 레비스트로스가 과거의 논문 「남아메리카 인디언들에게서의 전쟁과 상업」에서의 입장을 철회한 것은 정당한 것이다. 우리가 원시 전쟁에 대해서 무엇인가를 이해하고자 한다면, 존재하지도 않는 상업에 전쟁을 접합시켜서는 안 된다.

결국 전쟁에 의미를 부여하는 것은 상업이 아니라 교환이다. 전쟁에 대한 해석은 사회에 대한 교환주의적 관념에 속한다. (불행한 상호 교류의 귀결인) 전쟁과 (평화적으로 해결된 전쟁인) 교환 사이에는 연속성이 있다. 하지만 레비스트로스의 첫 번째 폭력 이론에서 전쟁이 상업의 실패로 여겨졌듯이, 지금의 교환주의적 이론에서도 우선권은 교환에 주어지고 전쟁은 교환의 실패로 간주된다. 달리 말해 전쟁은 그 자체로서는 어떠한 정립성(positivité)도 갖지 못한다. 전쟁은 원시사회의 사회적 존재를 표현하는 것이 아니라, 교환을-향한-존재(l'être-pour-l'échange)로서 원시사회의 존재의 비(非)실현을 표현한다는 것이다. 즉 전쟁은 원시사회에 대한 부정, 부정성이다. 원시사회는 교환의 특권적 장소이고, 교환은 원시사회의 본질 자체이기 때문이다. 이러한 관념에 따를 때, 교환을 향한 운동과의 단절이자 일탈로서의 전쟁은 사회의 비(非)본질, 비(非)존재만을 표상할 수 있을 뿐이다. 전쟁은 부차적인 것일 뿐이며, 본체에 대해 사고(事故)일 뿐이다. 원시사회가 원하는 것은 교환이다. 그것이 원시사회의 사회학적 욕망이다. 이 욕망은 부단히 실현되려는 욕망을 가지며, 또 실질적으로 거의 언제나 실현된다. 사고(事故)가 생기는 경우를 빼고서 말이다. 사고가 생길 때, 폭력과 전쟁이 발생한다.

교환주의적 관념의 논리는 결국 전쟁 현상의 실질적 해체로 이른다. 교환에 부여된 특권에 따라 정립성을 박탈당한 전쟁은 **모든 제도적 차원**을 상실한다. 즉 전쟁은 원시사회의 존재에 속하지 않고, 단지 사건적, 우연적, 비본질적 속성일 뿐이다. 그리하여 원시사회는 전쟁 없이도 사고될 수 있게 된다. 원시 전쟁에 대한 이러한 교환주의적 담화는 원시사회에 대한 레비스트로스의 일반 이론에 내재하는 것으로, 민족지적 소여를 고려하지 않고 있다. 어떤 사회에서건 간에, 자연환경과 사회 경제적 조직 양식이 어떠하든지 간에, 거의 보편적으로 나타나는 전쟁 현상, 그리고 자연스럽게 다양한 강도를 갖는 전쟁 행위가 바로 그러한 소여이다. 따라서 교환주의적 관념과 그 대상은 서로에 대해 외적인 관계를 갖게 된다. 즉 원시적 현실은 레비스트로스의 담화를 넘쳐나는 것이다. 저자에 의한 경시나 무시에 의해서가 아니라, 전쟁에 대한 고려가 레비스트로스적인 사회 분석과 양립 불가능하기 때문이다. 즉 레비스트로스의 분석은 원시사회에서 전쟁의 사회학적 기능을 배제해야만 지탱될 수 있다.

그렇다면 원시사회의 현실의 모든 차원을 존중하기 위해서는 교환의 장소로서의 사회라는 관념을 포기해야만 할까? 전혀 그렇지 않다. 교환과 폭력은 상호 배제적인 것이 아니다. 전쟁과 모순되는 것은 결코 교환 그 자체가 아니라, 원시사회의 사회적 존재를 교환에만 배타적으로 기초 짓는 담화일 뿐이다. 원시사회는 교환의 공간이자 **또한 폭력의 장소**이기도 하다. 전쟁은 교환과 마찬가지로 원시사회의 존재에 속한다. 이는 앞으로 확립해야 할 것이지만, 우리는 전쟁을 사고하지 않고서는 원시사회를 사고할 수 없다. 홉스에게서 원시사회는 만인에 대한 만인의 전쟁이었다. 레비스트로스의 관점은 홉스의 관점과 정반대이다. 즉 원시사회는 만인 사이의 교환이라는 것이다. 홉스는 교환을 빠트리고, 레비스트로스는 전쟁을 빠트린다.

그렇다면 우리는 교환에 대한 담화와 전쟁에 대한 담화를 단순히 절충하면 되는 것일까? 원시사회의 본질적 차원으로서 전쟁의 복권은 사회적인 것의 본질로서 교환의 관념을 그대로 온전히 유지시킬 것인가? 그것은 물론 불가능하다. 전쟁에 대해서 잘못 아는 것은 사회에 대해서도 잘못 아는 것이기 때문이다. 레비스트로스의 오류는 어디에서 비롯될까? 그가 전쟁 행위와 교환이 각기 작동하는 사회학적 지평들을 혼동했기 때문이다. 전쟁과 교환을 같은 지평에 위치시킬 때, 우리는 둘 중 하나를 축출할 수밖에 없고 그래서 원시사회의 현실을 왜곡하게 된다. 교환과 전쟁은 단지 정도의 차이만 나는 연속성 속에서는 결코 사고될 수 없다. 교환과 전쟁 사이의 근본적 불연속성만이 원시사회의 진리를 드러내 주는 것이다.

사람들은 종종 원시사회에서 전쟁의 빈번함을 원시사회의 극단적 파편화(morcellement)로부터 설명했다. 자원의 희소성 → 생존 경쟁 → 집단들의 고립성으로 이어지는 기계적 발생학의 일반적 귀결로서 전쟁이 일어난다는 것이다. 사회-정치적 단위들의 다수성(多數性)과 폭력 사이에 깊은 관계가 있다면, 우리는 그 접합을 통상적으로 제시되는 순서와는 반대로 이해하여야 한다. 즉 전쟁이 파편화의 결과가 아니라, 파편화가 전쟁의 결과라는 것이다. 하지만 파편화는 전쟁의 단순한 결과에 그치는 것이 아니라 전쟁의 목적이기도 하다. 즉 전쟁은 원시사회의 파편화라는 결과의 원인이자 원시사회의 파편화라는 목표를 달성하기 위한 수단이다. 그 존재에 있어서 원시사회는 분산을 원한다. 이러한 파편화에의 의지는 원시사회의 존재에 속한다. 즉 원시사회의 존재는 이러한 사회학적 의지의 실현을 통해서 성립하는 것이다. 달리 말해 원시 전쟁은 하나의 정치적 목적을 위한 수단이다. "야만인들"은 왜 전쟁을 하는가라고 묻는 것은 그들 사회의 존재 자체에 대해 질문을 하는 것이다.

각각의 특수한 원시사회는 모두 온전하게 이러한 유형의 사회구성체의 본질적 속성들을 표현해 준다. 이러한 유형의 사회구성체의 구체적 현실은 원시 공동체의 수준에 위치한다. 원시 공동체는 개인들의 합체(ensemble)로 이루어지는데, 개인들 각자는 그러한 합체에의 소속을 인정하고 또 요청한다. 합체로서의 공동체는 자신을 구성하는 다양한 단위들을 하나의 전체로 통합시키면서 재조직하고 또 넘어선다. 이때 단위들이란 주로 친족의 축 위에 기입되는 것으로 핵가족, 확대 가족, 종족, 씨족, 반족 등이고, 또 다른 한편으로는 군사 집단, 의전적(儀典的) 동업 집단, 연령 계급 등이다. 따라서 공동체는 자신이 취합시킨 집단들의 합이상(*plus*)의 존재이며, 이러한 초과성(plus)은 공동체를 고유한 정치적 단위로 규정한다. 정치적 단위로서의 공동체는 직접적으로 공간에 기입되어 하나의 거주 단위를 이룬다. 즉 같은 공동체에 속한 사람들은 같은 장소에서 산다는 것이다. 결혼 이후의 거주 규정에 따를 때, 개인은 자신의 출신 공동체를 떠나 동반자의 공동체에서 살 수 있다. 하지만 새로운 거주지가 과거의 귀속성을 소멸시켜 버리는 것은 아니다. 다른 한편으로 원시사회는 거주율(居住律)이 너무 가혹할 경우 그것을 피해 나갈 수 있는 많은 수단을 발명한다.

따라서 원시 공동체는 **지역 집단**이다. 이러한 규정성은 생산양식들의 경제적 다양성을 뛰어넘는다. 거주지가 고정되었는지 아니면 이동하는지 하는 것은 중요하지 않기 때문이다. 즉 지역 집단은 유목적 수렵민에 의해 구성될 수도 있고, 정주 농경민에 의해 구성될 수도 있다. 수렵 채취민들의 이동하는 군단(群團, bande)은 농경민의 안정된 촌락과 마찬가지로 원시 공동체의 사회학적 속성들을 갖는다. 정치적 단위로서의 원시 공동체는 자신의 거주지의 동질적 공간에만 기입되는 것이 아니라, 통제력, 코드화, 권리를 **영토**로까지 확장하는 것이다. 이는 수렵민의 경우에는 명백하고, 자신의 농경지 너머에 사냥과 채집을 할 수 있는 야생적 공간을 관리하고 있는 농경민의 경우에도 마찬가지이다. 단지 수렵 군단의 영토는 농경 촌락의 영토보다 더 확장될 수 있을 따름이다. 지역 집단의 지역성은 바로 그 영토 자체이다. 영토는 물질적 자원의 자연적 저장고일 뿐만 아니라, 공동체적 권리 행사의 **배타적** 공간이다. 영토 사용의 배타성은 배제의 운동을 함의하는 것인데, 바로 이 점에서 영토에의 본질적 관계를 내포하는 공동체로서의 원시사회의 정치적 차원이 명쾌하게 드러난다. 즉 타자를 배제하는 행위 속에서 타자의 존재가 제시되어 있는 것이고, 정해진 영토에 대한 독점적 권리를 주장하는 각각의 사회가 다른 공동체들과 맞서고 있는 상황 속에서 이웃 집단과의 정치적 관계가 직접적으로 주어져 있는 것이다. 그러한 관계는 경제적 질서가 아니라 정치적 질서 속에 기입된다. 가구적 생산양식이 그대로 유지되는 한, 어떤 지역 집단도 이웃의 영토를 침범할 필요가 없다는 사실을 상기하자.

영토의 통제는 공동체에게 자원의 자체 충족을 보장해 주면서, 자급자족의 이상을 실현할 수 있도록 해 준다. 공동체는 그리하여 그 누구에게도 의존하지 않고 독립적일 수 있다. 따라서 모든 것이 모든 지역 집단에서 동일하다면, 폭력은 일반적으로 부재하여야만 한다. 즉 폭력은 영토가 침범되는 희소한 경우에만 오로지 방어적으로 생겨날 수 있고, 각각의 집단이 자신의 영토에 머물고 있다면 — 게다가 이들은 자신의 영토를 벗어날 이유가 없다 — 결코 발생할 수 없다는 것이다. 그러나 우리가 이미 알고 있듯이, 전쟁은 일반적이고 또 매우 자주 공격적이다. 따라서 영토의 방어가 전쟁의 유일한 원인은 아닌 것이고, 그렇다면 전쟁과 사회의 관계는 아직 해명되지 않은 것이다.

군단, 촌락, 지역 집단 등과 같은 공동체의 무한한 계열로, 반복되는 모습으로, 실현되는 원시사회의 존재는 어떠한 것일까? 대답은 서양이 "야만인들"의 세계에 관심을 가진 이래 쓰인 모든 민족지적 문헌 속에 존재한다. 원시사회의 존재는 언제나 서양 사회의 존재와 대비된 절대적 차이의 장소로, 관찰자의 사회 문화적 우주를 구성하는 모든 것이 부재하는 야릇하고 사고 불가능한 공간으로 포착된다. 위계가 없는 세계, 누구에게도 복종하지 않는 사람들, 부의 소유에 무관심한 사회, 명령하지 않는 우두머리, 죄가 부재하는, 도덕이 없는 문화, 계급 없는 사회, 국가 없는 사회 등이 그것이다. 과거의 여행자들이나 현대의 학자들은 원시사회가 그 존재에 있어서 비분화되었다는 것을 명확히 표현하지는 못하면서도 부단히 주장한다.

원시사회는 부자와 가난한 자 사이의 차이, 착취자와 피착취자의 대립, 사회에 대한 우두머리의 지배를 알지 못한다. 원시사회 자체가 그러한 것들의 발생을 가로막기 때문이다. 공동체 자체의 경제적 자급자족을 보장하는 가구적 생산양식은 사회적 합체를 구성하는 친족 집단들의 자율성을 보장하고 또 개인들의 독립성을 보장한다. 원시사회에서는 성적 분업을 제외하고는 어떠한 노동 분업도 존재하지 않는다. 각각의 개인은 다방면에서 가치를 갖는다. 남자들은 남자들이 행해야 할 모든 것을 알고, 모든 여자들도 여자들이 수행해야 할 임무를 행할 줄 안다. 지식과 기술에 있어서 어떤 개인도 더 재능이 있는 다른 사람 때문에 열등의식을 느끼지 않는다. 왜냐하면 "희생자"의 친척들이 예비-착취자의 기를 죽여 놓을 것이기 때문이다. 민족학자들은 재화와 소유물들에 대한 "야만인들"의 무관심과 축재 욕망의 부재를 강조한다. 물건이 못쓰게 되거나 부서지면 다시 만들면 되기 때문에, 축재 욕망이 생겨날 이유가 없다는 것이다. 생산 활동은 충족되어야 하는 필요에 따라 조절되고, 그 이상을 넘지 않는다. 원시 경제에서 잉여의 생산은 언제든지 가능한 것이지만, 그럴 필요가 없다. 그것으로 도대체 무엇을 하겠는가?

다른 한편으로 (불필요한 잉여를 생산하는) 축적 활동은 이러한 유형의 사회에서는 순전히 개인적인 일일 수밖에 없다. 그러한 "사업가"는 완전히 자신의 힘에 의존할 수밖에 없다. 타자의 착취는 사회학적으로 불가능하기 때문이다. 어쨌거나 한번 상상해 보자. 이 "야만인" 사업가는 외롭게 이마에 땀을 흘리며 노동하여 일정한 재화들을 축적할 것이다. 하지만 그것은 불필요한 재화들이다. 도대체 그것들로 그는 무엇을 할 수 있을까? 어떠한 일이 벌어질까? 단지 공동체가 그를 도와 이 공짜 재화들을 소비해 줄 것이다. 자신의 노력으로 "부자"가 된 사람은 자신의 부가 이웃 사람들의 손과 위에 의해 눈 깜짝할 사이에 사라지는 것을 보게 될 것이다. 축재 욕망의 실현은 개인에 의한 자기 착취와 공동체에 의한 부자의 착취로 귀착된다. "야만인들"은 축재의 광기에 빠져들기에는 너무 현명하다. 그리고 원시사회는 불평등, 착취, 분화가 불가능한 방식으로 기능한다.

그 실질적인 존재 지평인 지역 집단 속에서 포착된 원시사회는 두 가지 본질적인 사회학적 속성을 드러낸다. 이 속성들이 본질적인 것은 원시사회의 존재 자체를 건드리기 때문이다. 원시사회의 존재 이유와 전쟁에 대한 인식 원리를 규정하는 그 사회적 존재를 말이다. 즉 원시 **공동체는 총체성이자 통일성**이라는 속성을 동시에 갖는다. 원시 공동체가 총체성인 것은 완결되고 자율적이며 완전한 합체, 자신의 자율성을 부단히 유지하려는 합체, 완전한 의미의 사회이기 때문이다. 또 통일체인 것은, 사회의 분화를 거부하면서, 불평등을 배제하면서, 소외를 금지하면서 동질적 존재를 유지하기 때문이다. 원시사회는 그 통일성의 원리가 외재적이지 않다는 점에서 하나의 총체성을 이룬다. 즉 원시사회는 사회적 몸체로부터 분리된 어떤 일자(一者, l'Un)의 형상이 사회를 대표하고 또 사회의 통합성을 구현하도록 방치하지 않는다. 바로 이 때문에 비(非)분화라는 기준은 근본적으로 정치적인 것이다. 다시 말해 야만적 우두머리가 권력이 없는 것은, 사회가 자신의 존재로부터 권력이 분리되는 것을, 명령하는 자와 복종하는 자의 분화가 생겨나는 것을 용납하지 않기 때문이다. 또 바로 그 때문에 원시사회에서 우두머리는 사회의 이름으로 말을 하도록 되어 있는 것이다. 우두머리는 담화 시에 개인적 욕망의 판타지를 표현해서도 안 되고 사적인 법칙을 부과하려 해서도 안 된다. 오로지 그가 말할 수 있는 것은 비분화된 상태로 머무르려는 사회의 욕망과 인간의 결정에 속하지 않는 비(非)개인적인 법(Loi)의 텍스트일 뿐이다. 법률 제정자는 사회의 창시자로서, 신화적 조상들, 문화적 영웅들, 신들이다. 그리고 우두머리는 그러한 법의 대변인일 뿐이다. 그의 담화의 실체는 그 누구도 위반할 수 없는 전래되어 온 법에의 준거이다. 법은 사회의 존재 자체이므로 위반될 수 없다. 법을 거역하는 것은 사회적 몸체를 변질, 변화시키는 것이고, 사회가 절대적으로 거부하는 혁신과 변화를 사회적 몸체에 도입하는 것이다.

비(非)분화를 보장해 주는 법의 이름 아래 자신의 영토를 통제하는 공동체가 바로 원시사회이다. 영토적 차원은 타자를 배제하는 것이기 때문에 이미 정치적 결합을 내포한다. 거울로서의 타자 — 이웃 집단들 — 는 공동체에 통일성과 총체성의 이미지를 돌려준다. 공동체 또는 군단은 이웃의 공동체와 군단과 대면하여 스스로를 절대적 차이로, 환원 불가능한 자유로, 총체성으로서의 존재를 유지하려는 의지로 제시하고 사고한다. 원시사회는 구체적으로 다음과 같이 나타난다: 자신의 영토의 통합성을 감시하는 분리된 공동체들의 다수성, 그리고 각자가 타자들과 대면하여 자신의 차이를 주장하는 일련의 새로운-유목민들(néo-nomades). 비분화된 각각의 공동체는 스스로를 "우리"라고 생각한다. 그리고 이 "우리"는 다른 촌락, 부족, 군단 등을 구성하는 대등한 "우리들"과의 평등한 관계 속에서 스스로를 총체성으로 간주한다. 원시 공동체가 스스로를 총체성으로 제시할 수 있는 것은 스스로를 통일체로 구성하기 때문이다. 원시 공동체는 비분화된 "우리"로서, 한정된 전체이다.

분석의 이 수준에서 원시 조직의 일반적 구조가 순수한 정학(靜學) 속에서, 전체적인 부동성 속에서, 운동의 부재 속에서 사고될 수 있을 것처럼 보인다. 실제로 전반적 체계는 대립과 갈등의 발생을 불가능하게 하면서 순수한 반복을 목적으로 기능할 수 있을 것처럼 보인다. 그렇지만 민족지적 현실은 그 반대이다. 체계는 부동은커녕 부단한 운동 속에 있다. 즉 체계는 정학 속에 있는 것이 아니라 동학(動學) 속에 있다. 원시적 단자(單子)는 자기 자신 속에 닫혀 있기는커녕, 전쟁 폭력의 극단적 강도(強度) 속에서 타자들을 향해 열려 있다. 그렇다면 어떻게 체계와 전쟁을 동시에 사고할 것인가? 전쟁은 체계의 우연한 실패를 반영하는 단순한 일탈일까? 아니면 체계는 전쟁 없이는 기능할 수 없는 것일까? 전쟁은 원시사회의 존재의 가능 조건이 아닐까? 전쟁은 죽음의 위협이 아니라 원시사회의 삶의 조건일 수 있을까?

첫 번째 점은 명확하다. 즉 전쟁의 가능성은 원시사회의 존재에 기입되어 있다는 것이다. 사실상 자신의 차이를 확인하려는 각각의 공동체의 의지는 매우 팽팽한 것이어서, 아주 간단한 사고(事故)도 추구된 차이를 현실적 분쟁으로 바꾸어 놓을 수 있다. 영토의 침범, 이웃 샤먼에 의한 공격이라는 추정만으로도 전쟁은 충분히 폭발할 수 있다. 따라서 균형은 언제나 위태로운 것이고, 폭력과 무장 갈등의 가능성은 직접적인 소여이다. 이러한 가능성이 결코 현실화되지 않고, 홉스가 생각한 것처

럼 만인에 대한 만인의 전쟁이 아니라, 그 반대로 레비스트로스적 관점
이 함의하는 것처럼 서로 간의 교환이 성립할 수 있을까?

그것을 일반화된 친교의 가설이라고 해보자. 우리는 곧 그러한 가설이
여러 가지 이유로 인해 불가능한 것임을 알게 된다. 우선 공간적인 분산
때문이다. 원시 공동체들은 고유한 의미에서 그리고 비유적 의미에서 일
정한 거리를 유지한다. 각각의 군단 또는 촌락 사이에는 그들 각각의 영
토가 펼쳐져 있고, 그래서 각각의 집단은 소원한 관계를 유지할 수 있다.
친교는 거리에 잘 적응하지 못한다. 축제에 초대하고 또 초대를 받아들이
며 방문을 하곤 하는 가까운 이웃과의 친교는 손쉽게 유지될 수 있다. 그
러나 멀리 떨어진 집단과는 그러한 관계가 성립할 수 없다. 원시 공동체
는 자신이 잘 아는 자기 영토로부터 오랫동안 멀리 떨어져 있는 것을 매
우 싫어한다. 그러한 경우 그들은 더 이상 "자기 집"에 있는 것이 아니며,
"야만인들"은, 옳건 그르건 그러나 대부분의 경우는 올바르게, 의심과 두
려움의 강렬한 감정을 느낀다. 따라서 교환의 친교적 관계는 가까운 집단
들 사이에서만 발전하는 것이고, 멀리 떨어진 집단 사이에서는 발생하지
않는다. 멀리 떨어진 집단의 성원들은 기껏해야 이방인들인 것이다.

또 다른 한편으로 만인에 대한 만인의 친교의 가설은 고유한 총체성으
로서의 자신의 존재, 가까운 이웃과 동맹자를 포함한 모든 다른 집단에
대한 고유한 차이로서의 자신의 존재를 유지하고 전개시키려는 각각의
공동체의 심층적이고 본질적인 욕망과 모순 관계에 들어간다. 즉 차이의
논리로서의 원시사회의 논리는 동일성의 논리로서의 일반화된 교환의
논리와 모순된다. 일반화된 교환의 논리는 동일화의 논리이다. 원시사회
가 무엇보다 거부하는 것은 바로 그러한 동일화의 논리이다. 타자와 동
일시되는 것에 대한 거부, 자신을 자신으로 구성해 주는 것, 자신의 존재
자체, 자신의 고유성, 스스로를 자율적 "우리"로 생각하는 능력 등을 상

실하는 것에 대한 거부가 바로 그것이다. 일반화된 교환과 만인 사이의 친교가 도출시킬 모두에 대한 모두의 동일화 속에서 각각의 공동체는 자신의 개체성을 잃게 될 것이다. 만인 사이의 교환은 원시사회의 붕괴를 가져온다. 동일화는 죽음을 향한 운동인 반면, 원시사회의 존재는 삶의 긍정이다. 동일성의 논리는 일종의 평등주의적 담화를 발생시킬 것이다. 만인 사이의 친교의 표어는 "우리는 모두 똑같다"이기 때문이다. 그리하여 부분적 "우리들"의 다수성이 하나의 상위 "우리" 아래 통일되고, 각각의 자율적인 공동체에 고유한 차이가 제거된다. 그리고 "우리"와 타자의 구분이 폐기되면, 원시사회 자체가 소멸된다. 문제는 원시적 심리학이 아니라 사회학적 논리이다. 원시사회에 내재하는 것은 파편화, 분산, 찢어짐의 원심적 논리이다. 각각의 공동체는 스스로를 있는 그대로 (고유한 총체성으로) 사고하기 위해서 이방인 또는 적이라는 대립된 형상을 필요로 하기 때문이다. 원시사회의 존재 자체에 이미 폭력의 가능성이 새겨져 있듯이 말이다. 전쟁은 원시사회의 **구조**이지, 결여된 교환이라는 우발적 실패가 아니다. 이러한 폭력의 구조적 지위에 상응하는 것이 "야만인들"의 세계에서 폭력의 보편성이다.

일반화된 친교와 만인 사이의 교환은 구조적으로 불가능하다. 그렇다면 홉스에게 정당성을 부여하고, 만인 사이의 친교의 불가능성으로부터 만인에 대한 만인의 전쟁의 현실성을 결론지어야 하지 않을까? 자, 이제 일반화된 적대의 가설을 생각해 보자. 각각의 공동체는 다른 모든 타자들과 대결하고 있고, 전쟁 기계는 완전히 작동하고 있으며, 사회 전체는 상호 파괴를 열망하는 적들로만 구성되어 있다. 그런데 우리가 알다시피 모든 전쟁은 승리자와 패배자를 탄생시킨다. 그렇다면 만인 사이의 전쟁의 주된 결과는 무엇일까?

만인 사이의 전쟁은 원시사회가 그 발생을 막기 위해 애썼던 정치적 관계를 성립시킬 것이다. 즉 만인 사이의 전쟁은 승리자가 패배자에게 강제로 행사하는 지배 관계, 권력관계를 성립시킬 것이다. 그렇다면 생겨나는 것은 명령-복종 관계를 내포하는 새로운 사회성의 형상, 지배자와 예속민으로의 사회의 정치적 분화이다. 달리 말해 전쟁의 결과는 비분화된 몸체이자 또 그러길 희망했던 원시사회의 죽음이다. 결국 일반화된 전쟁은 일반화된 친교와 정확하게 동일한 결과를 생산할 것이다. 즉 원시사회의 존재의 부정이 그것이다. 일반화된 친교의 경우, 차이의 해체로 인해 공동체는 **자율적 총체성**으로서의 성격을 잃어버릴 것이다. 일반화된 전쟁의 경우, 공동체는 사회적 분화의 생성으로 인해 **동질적 통일체**의 성격을 상실할 것이다. 원시사회는 고유한 총체성이다. 원시사회는 자신의 자유를 소외시키는 보편적 평화에도 동의하지 않고, 자신의 평등을 폐기하는 일반화된 전쟁에도 빠져들지 않는다. "야만인들"은 만인의 친구일 수도 없고 만인의 적일 수도 없는 것이다.

그러나 전쟁은 원시사회의 본질에 속한다. 전쟁은 교환과 마찬가지로 원시사회의 구조이다. 그렇다면 원시사회의 존재는 교환과 전쟁이라는 이질적인 두 요소가 합성된 것일까? 원시적 이상은 그리하여 이 두 요소 사이의 균형을 유지하는 것일까? 모순적인 것은 아닐지라도 대립되는 이 두 요소 사이에 중도(中道)를 추구하면서? 그러나 이러한 생각은 전쟁과 교환을 동일한 지평에 올려놓고서 그 하나를 다른 하나의 한계이자 실패로 간주하는 레비스트로스적 입장과 마찬가지의 것이다. 그러한 관점 하에서 일반화된 교환은 전쟁을 폐기하면서 또 원시사회를 폐기하고, 일반화된 전쟁은 교환을 폐기하면서 원시사회를 폐기한다. 따라서 원시사회는 교환과 전쟁을 동시에 필요로 하는데, 자율성을 견지하는 명예와 분화의 거부를 결합시켜야 하기 때문이다. 바로 이러한 이중적 요청에 부응하는 것이 서로 상이한 지평에서 전개되는 교환과 전쟁의 지위와 기능이다.

만인에 대한 만인의 전쟁의 불가능성은 한 주어진 공동체로 하여금 자신을 둘러싼 사람들을 곧바로 분류하도록 이끈다. 즉 타자들은 친구들과 적들로 나누어진다. 친구들과는 동맹을 맺고, 적들에 대해서는 전쟁의 위험을 감수하거나 또는 촉발시키기도 한다. 우리가 이러한 묘사를 통해 원시사회에 완전히 일반화된, 하찮은 상황만을 본다면 잘못이다. 왜냐하면 이제 동맹에 대한 질문을 제기해야 하기 때문이다. 원시 공동체는 왜 동맹자가 필요할까? 대답은 자명하다. 적들이 있기 때문이다. 동맹자의 군사적 지원 또는 적어도 동맹자의 중립성을 필요로 하지 않으려면, 막강한 무력을 소유하고 있거나 적들에 대한 계속적인 승리에 대해 확신을 가지고 있어야 한다. 하지만 실제로는 결코 그러한 일이 벌어지지 않는다. 한 공동체는 외교적 수단을 통해 후방을 보호해 놓지 않은 상태에서는 결코 전쟁에 뛰어들지 않는다. 이때 외교적 수단이란 축제나 초대와 같은 것으로, 그 결과 지속적이길 기대하는 동맹 관계가 형성된다. 하지만 그러한 수단은 계속 반복되어야 하는데, 배신은 언제나 가능하고 또 실제로 종종 일어나기 때문이다. 이것은 여행자들이나 민족학자들이 "야만인들"의 변덕 또는 배신적 기질이라고 지적한 특질이다. 그러나 다시 한 번 말하지만 문제는 원시 심리학이 아니다. 여기서 변덕은 단지 다음의 사실들을 의미할 뿐이다. 즉 동맹은 계약이 아니라는 사실, 동맹의 파기가 "야만인들"에게 결코 스캔들로 여겨지지 않는다는 사실, 어떤 공동체가 언제나 같은 동맹자나 같은 적을 갖는 것은 아니라는 사실이 그것이다. 동맹과 전쟁을 통해 연결되는 집단들은 언제나 변화할 수 있다. C집단에 대항해 A집단과 동맹한 B집단은 우연한 사건들로 인해 A집단으로부터 등을 돌리고 C집단과 동맹할 수 있는 것이다. "현장"의 경험은 그러한 전향의 광경을 끊임없이 제공해 주는데, 그 책임자는 언제나 여러 가지 합당한 이유들을 제시한다. 따라서 우리가 고찰해야 할 것은 전체적인 배치 ― 동맹자와 적으로의 타자들의 분화 ― 의 항구성이지, 특정 공동체가 그 배치 내에서 점하는 정황적이고 가변적인 위치가 아니다.

하지만 동맹 집단들 사이의 이러한 근거 있는 상호 불신은 동맹이 진정으로 원해서 이루어지는 것이 아님을 잘 보여 준다. 동맹은 목적이 아니라 수단으로 체결되는 것이다. 동맹은 전쟁이라는 목적을 최소의 위험과 최소의 비용으로 달성하려는 수단이다. 동맹을 받아들이는 것은 홀로 군사 작전을 수행하는 것이 너무 위험스럽기 때문이고, 가능하다면 언제나 불확실한 동맹을 체결하지 않으려 할 것이다. 따라서 원시사회에서 "국제적" 생활의 핵심적 속성은, 원시사회에서 전쟁은 동맹에 우선한다는 것이다. 제도로서의 전쟁이 전술(tactique)로서의 동맹을 규정한다. 전략(stratégie)은 모든 공동체에서 다음과 같이 동일한 것이기 때문이다. 자신들의 자율성을 보존하는 것, 분화되지 않은 "우리"로서의 공동체적 존재를 지키는 것이 그것이다.

우리가 이미 확인한 것처럼, 전쟁의 가능성은 정치적 독립에의 의지와 영토의 독점적 통제에 의해 원시사회들의 작동에 직접적으로 기입되어 있다. 원시사회는 항구적 전쟁 상태에 있는 것이다. 이제 우리는 동맹의 추구가 실질적 전쟁에 종속되어 있음을 알 수 있다. 동맹에 대한 전쟁의 사회학적 우선성이 존재한다. 교환관계가 확립되어 있는 곳에서, 호혜성의 원리가 작용하는 사회-정치적 단위들은 어떠한 것일까? 그것은 바로 동맹의 망 속에 기입된 집단들이다. 교환의 파트너들은 동맹자들이고, 교환의 영역은 동맹의 영역과 정확하게 일치한다. 물론 그렇다고 하여 동맹이 없으면 교환도 없다는 것은 아니다. 그 경우 교환은 자율적 공동체 내부에 국한되어 끊임없이 수행될 것이다. 즉 그 경우 교환은 공동체 내부적인 것이 된다.

교환은 동맹자들 사이에 행해진다. 동맹이 있으므로 교환이 있다. 단지 절차를 갖추어 서로가 서로를 번갈아 가며 초대하는 축제 같은 것만이 교환되는 것은 아니다. (다시 말하지만 별로 경제적 의미를 갖지 못하는) 선물들이나 여자들도 교환된다. 레비스트로스가 적고 있듯이, "약혼자의 교환은 호혜적 증여의 끊임없는 과정의 종착점"이다(『친족의 기본 구조』제2판, 79쪽). 한마디로, 동맹의 사실은 재화나 서비스뿐만 아니라 결혼 관계에까지 연관되는 완전한 교환의 가능성을 정립한다. 여자들의 교환이란 어떤 것일까? 인간 사회 그 자체의 수준에서 여자 교환은 사회의 인간성, 즉 비(非)동물성을 확보해 주고, 인간 사회가 자연의 질서가 아니라 문화의 질서에 속한다는 것을 의미한다. 인간 사회는 필요의 우주가 아니라 규칙의 우주에서, 본능의 세계가 아니라 제도의 세계에서 펼쳐진다. 여자들의 외혼제적 교환은 근친상간 금기를 통해 사회를 정립한다. 하지만 그러한 교환은 인간 사회를 비(非)동물의 사회로 정립시키는 것이지, 상이한 공동체들 사이의 동맹망의 틀 속에서 제도화되는, 또 다른 수준에서 펼쳐지는 것은 아니다.

동맹의 틀 속에서 여자 교환은 명백한 정치적 중요성을 갖는다. 상이한 집단 간에 결혼 관계의 확립은 불가피한 적들과 최적의 조건에서 맞서 싸우기 위해 정치적 동맹을 체결하고 강화하려는 수단이다. 동맹자들이 동시에 친족이라면, 전쟁에서의 연대성은 더 많은 안정성을 가질 수 있는 것이다. 물론 친족 관계가 동맹의 충실성을 확고하게 보장해 주는 것은 아니지만 말이다. 레비스트로스에 의하면, 여자 교환은 "호혜적 증여의 끊임없는 과정"의 궁극적 종착점이다. 하지만 실제로 두 집단이 관계를 맺을 때에는 결코 여자들의 교환을 추구하지 않는다. 그들이 원하는 것은 정치-군사적 동맹이고, 그것에 도달하기 위한 최고의 수단이 여자를 교환하는 것이다. 바로 그 때문에 여자 교환의 장(場)은 정치적 동맹의 장보다 훨씬 제한되어 있는 것이다. 어쨌거나 여자 교환의 장은 정치적 동맹의 장을 벗어날 수 없다. 동맹은 교환을 허용하기도 하고 단절시키기도 한다. 동맹은 교환의 한계를 규정하는 것이다. 교환은 동맹을 벗어나지 못한다.

레비스트로스는 목적과 수단을 혼동한다. 이러한 혼란은 인간 사회의 정립 행위로서의 교환(근친상간 금기, 외혼제)과 정치적 동맹의 수단과 결과로서의 교환(가장 좋은, 또는 가장 덜 나쁜 동맹자는 친족이다)을 같은 지평에 위치시키는 그의 교환 개념 자체로부터 필연적으로 발생한다. 결국 레비스트로스의 교환 이론을 지탱해 주는 관점은 원시사회가 교환을 원한다는, 원시사회는 교환을-위한-사회라는, 교환이 많이 이루어질수록 원시사회는 더 잘 돌아간다는 관점이다. 하지만 우리가 보았듯이, 원시사회는 경제적인 면(자급자족의 이상)에 있어서나 정치적인 면(독립성에의 의지)에 있어서나 부단히 교환의 필요성을 최소화하려는 전략을 발전시킨다. 원시사회는 교환을 위한 사회이기는커녕 교환에 반대하는 사회인 것이다. 이 사실은 여자 교환과 폭력 사이의 결합 지점에서 가장 명백히 나타난다.

알다시피 모든 원시사회가 뚜렷이 강조하는 전쟁의 목적들 가운데 하나는 여자의 포획이다. 즉 적들을 공격하는 것은 그들의 여자를 빼앗아 오기 위한 것이다. 그것이 진정한 이유인지 아니면 공격성을 변호하기 위한 핑곗거리인지는 중요하지 않다. 여기서 전쟁이 표현하는 것은 교환 관계를 맺는 것에 대한 원시사회의 깊은 혐오이다. 여자 교환에서 한 집단은 여자를 얻는 만큼 또한 잃어야 하는데, 전쟁에서 승리한 집단은 어떤 여자도 내주지 않으면서 여자를 얻기만 한다. 그 위험(부상, 죽음)은 상당한 것이지만 또한 이득도 대단한 것이다. 즉 이득은 전체적이고 여자들은 공짜이다. 따라서 이해관계에 따를 땐 전쟁을 하는 편이 교환을 하는 것보다 낫다. 하지만 그럴 경우 우리가 이미 그 불가능성을 살펴본 만인에 대한 만인의 전쟁 상황이 될 것이다. 그렇기 때문에 전쟁은 동맹을 필요로 하고, 동맹은 교환을 성립시킨다. 여자 교환이 존재하는 것은 다른 대안이 없기 때문이다. 즉 적들이 존재하기 때문에 동맹자를 구해야 하고 처남-매부 관계를 맺는 것이다. 거꾸로 된 경우를 설정해 본다면, 여러 가지 이유(남자들이 너무 많거나 일부다처제를 확장하려 할 때 등등)로 한 집단이 여자들을 더 필요로 할 때, 그 집단은 교환을 통해서가 아니라 폭력과 전쟁을 통해서 여자들을 얻으려 할 것이다.

요약을 해보자. 원시사회에 대한 교환주의적 담화는 원시사회를 완전히 교환 위에 기초 지으려는 것이며, 구별되는 — 그러나 논리적으로 연결되는 — 두 가지 사항에서 잘못되어 있다. 첫째로, 그러한 담화는 원시사회가 교환의 장을 확장하려고 하기는커녕 오히려 그 중요성을 부단히 감소시키려 한다는 것을 모르거나 또는 인정하길 거부한다. 둘째로, 그러한 담화는 폭력의 현실적 중요성을 인식하지 못한다. 왜냐하면 교환에 부여된 우선권과 독점권은 실질적으로 전쟁을 축출시켜 버리기 때문이다. 우리가 보기에, 전쟁에 대해서 잘못 아는 것은 사회에 대해 잘못 아는 것이다. 레비스트로스는 원시사회의 존재가 교환을-위한-존재라고 믿으면서, 원시사회가 전쟁에 반대하는 사회라고 말한다. 즉 전쟁은 결여된 교환이라는 것이다. 그의 담화는 정합적이지만 잘못된 것이다. 그의 담화 내부에는 모순이 없다. 하지만 그의 담화는 민족학적으로 읽힐 수 있는 원시사회의 사회학적 현실에 모순된다. 우선하는 것은 교환이 아니라, 원시사회의 작동 양식에 기입되어 있는 전쟁이다.

전쟁은 동맹을 내포하고, 동맹은 교환(인간과 동물 사이의 차이로서의, 자연에서 문화로의 이행으로서의 교환이 아니라, 원시사회의 사회성의 전개로서의,

원시사회의 정치적 존재의 자유로운 작용으로서의 교환)을 도출시킨다. 우리가 교환을 이해할 수 있는 것은 전쟁을 통해서이지, 그 반대가 아니다. 전쟁은 교환의 우발적 실패의 귀결이 아니다. 오히려 교환이 전쟁의 전략적 결과이다. 레비스트로스가 생각하는 것처럼 교환의 존재가 전쟁의 비(非)존재를 규정하는 것이 아니라, 전쟁의 존재가 교환의 존재를 규정하는 것이다. 원시사회의 항구적 문제는 누구와 교환을 할 것인가의 문제가 아니라, 어떻게 하면 우리의 독립성을 지킬 것인가의 문제이다. 교환에 대한 "야만인들"의 관점은 명확하다. 교환은 필요악이라는 것이다. 동맹자가 필요하고, 처남-매부 간이면 더 좋다는 것이다.

홉스는, 원시 세계는 사회적 세계가 아니라고 한다. 재화와 서비스의 교환은 물론 근친상간 금기에 따른 외혼제의 규칙을 지키기 위한 여자의 교환도 전쟁이 가로막기 때문이라는 것이다. 이러한 그의 주장은 잘못된 것이다. 홉스는 아메리카의 "야만인들"이 "거의 동물적인 방식"으로 살아가고 있으며, "자연적 탐욕"에 종속(규칙의 우주의 부재)되어 있어 사회조직이 부재한다고 한다.

그러나 홉스의 오류가 레비스트로스를 정당화시켜 주는 것은 아니다. 레비스트로스에게 있어서 원시사회는 교환의 세계이다. 하지만 레비스트로스는 일반적인 인간 사회를 정립시키는 교환과 상이한 집단 사이의 관계 양식으로서의 교환을 구분하지 않는다. 그리고 그는 전쟁을 교환의 부정으로 설정하기 때문에 전쟁을 축출시킬 수밖에 없다. 전쟁이 존재하면 교환이 부재하고, 교환이 존재하면 사회가 부재하게 되는 것이다.

물론 교환은 인간 사회에 내재한다. 인간 사회가 존재하는 것은 근친상간 금기와 여자 교환이 존재하기 때문이다. 하지만 여자 교환은 전쟁의 순수한 사회-정치적 행위와는 아무 관련이 없고, 전쟁은 결코 근친상간 금기를 존중하는 교환을 거부하지 않는다.

전쟁이 거부하는 것은 상이한 공동체들 사이의 사회-정치적 관계의 총체로서의 교환이다. 하지만 전쟁이 그러한 교환과 대립하는 것은 오히려 동맹을 매개로 하여 그러한 교환을 정립하고 제도화하기 위해서이다. 레비스트로스는 교환의 이러한 두 지평을 구별하지 못하면서, 전쟁을 아무 관련도 없는 따라서 그 속에서 전쟁은 사라질 수밖에 없는 교환의 단일한 지평에 위치시킨다. 레비스트로스에 의하면, 호혜성의 원리의 작동은 동맹의 추구로 나타나고, 동맹은 여자 교환을 가능하게 해 주며, 교환은 전쟁의 부정으로 이어진다. 원시사회에 대한 이러한 묘사는 전쟁이 존재하지 않았다면 매우 만족스러운 것이었을 것이다. 하지만 전쟁은 존재할 뿐만 아니라 보편적이다. 민족지적 현실이 말해 주는 것은 다음과 같은 것이다. 즉 집단들 사이의 전쟁 상태가 동맹을 추구하도록 하고, 동맹은 여자 교환을 불러온다는 것이다. 친족 체계 또는 신화 체계의 성공적 분석은 사회에 대한 담화의 부재와 공존하는 것이다.

민족지적 사실을 검토해 보면, 전쟁 행위의 순수한 정치적 차원이 드러난다. 전쟁 행위는 인간의 동물적 고유성으로 인한 것도 아니고, 공동체의 생존 경쟁이나 폭력을 제거하는 교환의 부단한 운동과 연결되는 것도 아니다. 전쟁은 원시사회 그 자체에 접합된다(전쟁은 원시사회에서 보편적이다). 전쟁이 원시사회의 작동 양식이기 때문이다. 전쟁의 존재와 의미를 규정하는 것은 원시사회의 성격 자체이다. 각각의 집단이 내세우는 극단적 특수주의로 인해 원시사회의 존재 속에 전쟁은 이미 가능성으로 현존한다. 모든 지역 집단에 있어서 모든 타자들은 이방인들이다. 모든 집단은 이방인의 형상에 대면하여 자율적 "우리"로서의 스스로의 정체성을 확인한다.

이러한 사실이 말해 주는 것은 전쟁 상태가 항구적이라는 것이다. 왜냐하면 이방인들에 대한 관계는 실질적 전쟁으로 발전하건 말건 간에 적대 관계일 수밖에 없기 때문이다. 핵심적인 것은 무장투쟁의, 전투의 사실적 존재가 아니라, 그 가능성의 항구성, 항구적인 전쟁 상태이다. 항구적인 전쟁 상태를 통해 모든 공동체는 각자의 차이를 유지하기 때문이다. 항구적인 것, 구조적인 것은 이방인과의 전쟁 상태로, 이러한 상태는 다소간 규칙적인 주기를 갖고서, 그리고 사회에 따라 상이한 빈도로, 실질적 전투로, 직접적 대결로 이어진다. 결국 이방인은 적이고, 적은 동맹자를 만들어 낸다. 전쟁 상태는 항구적이지만, 그렇다고 "야만인들"이 언제나 전쟁을 하면서 지내는 것은 아니다.

원시사회의 대외 정치로서의 전쟁은 원시사회의 대내적 정치와 연관된다. 원시사회의 내부 정치는 확고한 보수주의라고 명명될 수 있는 것으로, 언제나 준수하여야 하고 결코 변화시켜서는 안 되는 전통적 규범 체계와 전래의 법에 대한 부단한 준거를 통해 표현된다. 원시사회가 그러한 보수주의를 통해 지키려는 것은 무엇일까? 원시사회가 지키려는 것은 자신의 존재 자체이다. 원시사회는 자신의 존재 속에서 스스로를 유지하려는 것이다. 그렇다면 원시사회의 존재란 어떤 것인가? 그것은 사회적 몸체가 동질적이고 공동체가 하나의 "우리"를 구성하는 비분화된 존재이다. 따라서 원시적 보수주의는 사회의 혁신을 가로막으려 하고, 법의 존중을 통해 비분화를 유지하려고 하며, 사회 속에서 분화의 출현을 막으려 한다. 이것이 경제적 지평(부의 축적 불가능성)과 정치적 지평(우두머리는 명령을 내려서는 안 된다)에서 원시사회의 내부 정치이다. 스스로를 비분화된 "우리"로, 고유한 총체성으로 유지하는 것이 그것이다.

그렇지만 다른 한편으로 비분화된 존재 속에서 스스로를 유지하려는 의지는 모든 "우리"들, 모든 공동체에 동일한 것이다. 그들 각자에게 "자기(Soi)"의 위치는 타자들에 대한 대립과 적대를 내포한다. 전쟁의 상태는 원시 공동체가 상대방에 대해 자신의 자율성을 주장할 능력을 갖는 한에서 계속 지속된다. 만약 자신의 자율성을 주장할 수 없다면 그 공동체는 타자들에 의해 붕괴될 것이다. 각각의 공동체의 자율성의 조건은 적대의 구조적 관계를 실현할 수 있는 능력(억제력), 타자들의 기도(企圖)에 실질적으로 저항할 수 있는 능력(공격을 물리칠 수 있는 능력), 한마디로 전쟁 능력이다. 달리 말해 항구적 전쟁 상태와 실질적 전쟁은 원시사회가 사회 변화를 막기 위해 사용하는 주된 수단으로 주기적으로 등장한다. 원시사회의 항구성은 전쟁 상태의 항구성에 의해 매개되고, 내부 정치의 실현(비분화되고 자율적인 "우리"를 온전히 유지하는 것)은 대외 정치의 실현(전쟁을 위해 동맹을 맺는 것)을 통해 매개되며, 그리하여 전쟁은 원시사회의 존재의 핵심에 위치하여 사회적 삶의 진정한 동력을 구성한다. 스스로를 하나의 "우리"로 사고하기 위해서는 공동체는 분화되지 않고(하나) 독립적(총체성)이어야 한다. 서로 결합된 내적 비분화와 외적 대립은 서로의 조건을 이룬다. 그리하여 전쟁이 멈추면 원시사회의 심장이 고동치길 멈춘다. 전쟁은 원시사회의 토대이고 그 존재의 삶 자체이며 목적이다. 즉 원시사회는 **전쟁을 위한** 사회이고, 본질적으로 전쟁적이다.[11]

원시사회에서 가장 눈에 잘 띄는 특질인 지역 집단들의 분산은 전쟁의 원인이 아니라, 결과이자 고유한 목적이다. 원시적 전쟁의 기능은 무엇인가? 집단들의 분산, 파편화, 원자화를 항구적으로 유지하는 것이 바로 그것이다. 원시 전쟁은 종종 무장 갈등으로 표현되는 원심적 논리의 노

---

11. 전사로서의 원시인들에 대한 서양인들의 담화가 아니라, 같은 논리를 갖는, 그러나 전혀 예견하지 못한 잉카인들의 담화를 지적해 두자. 잉카족은 제국의 행보를 교란시키는 부족들을 지칭하여 부단한 **전쟁** 상태에 있는 야만인들이라고 한다. 그래서 그 부족들을 통합시키려는 "팍스 잉카나"의 정복 시도는 정당화된다.

동, 분리의 논리의 노동이다.[12] 전쟁은 각각의 공동체가 자신의 독립성을 유지하는 데 소용된다. 전쟁이 있는 한에서, 자율성이 있다. 바로 이 때문에 전쟁은 멈출 수도 없고 멈춰서도 안 되며 항구적이다. 전쟁이 원시사회의 특권적 존재 양식인 것은, 원시사회가 동등하고 자유롭고 독립적인 사회-정치적 단위들로 나누어지기 때문이다. 적들이 존재하지 않는다면 만들어 내야 한다.

따라서 원시사회의 논리는 원심력의 논리, 다수성의 논리이다. "야만인들"은 다수성의 다수화를 원한다. 그렇다면 원심적 힘들의 발전이 행사하는 주된 효과는 무엇일까? 원심적 힘은 그 반대되는 힘, 구심적 힘에 대해 통일의 논리, 일자(一者)의 논리에 대해 건너뛸 수 없는 방책(防柵), 가장 견고한 장애물을 설치한다. 다수성의 사회인 원시사회는 일자의 사회일 수 없다. 더 많이 분산될수록 통일성은 더 적어진다. 여기서 우리는 원시사회의 내부 정치와 대외 정치를 결정하는 것이 똑같은 엄밀한 논리임을 알 수 있다. 한편으로 공동체는 자신의 비분화된 존재를 유지하려 하고, 그리하여 하나의 통일적 층위 — 지배하는 우두머리의 형상 — 가 사회적 몸체로부터 분리되어 지배자와 피지배자의 사회적 분화를 도입하는 것을 가로막는다. 다른 한편으로 공동체는 자신의 자율적 존재를 유지하려 하며, **자기 고유의 법의 기치 아래 머무르려 한다**. 즉 공동체는 외재적 법에의 종속으로 이끄는 모든 논리를 거부하고, 통합적 법의 외재성에 대립한다. 그렇다면 모든 차이들을 모아 제거하는, 다수성의 논리를 대립되는 통합의 논리로 대체하기 위해 축출하면서 지탱되는 이 법적 힘이란 어떤 것일까? 원시사회가 본질적으로 거부하는 이 일

---

12. 이러한 논리는 공동체들 사이에만 관계된 것이 아니라 공동체 자체의 작동에도 관련된다. 남아메리카에서 한 집단의 인구 규모가 사회에 의해 적정하다고 판단되는 문턱을 넘어설 때, 일단의 사람들이 떨어져 나가 먼 곳에서 다른 촌락을 세운다.

자의 이름은 무엇일까? 그것은 국가이다.

　다시 생각해 보자. 국가란 무엇일까? 국가란 정치권력의 분리된 기관이고, 사회분화의 완성된 기호이다. 이때부터 사회는 권력을 행사하는 자와 권력 행사를 당하는 자로 나누어진다. 이제 사회는 더 이상 비분화된 "우리," 하나의 고유한 총체성이 아니라, 찢겨진 몸체, 이질적인 사회적 존재이다. 사회분화와 국가의 탄생은 원시사회의 죽음이다. 공동체는 차이를 긍정하기 위해서는 비분화되어 있어야 한다. 모든 타자들을 배제하는 총체성이고자 하는 공동체의 의지는 사회분화에 대한 거부에 입각한다. 스스로를 타자를 배제하는 "우리"로 사고하기 위해서는, "우리"는 동질적인 사회적 몸체여야 한다. 외적인 파편화와 내적인 비분화는 단하나의 현실의 두 측면이고, 동일한 사회학적 작동, 동일한 사회적 논리의 두 측면이다. 적들의 세계에 효율적으로 대처하기 위해 공동체는 단합되고 동질적이며 분화가 없어야 한다. 또 거꾸로, 비분화를 유지하기 위해서 공동체는 적의 형상을 필요로 한다. 공동체는 적의 형상 속에서 자신의 사회적 존재의 단합된 이미지를 보는 것이다. 사회-정치적 자율성과 사회학적 비분화는 각각 서로에 대해 조건을 이룬다. 조각내는 원심적 논리는 일자의 통일적 논리에 대한 거부이다. 이 사실이 구체적으로 의미하는 것은, 원시 공동체들은 결코 사회 인구학적 거대 규모에 도달할 수 없다는 것이다. 원시사회의 근본적 경향은 집중화가 아니라 분산, 취합이 아니라 원자화이기 때문이다. 만약 우리가 어떤 원시사회에서 구심적 힘의 작용을, 사회적 거대 단위로의 재취합 경향의 작용을 보게 된다면, 그 사회는 원심적인 원시적 논리를 상실하고 있는 중이고, 총체성과 통일성의 속성을 잃어버리고 더 이상 원시적이지 않게 되어 가고 있는 중이라고 할 수 있겠다.[13]

---

13. 신세계 발견 당시 구심적 힘과 통합화의 논리에 의해 변모하고 있던 남아메리카의 투

통합화의 거부, 분리된 일자에 대한 거부, 국가에 대항하는 사회. 각각의 원시 공동체는 사회 변화를 거부하는(사회는 지금 있는 상태대로, 비분화의 상태대로 머물 것이다) 자기 고유의 법(자-율성auto-nomie과 정치적 독립성)의 기치 아래 머물려고 한다. 국가에 대한 거부는 타-율성(exo-nomie)에 대한 거부, 외재적 법에 대한 거부이며, 원시사회의 구조 자체에 내재된 것처럼 단순히 예속에 대한 거부이다. 단지 바보 같은 자들만이 소외를 거부하기 위해서는 소외를 미리 체험해 보아야 한다고 한다. 그러나 (경제적 또는 정치적) 소외에 대한 거부는 원시사회의 존재 자체에 속해 있는 것이다. 원시사회는 자신의 보수주의를, 비분화된 "우리"로 남으려는 결연한 의지를 표현한다. 단순히 사회적 기계의 작동 효과가 아니라 결연한 의지를 말이다. "야만인들"은 그들의 사회적 삶의 모든 변화(모든 사회적 혁신)가 오로지 자유의 상실로 귀결될 것을 잘 알고 있었다.

원시사회란 무엇인가? 원시사회는 모두 동일한 원심적 논리에 의해 지배받는 비분화된 공동체들의 다수성이다. 어떤 제도가 그러한 논리의 항구성을 표현하고 또 보장해 줄까? 전쟁이 바로 그것이다. 전쟁은 공동체들 사이의 관계의 진리이고, 통합화의 구심적 힘에 대항하여 분산의 원심적 힘을 발전시키는 주된 사회학적 수단이다. 전쟁 기계는 사회 기계의 동력이고, 원시사회의 존재는 완전히 전쟁에 기초하고 있으며, 원시사회는 전쟁 없이 지속될 수 없다. 전쟁이 더 많을수록 통합화는 반대로 적어진다. 국가의 가장 강력한 적은 전쟁이다. 전쟁을-위한-사회로서의 원시사회는 국가에 대항하는 사회이다.

우리는 이제 다시 홉스의 사고로 회귀한다. 그 이후에는 찾아볼 수 없었던 그러한 명석함을 가지고 영국의 사상가는 전쟁과 국가 사이의 심층적 연결성, 밀접한 관계를 찾아냈다. 홉스는 다음의 사실들을 포착했

피-과라니(Tupi-Guarani)족이 바로 그러한 경우이다.

다. 전쟁과 국가는 모순적 항(項)들이라는 것, 전쟁과 국가는 공존할 수 없다는 것, 전쟁과 국가는 서로를 배제한다는 것. 즉 전쟁은 국가를 가로막고 국가는 전쟁을 가로막는다. 홉스가 그 시대의 사람으로서 범한 커다랗고 거의 치명적이었던 오류는 다음과 같이 믿은 것이다. 만인에 대한 만인의 전쟁이 벌어지는 사회는 결코 사회가 아니라고, "야만인들"의 세계는 사회적 세계가 아니라고 믿은 것, 따라서 전쟁이 종식되고 반(反)전쟁 기계인 국가가 발생해야 사회라는 제도가 가능해진다고 믿은 것 말이다. 원시사회를 비(非)자연적 사회로 간주할 수 없었던 홉스는 그러나 국가 없이는 전쟁을 사고할 수 없다는 것, 국가와 전쟁의 관계를 상호 배제적인 관계로 설정해야 한다는 것을 드러낸 첫 번째 사람이다. 홉스에게 있어서 사람들 사이의 사회적 유대란 오로지 "모두에게 경외심을 갖게 하는 공통의 권력" 덕분에 가능해진다. 즉 국가는 전쟁에 대항한다는 것이다.

하지만 항구적 전쟁의 사회학적 공간으로서의 원시사회가 우리에게 말해 주는 것은 무엇일까? 원시사회는 홉스의 말을 뒤집어서 반복한다. 즉 분산의 기계는 통합화 기계에 대항해서 작동한다는 것, 전쟁은 국가에 대항한다는 것이다.[14]

---

14. 폭력의 고고학의 이 시론의 끝에서 다양한 민족학적 문제들이 제기된다. 특히 다음과 같은 것들 말이다. 전쟁 기계가 폭주하도록 내버려 두는 원시사회의 운명은 어떤 것일까? 전사 집단이 공동체에 대해 자율성을 갖게 되면 전쟁의 동력학은 사회분화의 위험을 내포하게 되지 않을까? 그러한 일이 벌어질 때 원시사회는 어떻게 대응할까? 이러한 질문들의 배후에는 다음과 같은 초월적 질문이 자리 잡고 있다. 비분화된 사회에서 사회분화가 생겨나는 것은 어떤 조건 아래에서일까?

우리는 이 텍스트의 뒤를 이을 일련의 연구들을 통해 이러한 질문들과 또 다른 질문들에 답하려 할 것이다.

제12장
야만적 전사의 불행[1]

나는 최근에 전쟁을 사고하지 않고서는 원시사회를 사고할 수 없다고 썼다.[2] 원시사회의 존재에 내재하고 그 작동 양식의 직접적이자 보편적인 소여인 전쟁 폭력은 "야만인들"의 우주에서 다음과 같이 나타난다. 즉 원시사회의 존재를 비(非)분화 속에서 보존해 주고, 타자로부터 자유롭고 독립적인 **고유한 총체성**이 지니는 자율성을 각각의 공동체에 보장해 주는 주된 수단으로 말이다. 국가 없는 사회가 국가에 의해 구성되는 통합화 기계에 대항하여 설치하는 장애물로서의 전쟁은 원시사회의 본질에 속한다. 즉 모든 원시사회는 호전적이라는 것이다. 알려진 원시사회들은 무한히 다양하지만, 전쟁은 민족학적으로 보편적인 것으로 확인

---

1. *Libre*, 2, Payot, 1977, 69-109쪽에 실렸다. — 물론 이 글의 제목은 뒤메질(G. Dumézil)의 책 『전사의 행운과 불행』을 연상시킨다. 이러한 부분적 겹처짐은 다루어지는 장(場)들의 차이를 표시한다. 뒤메질은 그 상태를 유지하고자 하는 **분화된** 사회가 지니는 **표상**(신화, 서사시, 신학)의 수준에서 전쟁 기능을 분석한다. 반면 나는 그 상태를 유지하고자 하는 비(非)분화된 사회의 **실질적 현실**(공동체와 그 전사들 사이의 구체적인 사회적 관계)의 수준에서 전사의 기능을 성찰한다.
2. 이 책의 제11장 참조.

된다. 전쟁이 사회의 한 속성이라고 한다면, 전투 행위는 남성적 세계-내-존재를 규정하는 지평에 기입되는 기능이자 임무로 제시된다. 원시사회에서 남자는 곧 전사(戰士)인 것이다. 앞으로 볼 것처럼, "남자 = 전사"라는 이 등식은 원시사회에서 남자와 여자의 사회적 관계라는, 수없이 그러나 종종 바보스럽게 논의된 문제를 새롭게 조명해 줄 것이다.

원시적 인간은 그 자체가 전사이다. 각각의 성인 남자들은 전투 기능에 있어서 동등한 관계를 유지한다. 이러한 동등한 관계는 개인적 재능, 특수한 재질, 개인적 용기와 지식에 있어서 차이, 즉 위세(威勢, prestige)의 위계를 인정하고 또 요청하기도 하지만, 정치적 권력에 입각한 전사들의 불평등한 배치는 단호하게 부정하는 것이다. 평화 시의 경제활동이나 사회생활에서와 마찬가지로, 전투 행위는 전사들의 공동체가 명령자와 실행자로 나누어지는 것을 용납하지 않는다. 규율은 원시 "군대"의 중요한 힘이 아니고, 복종은 결코 일반 전투원들의 첫째 의무가 아니며, 우두머리는 어떤 명령권도 행사하지 못한다.

널리 유포되어 있는 의견(우두머리는 전쟁 시를 제외하곤 어떤 권력도 갖지 못한다는)과는 달리, 전쟁 지도자는 출정시의 어떤 시기(준비, 전투, 퇴각)에도 ─ 그의 의지가 무엇이든 ─ 자신의 의사를 부과할 수 없고, 또 그 누구도 받아들이지 않으리라고 그 자신도 미리 알고 있는 명령을 내릴 수 없다. 달리 말해 평화와 마찬가지로 전쟁은 우두머리가 지배자가 되는 것을 허용하지 않는다.

전사의 차원에서 "야만적" 우두머리의 진정한 형상(전쟁 지도자는 어떠한 역할을 할까?)을 그리는 것은 특별한 연구를 요한다. 일단 전쟁이 사람들 사이의 정치적 관계에 새로운 장을 열어 주지 않는다는 것을 기억해 두자. 전쟁 지도자와 전사들 사이의 관계는 동등하다. 전쟁은, 비록 일시적일지라도, 결코 원시사회에서 지배자와 복종자의 분화를 초래하지 않는다. 자유에의 의지는 결코 승리에의 의지로 인해 폐기되지 않는다. 작전상의 효율성을 포기하더라도 말이다. 전쟁 기계 그 자체는 원시사회 내에 불평등을 발생시킬 수 없다. 여행가들과 선교사들의 오래된 연대기들이나 민족학자들의 최근 연구들은 공통적으로 다음과 같은 사실을 확인해 준다. 즉 한 우두머리가 자기 자신의 전쟁 욕망을 공동체에 부과하려 할 때, 공동체는 그를 쫓아낸다는 것이다. 왜냐하면 공동체는 권력에의 욕망의 법칙에 예속되기를 거부하고, 자신의 자유로운 집합적 의지를 행사하려고 하기 때문이다. 지배자가 되고 싶어 하는 우두머리에 대해서 공동체는 최선의 경우 등을 돌리고, 최악의 경우 죽여 버린다.

이것이 일반적으로 원시사회가 전쟁과 맺는 일반적 관계이다. 그러나 전쟁에 대한 관계가 여태까지 말한 것을 넘어서는 매우 특수한 유형의 원시사회들이 세계 여러 곳에 존재한다. 전투 행위가 이중화되거나 중층 결정된 사회들이 그러한 사회들이다. 그러한 사회들에서 전쟁은 한편으로 다른 모든 원시사회들에서와 마찬가지로 공동체들 사이에 도랑을 파고 또 파면서 다수성을 유지하는 순전히 사회-정치적인 기능을 담당한다. 하지만 그러한 사회들에서 전쟁은 다른 한편으로 전혀 상이한 지평 속에서 펼쳐진다. 즉 모든 통합화 하는 힘을 미리 예방하고 원심적 힘들의 완전한 행사를 보장하려는 사회학적 전략의 정치적 수단으로서가 아니라, 전사의 사적 목적, 개인적 목적을 위해 전쟁이 전개된다는 것이다. 그 수준에서 전쟁은 더 이상 원시사회의 작동 양식의 구조적 효과가 아니라, 완전히 자유로운 개인적 기획이다. 오로지 전사의 결정으로부터만 비롯되는 것이기 때문이다. 전사는 오직 자신의 욕망, 자신의 의지의 법칙에만 복종한다.

그렇다면 그러한 사회들에서 전쟁은 단순히 전사의 일인 것일까? 그러한 유형의 사회들에서 전투 행위는 극단적으로 "개인화된" 측면을 갖지만, 그럼에도 전쟁이 사회학적 지평에 영향을 미치는 것은 당연하다. 그러한 사회들에서 전쟁의 이중적 차원은 사회적 몸체에 어떠한 형상을 부과할까? 그것은 사회적 몸체의 표면에 하나의 이질적, 이방적 공간이 자리 잡는다는 것이다. 전사들 전체에 의해 구성된 특수한 사회집단이라는 예측 불가능한 기관이 덧붙여진다는 것이다.

그렇지만 남자들 전체가 그러한 집단을 이루는 것은 아니다. 그러한 사회들의 모든 남자들이 반드시 전사인 것은 아니고, 전투의 요청에 모두가 동일한 열정으로 부응하는 것은 아니기 때문이다. 단지 몇몇 남자들만이 자신들의 전사적 역할을 수행할 뿐이다. 달리 말해 이러한 유형의 사회에서 전사 집단은 소수의 남자들만으로 이루어진다. 전투 행위에 자신의 모든 시간을 바쳐 헌신하기로 확고하게 선택한 자들, 전쟁이 자기 존재의 토대, 최고의 명예, 자기 삶의 유일한 의미인 자들이 그들이다.

따라서 일반적인 원시사회들과 이러한 특수한 사회들 사이의 차이는 곧장 드러난다. 일반적인 원시사회는 본질적으로 호전적인 사회이고, 모든 남자들이 전사이다. 즉 전쟁 상태가 항구적이므로 보통 때는 잠재적 전사이고, 때때로 무장 갈등이 발생할 때면 실질적 전사가 된다. 그리고 남자들 전체가 언제든지 전쟁을 위한 준비가 되어 있으므로 남성 공동체 내에서 다른 집단들보다 더 호전적인 특별한 집단이 분화될 수는 없다.

반면, 특수한 유형의 사회인 "전사적" 사회에서 전쟁은 모든 남성이 수행할 수 있는 개인적 소명의 성격을 갖고, 누구나 자신이 원하는 것을 자유롭게 할 수 있지만, 단지 몇몇 사람만이 그러한 소명을 구현한다. 이 사실이 뜻하는 것은, 일반적인 원시사회들에서는 남자들 전체가 때때로 전쟁을 하지만, 특수한 사회들에서는 소수의 남자들이 부단히 전쟁을 한다는 것이다. 또는 보다 명료히 말해 본다면, "전사적" 사회에서 공동체 전체가 관련되었을 때 모든 남자들이 때때로 전쟁을 하지만(그리하여

이 경우는 일반적 경우로 귀착된다), 부족이 다른 집단들과 상대적인 평화의 상태에 있을 때에도 특정 수의 남자들은 부단히 군사적 출정에 참여한다. 즉 그들은 집합적 필요에 따라 전쟁을 하는 것이 아니라 그들 자신을 위하여 전쟁을 하는 것이다.

물론 그렇다고 하여 사회가 그러한 전사들의 행동에 대해 무관심하거나 아무 반응이 없는 것은 아니다. 오히려 전쟁은 찬양되고, 승리한 전사들은 칭송 받으며, 커다란 축제를 열어 그들의 성취를 노래한다. 따라서 사회와 전사 사이에는 긍정적 관계가 존재하고, 그렇기 때문에 그러한 사회들은 "전사적"이라고 불릴 수 있다. 하지만 공동체 자체와 다소간 수수께끼 같은 전사 집단 사이의 관계를 그 예기치 못한 심층성 속에서 조명해야 한다. 그러나 그러한 사회들은 어디에 존재하는가?

그러한 전사적 사회들은 원시사회의 고유하고 환원 불가능한 부동의 본질을 대변하지 않는다. 그러한 사회들은 특수한 경우들이다. 그들 경우의 특수성은 전사들과 전투 행위가 거기서 차지하는 특별한 위치에서 비롯된다.

모든 원시사회는 외적 또는 내적인 지역적 정황에 따라 전사적 사회로 변형될 수 있다. 외적인 지역적 정황이란 예컨대 이웃 집단들의 공격성의 증가 또는 오히려 감소가 그들에 대한 공격욕을 배가시키는 것이다. 내적인 지역적 정황이란 집합적 존재를 규제하는 규범 체계에서 전사적인 에토스가 강조되는 것과 같은 것이다. 하지만 이 사실은 상황이 오히려 반대의 방향으로 전개되어 전사적 사회가 일반적인 원시사회로 회귀할 수도 있음을 말해 준다. 부족 윤리의 변화나 사회-정치적 환경의 변화가 호전적 기질을 약화시키고 또 그 적용 대상을 제한해 준다면 말이다. 원시사회의 전사적 사회화 또는 전사적 사회의 "고전적" 상황으로의 회귀는 지역적이고 특수적인 역사와 민족지에 속한다. 우리는 그러한 역사와 민족지를 완전히 재구성할 수 있다. 그러나 또 다른 문제가 존재한다.

모든 원시사회는 전사적 사회가 될 수 있다. 따라서 우리 세계의 모든 공간에서, 그리고 수천 년을 지속되어 온 인류의 사회조직의 최초의 양식 속에서, 전사적 사회들이 생겨났다 사라지곤 했다는 것은 두말할 나위도 없다. 하지만 모든 원시사회가 전사적 사회가 될 수 있다는 사회학적 가능성과 그러한 진화의 개연성을 언급하는 것으로는 결코 충분치 않다. 다행히도 민족학자들은 전사적 사회들이 매우 자세하게 묘사되어 있는, 다소간 오래된 문헌들을 지니고 있다. 그리고 민족학자는 매우 드문 일이긴 하지만 그러한 사회들 중 하나에서 현장 연구를 할 수도 있다.

어쨌거나 남북을 불문한 아메리카 대륙은 여러 차이들에도 불구하고 하나의 특징적인 공통된 속성을 갖는 사회들의 폭넓은 표본들을 제시해 준다. 정도의 차이는 있지만, 그 사회들은 전사의 역할을 대단히 발전시켰고, 전사들의 단체를 제도화했으며, 사회적 몸체의 정치적이고 의례적인 생활의 중심적 위치를 전쟁에 부여했고, 한마디로 거의 비(非)사회적인 전쟁의 그처럼 고유한 형태와 그것을 담당하는 사람들을 사회적으로 승인한 사회들이다. 탐험가들의 보고서, 모험가들의 연대기, 선교사들의 증언들은 휴런(Hurons), 알곤킨(Algonkins), 이로쿼이(Iroquois)족들의 사회가 그러한 사회들이었음을 가르쳐 준다. 그리고 이러한 오래된 자료들 이외에도 샤이엔(Cheyennes), 수(Sioux), 피에누아르(Pieds-Noirs), 아파치(Apaches)족 등에 대해 말해 주고 있는, 붙잡힌 인디언들의 최근의 발언들, 미국의 (민간인 또는 군사) 공식 자료들, 패배한 전사들의 자서전들이 덧붙여진다.

마찬가지로 호전적이지만 보다 덜 알려진 남아메리카는 거대한 차코(Chaco) 지역을 인류학적 연구와 성찰을 위한 탁월한 노동의 장(場)으로 제시한다. 남아메리카 대륙의 중심부에 위치한 적도의 이 단조롭고 방대한 지역은 파라과이, 아르헨티나, 볼리비아의 넓은 지대를 포괄한다. 기후(뚜렷이 구분되는 계절들), 수자원(매우 적은 하천들), 식물 분포(물 부족에 따른 가시 있는 식물들의 풍부함)는 차코 지역을 자연적으로 매우 동질적인 지역으로 만들어 준다. 그러나 문화적 관점에선 더욱더 그렇다. 차코 지역은 남아메리카의 민족지적 지평에서 명백히 구분되는 고유한 문화권을 이룬다. 이 지역에 자리 잡은 수많은 부족들 중 대다수는 우리가 통상 전사적 문화라고 칭하는 것을 다른 어떤 사회보다도 잘 드러내 준다. 이 지역에서 전쟁은 사회에서 가장 높이 평가되는 행위이며, 일부 남자들은 전적으로 전쟁에만 몰두한다. 스페인 정복자들은 차코 지역의 경계에 이르자마자 그 지역 인디언들의 반복되는 공격을 만나야 한다는 것을 무수한 희생을 치르고서 배웠던 것이다.

그러나 우리는 역사의 우연과 예수회 선교사들의 집요함 덕분에 이 지역의 중요 부족들에 대한 상당량의 자료를 지니게 되었다. 과라니(Guarani)족에게서 거둔 성공으로 용기를 얻은 예수회 선교사들은 1768년에 추방될 때까지 차코 지역에서 선교 사업을 시도한다. 하지만 시작하자마자 실패는 거의 전면적이었고, 또 그들 자신이 말하듯이, 불가피한 것이었다. 즉 복음화에 있어 극복할 수 없는 장애물이 존재했는데, 전쟁에 대한 인디언들의 악마적 열정이 그것이었다. 정신적 정복에 대한 긍정적인 대차대조표를 작성할 수 없자 체념한 선교사들은 그들의 실패에 대해 성찰하기 시작했고 그 이유를, 그들이 불행히 조우해야 했던, 그 사회들의 특수한 성격에서 찾았다. 그래서 그들은 이 사회들에 대한 탁월한 기록을 우리에게 남겨 주었다. 그 기록은 오랜 기간에 걸친 인디언들과의 일상적 접촉, 그들 언어에 대한 지식, 이 잔인한 전사들에 대한 진정한 호감으로 인해 매우 풍부한 것이 되었다. 그리하여 아비폰(Abipones)족에는 마르틴 도브리츠호퍼(Martin Dobrizhoffer)의 이름이,

모코비(Mocovi)족에는 플로리안 파우케(Florian Paucke)의 이름이, 그 유명한 과이쿠루-음바야(Guaicuru-Mbaya)족에는 호세 산체스 라브라도르(José Sanchez Labrador)의 이름이 결부된다. 또 특별히 차코 지역의 사회들을 연구한, 예수회 역사학자 페드로 로사노(Pedro Lozano)의 저서를 잊어서는 안 된다.[3]

그 부족들 대부분은 사라졌다. 그래서 그 부족들에 대한 기억을 담고 있는 책들의 증언은 더욱 귀중하다. 하지만 아무리 귀중하고 또 세밀한 것이라 할지라도 책들 속에 담긴 증언이 실제 사회에 대한 직접적 관찰을 완전히 대체할 수는 없다. 나는 1966년에 그러한 직접적 관찰의 기회를 아르헨티나와 파라과이를 경계 짓는 필코마요(Pilcomayo)강 유역에 위치한 파라과이의 차코 지역에서 가질 수 있었다. 이 강의 물줄기는 남쪽으로 출루피(Chulupi)족의 영토에 닿아 있다. 이 부족은 민족지적 문헌에서는 아쉬루슬레(Ashluslay)라는 (부정확한) 이름으로 더 많이 언급되며, 스스로는 니바클레(Nivaklé)라고 칭하는데, 이 이름은 우리가 예견할 수 있듯이 단순히 "사람들"을 뜻한다. 20세기 초에 약 2만에 달했던 출루피족은 오늘날에는 약 만 명 정도인 것 같은데, 이제는 그들을 위협하던 인구 감소의 위험으로부터 벗어난 것처럼 보인다. 나는 이 부족에서 여섯 달 동안(1966년 5월부터 10월까지) 머물렀고, 그들의 고유 언어와 스페인어 및 과라니어를 유창하게 구사하는 두 명의 인디언 통역사가 나를 동반했다.[4]

---

3. 뒤의 참고 문헌을 참조할 것.
4. 이 모든 사회들(아비폰족, 모코비족, 토바족, 과이쿠루족, 출루피족)은 북아메리카 인디언들보다 앞서 말을 획득한 "기마(騎馬)" 부족들이다. 아비폰족의 경우 이 사실은 17세기 초에 확인되었고, 출루피족은 19세기 초부터 말을 탔다. 물론 말의 사용은 이 사회들의 생활에 큰 영향을 미쳤지만, 전쟁에 대한 그들의 관계를 변화시키지는 않았다. 전쟁은 단지 말의 기동성으로 인해 더 강렬해졌을 뿐이고, 또 승용마라는 새로운 전쟁 기계에 적응해서 전투 기술이 달라졌을 뿐이다(발로 걸을 때와 말을 탈 때에는 같은 방식으로 싸울 수 없다).

1930년대 초까지 파라과이의 차코 지역은 인디언들에 의해 독점되어 있던 미지의 지역이었고, 파라과이인들은 이 지역에 침투하려는 시도를 거의 하지 않았다. 인디언 부족들은 그곳에서 전통적이고 자유롭고 자율적인 생활을 영위했고, 특히 출루피-니바클레족의 경우 그러한 생활에서 전쟁이 특권적 위치를 점하였다. 그러나 1932년에 볼리비아가 이 지역을 점령하려 하자 대량 살상을 초래한 차코 전쟁이 일어나 1935년까지 볼리비아인들과 파라과이인들을 대립시켰고, 결국 볼리비아 군대의 패배로 전쟁은 끝났다. 인디언들은 이 국제 분쟁과 아무런 관계도 없었지만, 가장 큰 희생자가 된다. 양쪽 편 각각 5만 명씩이나 죽은 이 격렬한 전쟁은 특히 니바클레족의 영토를 필두로 한 인디언 영토에서 벌어졌다. 인디언들은 피난을 가야 했고 그들의 전통적 삶은 돌이킬 수 없게 붕괴되었다. 파라과이인들은 승리를 공고히 하기 위해 국경을 따라 보루(堡壘)를 건설했고, 그 주둔 부대는 이 처녀지에 정착한 개척자들과 선교 단체들을 인디언들의 가능한 공격으로부터 보호했다. 결국 부족들의 과거의 자유는 끝장났다. 백인들과의 접촉에 따라, 그들이 늘상 행사하는 영향(전염병, 착취, 알코올중독)에 의해 파괴와 죽음이 확산되었다.

하지만 가장 전사적인 공동체들은 다른 공동체들보다는 더 잘 대처해 나갔다. 강력한 전사적 에토스와 효율적인 부족적 연대성에 입각해 오늘날까지 상대적 자율성을 간직하고 있는 출루피족의 경우도 그러하다.[5] 내가 그들 사이에서 거주했을 때, 전쟁은 이미 오래 전에 끝나 있었다. 하지만 당시 나이가 50세 내지 60세 정도 되었던 많은 사람들은 과거의 전사들로서, 20년 또는 25년 전까지만 해도 필코마요강의 반대편 아르

---

5. 출루피족으로부터 수집된 매우 풍부한 민족지적 자료들 가운데 아주 작은 부분만이 현재 출판되어 있다. 「인디언들은 무엇에 대해 웃는가?」, 『국가에 대항하는 사회』(Minuit, 1974)를 참조할 것. 앞으로 이 전사 부족에 대한 연구가 출판될 것이다.

헨티나 쪽에 자리 잡고 있던 그들의 세습적 적인 토바(Toba)족에 대항해 철저하게 매복을 서고 있었다. 나는 그들 가운데 많은 이들과 자주 대화를 나누었다. 오래되지 않은 전투에 대한 맑은 기억, 자신의 무훈을 자랑하려는 전사들의 욕망, 아버지들의 이야기에 열정적으로 귀를 기울이는 젊은이들. 이 모든 것이 "전사적" 사회에 대해, 인디언 전쟁의 의례와 기술에 대해, 사회와 전사들의 관계에 대해 더 많이 알고자 하는 나의 바람을 도와주었다. 나는 산체스 라브라도르나 도브리츠호퍼의 연대기에서 받은 도움만큼이나 이 사람들로부터 도움을 받았다. 자신의 공동체에서 전사들의 지위에 대해 놀라운 명석함을 갖고서 이들은 나로 하여금 자긍심으로 가득 찬 전사들의 형상이 지니는 특질들을 엿볼 수 있게 해 주었고, 전사적 삶이 갖는 필연적 운동의 흐름을 식별할 수 있게 해 주었으며, 야만적 전사의 운명이 어떠한 것인지를 이해할 수 있도록(나에게 이것을 이야기해 준 이들은 이를 알고 있었다) 해 주었다.

예컨대 차코 지역의 세 부족인 아비폰, 과이쿠루, 출루피족을 고찰해 보자. 이들은 전사 사회의 고유성을 완벽하게 드러내 주고 또 그들에 대한 문헌이 매우 풍부하기 때문이다. 이 부족들에서 전사 집단은 각각 회체로(Höchero), 니아다가과디(Niadagaguadi), 카노클레(Kaanoklé)라고 불리며, 사회학적 장(場)의 특정한 장소 또는 사회적 몸체의 특수한 기관으로 제도적으로 수용되고 사회적으로 인정된다. 그러한 명칭들은 지칭되는 사람들의 주요 활동(전쟁)을 함의할 뿐만 아니라, 사회적으로 우월성이 인정되는 지위(연대기 작가들은 "귀족noblesse"이라고 부른다)를 그들이 갖는다는 사실, 사회 전체에 그 위세를 떨치는 일종의 기사 집단에 그들이 속한다는 사실을 지시한다. 전사의 이름을 갖는다는 것은 일종의 귀족의 지위를 획득하는 것이다.

전사 집단의 이러한 우월성은 무공(武功)이 그들에게 가져다주는 위세에 전적으로 근거한다. 여기서 사회는 승리한 전사에게 다소 과장된 그 자신의 이미지를 되돌려주는 거울처럼 기능한다. 그래서 전사는 자신이 들인 노고와 감수한 위험을 정당한 것으로 생각하게 되고, 전사로서의 자신의 임무를 계속 추구하도록, 전사로서의 자신의 존재를 견지해 나가도록 격려 받는다. 그들의 성취를 집단적으로 축하하고 기념하는 축제, 의례, 춤, 노래, 음주 속에서 아비폰의 회체로나 출루피의 카노클레는 사회의 아낌없는 인정의 진면목을 그들 존재의 가장 깊은 곳에서 체험한다. 부족적 가치의 윤리적 세계와 사적 전사의 개인적 영예가 정확히 합치하는 것이다.

그러나 이 사실이 말해 주는 것은, 전사에게 사회적 위치의 우월성을 인정하는 이러한 위계적 배치 — 사회에 의해 수용될 뿐만 아니라 사회가 원하는 — 가 위세의 지평을 넘지 못한다는 것이다. 전사 집단이 소유하고 또 사회에 대해 행사하는 것은 권력이 아니다. 사회가 소수의 전사에게 복종하여야 하는 종속적 관계는 결코 존재하지 않는다. 다른 원시사회들과 마찬가지로 전사적 사회는 사회분화로 인해 사회적 몸체의 동질성이 붕괴되는 것을 허용하지 않는다. 전사적 사회는 전사들이 사회로부터 분리된 권력 기관을 구성하도록 방치하지 않으며, 전사가 지배자의 새로운 형상을 체현하는 것을 용인하지 않는다. 전사들을 권력으로부터 떨어트려 놓기 위해 사회가 집행하는 조처들은 아직 좀 더 심층적으로 분석되어야 한다. 하지만 산체스 라브라도르는 과이쿠루의 귀족적 전사들이 갖는 못 말리는 허풍과 자만에의 성향을 지적하면서도, 그러한 핵심적 분리를 확인해 주고 있다.

"사실상 그들 사이의 차이란 거의 없다." (I, 151쪽)

전사들이란 누구인가? 쉽게 상상할 수 있듯이, 공격성과 호전성은 나이를 먹어 가면서 감소한다. 그래서 전사들이 주로 모집되는 것은 특정 연령 집단, 즉 18세 이상의 청년 집단에서이다. 전쟁을 둘러싼 의식(儀式) 행위들의 체계를 특히 잘 발달시킨 과이쿠루족은 소년들이 무기를 들 수 있는 나이에 이른 것(16세 이후)을 진정한 통과의례로 승인한다. 이 의례의 과정 중에 청소년들은 고통스런 육체적 시련을 거쳐야 하고, 그들의 모든 소유물(무기, 옷, 장신구)을 부족의 사람들에게 나누어 줘야 한다. 이 의례는 성인식이 아니라 특별한 군사적 의례이다. 성인식은 좀 더 일찍 12세에서 16세까지의 소년들을 위해 치러진다. 하지만 이 전사 의례를 성공적으로 통과한 젊은이들이 전사들의 단체인 니아다가과디에 소속되는 것은 결코 아니다. 니아다가과디에 소속되기 위해서는 특별한 유형의 무훈이 필요하다.

그들이 보여 주는 의례상의 차이에도 불구하고 차코 지역의 모든 부족들에서 군사적 경력은 모든 젊은이들에게 차별 없이 열려 있다. 전사 단체에 소속됨에 따라 얻게 되는 "귀족화"는 초입자의 개인적 가치 지향에 전적으로 달려 있다. 따라서 전사 단체는 완전히 **열려 있는** 집단이면서 (따라서 거기서 폐쇄적 카스트의 단초를 찾으면 안 된다) 또 동시에 **소수** 집단이기도 하다. 왜냐하면 모든 젊은이들이 요청되는 무훈을 세울 수 있는 것도 아니고 또 (앞으로 볼 것처럼) 사회적으로 전사로 인정받고 명명되기를 **모두가 원하는 것도** 아니기 때문이다. 출루파나 아비폰의 전투 참가자가 카노클레나 회체로의 탐나는 지위를 거부하는 것은, 그러한 포기의 중요성을 통해, 그가 그 반대급부로 획득하고 보존하길 원하는 것의 무게를 드러내기에 충분하다. 바로 여기에서 전사적 존재가 의미하는 것이 무엇인지를 읽어 낼 수 있다.

전사란 우선 전쟁을 향한 열정이다. 연대기 작가들이 적고 있듯이, 차코의 부족들에서 그러한 열정은 특별히 강렬하다. 산체스 라브라도르는 과이쿠루족에 대해 다음과 같이 적는다.

"그들은 사물들에 대해 완전히 무관심하다. 예외적으로 그들이 굉장한 열정으로 돌보는 것은 말들, 입술 장식, 무기들이다." (I, 288쪽)

도브리츠호퍼는 같은 과이쿠루족에 대해 말하면서 이러한 사실을 다시 확인해 준다.

"그들의 중요하고 유일한 걱정과 관심거리는 말들과 무기들이다." (I, 190쪽)

이 사실은 아비폰족에도 해당된다. 물론 그들은 이러한 점에서는 과이쿠루족에 미치지는 못하지만 말이다. 도브리츠호퍼는 아이들의 몸에 상처를 내는 것에 대해 당혹해하면서, 다음과 같이 쓴다.

"이것은 전쟁을 위한 전주곡이다. 이들은 매우 어려서부터 전쟁을 위한 훈련을 받는다." (II, 48쪽)

이러한 폭력적 가르침의 결과는 선교사의 입장에서는 매우 중요한 것이다. 즉 아비폰족은, 기독교적 덕목을 실천할 수 있는 태도가 갖추어지지 않아, "서로 사랑하라"는 윤리를 되도록 회피하려 한다는 것이다. 따라서 예수회는 기독교화가 실패할 수밖에 없다고 하면서 다음과 같이 쓴다.

"젊은 아비폰족은 종교의 확산에 장애물을 이룬다. 군사적 명예와 노획물을 열렬히 욕망하는 그들은 스페인인들의 머리를 자르고 짐수레와 밭을 파괴하길 갈망한다." (II, 148쪽)

젊은이들의 전쟁 취향은 여러 면에서 차이가 나는 사회들에서도 마찬가지이다. 아메리카 대륙의 반대쪽 끝인 캐나다에서도 샹플랭(Champlain)은 동맹 관계를 확보해 주려던 부족들 사이에 평화를 유지하는 데 종종 실패한다. 젊은이들이 항상 전쟁을 도발하기 때문이다. 알곤킨족과 이로쿼이족 사이에 평화적 관계를 확립하려는 그의 장기적 전략은 몇 명의 젊은이들만 없었다면 성공할 수 있었을 것이다.

"아홉 내지 열 명의 경솔한 젊은이들은 전쟁을 하려고 시도하고, 아무도 그들을 말릴 수 없다. 그들은 우두머리에게 거의 복종하지 않는다." (285쪽)

이 지역에서 프랑스의 예수회 선교사들은, 그보다 1세기 후에 차코 지역에서 독일인과 스페인 선교사들이 느꼈던 것과 똑같은 환멸을 맛본다. 그들의 동맹자인 휴런족이 이로쿼이족과 치르는 전쟁을 저지할 수 있거나 또는 적어도 전쟁 포로들에게 가해지는 가혹한 고문을 덜어 줄 수 있기를 바랐던 그들은 휴런족으로부터 이로쿼이족 포로들을 사려는 시도를 체계적으로 행한다. 그러한 구매 제안에 대해 휴런족 우두머리는 다음과 같이 대답한다.

"나는 전사이지 상인이 아니다. 나는 전투를 하러 온 것이지 거래를 하기 위해 온 것이 아니다. 나의 명예는 선물을 가져가는 것이 아니라 포로들을 데려가는 것이다. 그래서 나는 당신들의 도끼나 가마솥을 탐내지 않는다. 만약 당신들이 우리의 포로들을 그렇게 가지고 싶다면 그들을 그냥 가져가라. 나는 아직 다른 포로들을 잡으러 갈 힘이 있다. 만약 적이 나의 목숨을 빼앗아 간다면, 사람들은 말할 것이다. 오농시오(Onontio)[6]가 우리의 포로들을 가져가서, 우리는 다른 포로들을 잡기 위해 목숨을 바쳤다고." (III, 1644년, 48쪽)

출루피족의 나이 든 전사들은 1928년부터 1935년 사이에 그들을 절멸시키려 했던 볼리비아 또는 아르헨티나 군인들에 맞서서 결정적이고 위험한 기습 공격을 어떻게 준비했는지 나에게 말해 주었다. 그들은 너무 과격하고 비규율적이어서 출정을 망치고 또 파국을 초래할 수 있는 십여 명의 어린 청년들을 후보에서 제외시켜야 했다. 카노클레들은 "우리는 너희들이 필요 없어. 우리는 충분히 많단 말이야"라고 말했다. 하지만 기습에 참가한 전사들은 종종 십여 명을 넘지 않았다.

전사들은 젊은이들이다. 도대체 젊은이들은 왜 그처럼 전쟁에 열광하는 것일까? 그들의 열정은 어디에서 비롯되는 것일까? 한마디로, 전사들을 날뛰게 하는 것은 무엇일까? 이미 보았듯이, 그것은 오로지 사회만이 인정하거나 거부할 수 있는 위세에 대한 욕망이다. 그것이 바로 의존 관계를 규정하면서 전사를 사회에 결합시켜 주는 끈이고, 사회적 몸체와 전사 단체를 관계 맺어 주는 매개항이다. 즉 전사의 자기실현은 사회적 인정에 의해 매개된다. 전사는 단지 사회가 그를 그렇게 인정해 주는 한에서 스스로를 전사로 생각할 수 있는 것이다. 개인적 무훈의 성취는 오직 사회적 합의만이 부여해 줄 수 있는 위세 획득을 위한 한 가지 필수 조건에 불과하다. 달리 말해 정황에 따라 사회는 부적절하고 도발적이며 섣부르다고 판단되는 전투 행위의 가치를 인정하지 않을 수 있다. 사회와 전사 사이에는 오직 부족만이 그 규칙을 장악하고 있는 놀이가 행해

6. 토착민들이 프랑스 통치자를 부르는 이름.

진다. 연대기 작가들은 전사들의 열정으로부터 위세에 대한 욕망의 힘을 가늠했다. 도브리츠호퍼가 아비폰족에 대해 쓴 것은 모든 전사적 사회들에도 해당된다.

> "그들은, 가장 명예로운 고귀함(noblesse)은 혈통이나 유산으로 얻어지는 것이 아니라 그 자신의 자질을 통해 획득한 것이어야 한다고 생각한다. […] 그들에 의하면, 고귀함은 종족의 가치나 명예에서 찾아지는 것이 아니라 용맹과 올바름에서 찾아지는 것이다." (II, 454쪽)

전사에게 기득권이란 없고, 상황의 이점도 없다. 영예(gloire)는 상속되는 것이 아니며, 어떠한 특권에 기초하는 것도 아니다.

전쟁에의 열정은 일차적 열정으로부터 파생된 이차적 열정이다. 일차적 열정은 위세에 대한 근본적 욕망이다. 전쟁은 영예를 획득하려는 전사의 개인적 목적 달성을 위한 수단이다. 전사란 힘에의 의지가 아니라 영예에의 의지이다. 그리고 그에게 전쟁이란 자신의 의지를 실현하기 위한 가장 빠르고 효율적인 수단이다.

그렇지만 전사는 어떤 방법으로 사회가 그를 인정하도록 하고 자신이 바라는 위세를 부여하도록 하는 것일까? 달리 말해 그는 자신의 승리를 확증하기 위해 어떤 증거들을 제시하는 것일까? 우선 노획물이 있다. 차코의 부족들에서 노획물이 갖는 현실적 그리고 상징적 중요성은 매우 강조되어야 하는데, 이는 원시사회에서 일반적으로 전쟁이 경제적 목적을 갖지 않기 때문에 더더욱 그러하다. 산체스 라브라도르는 과이쿠루족이 영토 확장을 위해 전쟁을 하는 것이 아님을 지적한 후, 전쟁의 주된 이유를 다음과 같이 규정한다.

"남의 영토에서 전쟁을 펼치는 주된 이유는 오로지 노획물에 대한 관심, 그리고 가해진 공격에 대한 복수 때문이다."(I, 310쪽)

아비폰족은 도브리츠호퍼에게 다음과 같이 설명해 준다.

"기독교인과 전쟁을 하는 것은 평화보다 더 큰 이득을 가져다준다."(II, 133쪽)

전쟁 노획물로는 어떤 것들이 있었을까? 중요 노획물은 기본적으로 철제 도구들, 말들, 그리고 남자, 여자, 아이로 이루어진 포로들이다. 철의 용도는 자명하다. 즉 무기(화살촉, 창끝, 칼 등)의 기술적 효율성을 증가시키는 것이 그것이다. 말의 용도는 별로 실용적인 것이 아니다. 아비폰, 모코비, 토바, 과이쿠루족은 말이 모자라지 않다. 오히려 그들은 수천 마리의 말을 가지고 있다. 어떤 인디언들은 400마리나 가지고 있기도 한데, 실제로 사용하는 것은 몇 마리(전쟁용, 여행용, 운반용 말)밖에 안 된다. 대부분의 아비폰족 가족은 적어도 50여 마리의 동물을 소유한다. 따라서 이들에게 남의 말들은 전혀 불필요한 것이다. 그럼에도 언제나, 결코 충분히 소유하지 않았다고 생각하지만 말이다. 결국 이들에게 적(인디언이건 스페인인이건)의 가축들을 노략질하러 가는 것은 일종의 스포츠이다. 물론 각 부족이 자신들의 가장 귀중한 재산인 말들의 거대한 무리를 철저히 감시하고 있으므로 대단히 위험한 스포츠이긴 하지만 말이다. 말은 대단히 귀중한 재화이지만 순전히 위세를 위한 재화이다. 즉 사용가치와 교환가치를 거의 지니지 못한다는 점에서 오로지 과시의 대상일 뿐이다.

사실상 수천 마리의 말을 지닌다는 것은 각각의 공동체로서도 당혹스러운 일인데, 많은 곤란들을 초래하기 때문이다. 우선 이웃들로부터 보호하기 위해 부단히 감시를 해야 하고, 또 방목지와 풍부한 물을 계속 찾아다녀야 하는 것이다. 하지만 그럼에도 차코의 인디언들은 남의 말들을 훔치기 위해 생명을 건 모험을 한다. 남의 말들을 줄이는 대신 자기의 말들을 증가시키는 것이 이중적으로 영예를 가져다준다는 것을 잘 알기 때문이다. 도브리츠호퍼는 그러한 약탈의 규모를 언급한다.

> "나이 든 어른들보다 훨씬 잔혹한 아비폰족의 젊은이들은 종종 한 번의 공격으로 4천 마리의 말을 훔치기도 한다." (III, 16쪽)

전쟁의 노획물 중 가장 가치 있는 것은 포로들이다. 산체스 라브라도르는 다음과 같이 말한다.

> "그들은 스페인인들을 포함하여 어떤 민족이든 상관없이 포로와 아이들을 포획하려는, 말로는 표현할 수 없는 광포한 욕망을 드러낸다." (I, 310쪽)

과이쿠루족보다는 약하지만 적들을 포로로 붙잡으려는 욕망은 아비폰족이나 출루피족도 대단하다. 내가 출루피족 지역에 거주할 때, 사람들은 포로로 잡혀가 토바족에서 오랫동안 생활해야 했었던 남녀 두 노인을 소개해 주었다. 몇 해 전에 토바족은 출루피족에 포로로 잡혀 있던 자신의 동족들과의 교환의 대가로 이들을 돌려보냈던 것이다. 산체스 라브라도르와 도브리츠호퍼가 각각 과이쿠루족과 아비폰족에서 포로의 지위를 다룬 글들을 비교해 보면, 이들 부족 간에 포로를 다루는 데 있어서 중요한 차이가 드러난다. 산체스 라브라도르에 의하면, 과이쿠루족의 포로는 "하인"이거나 "노예"이다. 청소년들이 향유하는 극단적 자유를 언급하면서 그는 다음과 같이 쓴다.

"그들은 자신들의 부모를 돕지 않고 자기가 하고 싶은 것을 한다. 그것은
하인들이 하는 일이기 때문이다."(I, 315쪽)

반면 도브리츠호퍼는 아비폰족에 대해 다음과 같이 쓴다.

"그들은 전쟁 포로들을 결코 하인이나 노예로 취급하지 않는다. 스페인
인이건 인디언이건 흑인이건 상관없이 말이다."(II, 139쪽)

하지만 과이쿠루족 주인들이 포로들에게 시키는 굴종적인 일들은 물
론 지겨운 것이긴 하였지만 일상적인 잡일을 넘어서는 것은 아니었다.
땔감을 찾거나 물을 떠오는 일, 요리하는 일 등이 그것이다. 그리고 그러
한 일들을 제외하곤 "노예"들은 심지어 군사 작전에 참여하기도 하면서,
주인처럼 생활했다. 승리자들이 왜 패배자들을 노동력을 착취할 수 있는
노예로 만들지 않았는지는 간단히 알 수 있다. 그들에게 맡길 만한 일이
별로 없었던 것이다. 물론 과이쿠루족의 노예보다 더 나쁜 조건에 처해
있는 노예도 틀림없이 존재한다. 산체스 라브라도르 자신이 설명하고 있
는 것처럼 말이다.

"주인들이 잠자는 사이에 그들은 술에 취하거나 다른 일들을 했다."(I,
251쪽)[7]

---

7. 여기서 "그들"이 과이쿠루족의 노예인지 아니면 과이쿠루족의 노예보다 더 나쁜 조건
에 처해 있다는 노예들인지 명확히 파악되지 않는다. 논리적으로는 후자여야 하는데, 내
용상으로는 전자인 것처럼 여겨진다 — 옮긴이.

게다가 과이쿠루족은 사회적 차별을 세밀하게 행하지 않는다.

"자기 찬양은 과이쿠루족으로 하여금 스페인인들을 포함하여 그들이 아
는 모든 나머지 민족들을 노예로 간주하도록 하였다." (II, 52쪽)

우리는 비록 여기서 해결할 수는 없는 것이지만 하나의 문제를 제기하
여야 한다. 전사적 사회들에 특수한 인구학적 문제가 그것이다. 18세기
중반에 과이쿠루족은 약 7천 명에 달했고, 아비폰족은 약 5천 명에 달했
다. 스페인인들이 이 지역에 도착한 지 얼마 되지 않은 1542년에 카베사
데 바카(A. N. Cabeza de Vaca)가 이끄는 스페인 정복자들과 과이쿠루족
사이에 첫 번째 전쟁이 일어났는데, 그 당시 과이쿠루족의 인구는 약 2
만5천 명 정도였다. 즉 약 2세기 만에 인구가 3분의 1 이하로 줄어든 것
이다. 아비폰족도 틀림없이 동일한 인구 감소를 겪은 듯하다. 그 이유는
무엇일까? 유럽인들이 가져온 전염병은 물론 고려에 넣어야 한다. 하지
만 예수회 선교사들이 지적하는 바에 따르면, 다른 부족들(예컨대 과라
니)과는 달리 차코의 부족들은, 스페인인들과의 접촉을 싫어하고 호전적
이었다는 사실로 인해, 세균의 치명적 영향으로부터 상대적으로 벗어나
있었다고 한다. 만약 전염병이 적어도 부분적으로 원인이 아니라면, 이
부족들의 인구 감소는 어디서 기인하는 것일까? 선교사들은 이 점을 제
법 자세히 알려 준다. 산체스 라브라도르는 과이쿠루족의 아이들이 매
우 적은 수라고 하면서, 그들 전체 중에서 두 아이를 가진 부부는 단지
네 쌍밖에 없었고 나머지 부부들은 아이가 없거나 단 한 명의 아이만을
가졌다고 한다(II, 31쪽). 도브리츠호퍼도 같은 사실을 확인한다. 즉 아비
폰족도 아이들이 매우 적다는 것이다. 게다가 아비폰족의 경우 여자들의
수가 남자들의 수보다 훨씬 더 많다. 예수회에 따르면 남녀 비율은, 물론

과장된 것이겠지만, 남자 100에 여자 600의 비율이었다고 하며, 그 때문에 일부다처제가 성행했다고 한다(II, 102-103쪽).

젊은이들의 사망률이 매우 높았다는 것은 의문의 여지가 없다. 차코의 부족들은 전쟁에의 열정에 대한 대가를 치러야 했던 것이다. 하지만 이것이 인구 감소를 설명해 주는 것은 아니다. 일부다처제를 통해서 남자들의 죽음을 만회할 수 있기 때문이다. 그러니 인구 감소가 남성들의 사망률의 과다로 인한 것이 아니라 출생률의 저조로 인한 것임은 명백하다. 즉 아이들의 수가 적었던 것이다. 보다 명확히 말해 본다면, 여자들이 아이 갖기를 원하지 않았기 때문에, 출생률이 낮았다는 것이다.

바로 그 때문에 전쟁의 목표 중의 하나는 남의 아이들을 약탈하는 것이었다. 그러한 작전은 대부분의 경우 성공했다. 포로로 잡혀 온 아이들과 소년들 — 특히 스페인인의 — 은 가능성이 주어졌을 때에도 부족을 떠나기를 대부분 거부했기 때문이다. 하지만 그럼에도 이 사회들(특히 아비폰, 모코비, 과이쿠루족)은 전쟁의 역학 자체로 인해 생존의 문제에 직면해야 했다. 그렇다면, 구별되지만 서로 합류하는 두 가지 욕망을 한데 접합시켜야 하지 않을까? 전쟁과 죽음을 더 멀리 밀고 나가려는 사회의 사회적 욕망과 아이를 갖지 않으려는 여자들의 개인적 욕망이 그것이다. 한편으로는 죽음을 초래하는 의지가 있고, 다른 한편으로는 생명을 탄생시키지 않으려는 의지가 있다. 차코의 고귀한 기사들은 전쟁의 열정에 탐닉하면서 비극적으로 자기 자신의 죽음을 불러오고, 젊은 여성들은 그 열정을 공유하면서 기꺼이 전사들의 아내가 되지만 아이의 어머니가 되기는 거부하는 것이다.

여기서 강조해야 하는 것은 이들 사회에서 전쟁이 일정 시점 이후 행사하는 사회-경제적 효과이다. 이 사회들 중 몇몇(아비폰, 모코비, 과이쿠루족)은 이미 오래 전에 농업을 그만두었는데, 정주 생활이 부단한 전쟁과 방목의 필요(말들을 위한 새로운 목초지의 필요)에 적합하지 않았기 때문이다. 그래서 그들은 100명에서 400명 정도까지의 집단을 이루어 사냥, 어로, 채집(야생 식물, 꿀)을 하면서 그들의 영토 내를 이동한다. 적들에 대한 반복된 공격은 처음에는 위광재(威光財, 말과 포로)를 획득하는 것을 목표로 삼았지만, 그 후 서서히 경제적 성격을 지니게 된다. 즉 단순히 장비들(무기)만을 획득하려는 것이 아니라 소비재(식용 재배 식물, 양모, 담배, 고기 등)까지도 획득하려는 목적을 지니게 된다는 것이다. 전쟁의 이러한 기능적 성격 변화의 규모를 과장 없이 달리 말하면, 공격은 또한 약탈 사업이 돼 버린 것이다. 인디언들은 필요한 재화들을 손에 무기를 들고서 획득하는 것이 더 손쉽다고 생각하기 시작한 것이다. 이러한 관행은 길게 보아 이중적인 경제적 종속 관계를 만들어 낸다. 즉 사회 전체가 필요한 재화들의 생산 장소(기본적으로 스페인인들의 거주지)에 외적으로 종속되는 것과 또 부족이 그들의 생존을 적어도 부분적으로 보장해 주는 전사 집단에 내적으로 종속되는 것이 그것이다. 따라서 과이쿠루족에서 사냥꾼들뿐만 아니라 전사 집단을 지칭하는 말인 "니아다가과디"가 정확하게 **우리를 먹여 주는 자**라는 뜻을 가지는 것은 별로 놀라운 일이 아니다.

전적으로 전쟁에 몰두하는 사회에서 이처럼 전쟁이 경제적으로 전도(顚倒)되는 것은 우발적 사고라기보다는 전쟁 자체의 내재적 논리의 효과가 아닐까? 전사는 필연적으로 약탈자로 전락할 수밖에 없는 것이 아닐까? 적어도 유사한 경로를 밟는 원시사회들의 경우와 관련해서는 그런 생각이 든다. 예컨대 아파치족은 농업을 포기한 후 점차 전쟁이 경제적 기능을 떠맡게 된다(참고 문헌을 볼 것). 그들은 특히 그 유명한 제로니모(Géronimo)의 지휘 아래 멕시코인들과 미국인들의 근거지를 약탈했고, 부족은 충분한 노획물을 가져올 때에만 제로니모의 군사작전을 받아들였다. 이는 어쩌면 전쟁의 논리겠지만, 말의 소유에 의해 강력히 뒷받침된 것이었다.

전쟁 노획물의 구성 요소에 대해 세밀하게 분석해 보면, 전사가 인정을 받는 것은 오직 노획물 덕분이고 또 추구되는 위세의 핵심적 원천이 노획물인 것처럼 생각이 들 수도 있다. 하지만 사실은 전혀 그렇지 않다. 회체로 또는 카노클레에 가입하는 것은 결코 노획한 말들이나 포로들의 숫자에 따라 결정되지 않는다. 중요한 것은 살해한 적의 머리 가죽을 가져오는 것이다. 우리는 남아메리카에서도 이러한 전통이 북아메리카에서만큼 오래된 것인지는 알 수 없다. 어쨌거나 차코의 모든 부족은 그러한 전통을 지킨다. 살해한 적의 머리 가죽을 벗기는 것은 전사들의 단체에 가입하려는 젊은 승리자의 욕망을 명시적으로 표현하는 것이다. 전사 단체에 새로운 성원이 가입하는 것은 거창한 의식을 통해 축하되며, 그에게 전사의 명칭 — 이는 일종의 귀족화이다 — 을 사용할 수 있는 권리가 영원히 인정된다. 따라서 다음과 같은 두 가지 정식이 제시된다. 첫째로, 전사들은 위세의 사회적 위계에서 정점에 위치한다. 둘째로, 전사란 적들을 죽이는 데 만족하는 자가 아니라 그들의 머리 가죽을 벗기는 자이다. 따라서 머리 가죽을 벗기지 않고서 적을 죽이는 자는 전사가 아니다. 이는 하찮은 기괴함으로 여겨질 수도 있지만, 매우 커다란 중요성을 갖는 것이다.

머리 가죽에도 위계가 존재한다. 스페인인들의 머리 가죽은 경멸받는 것은 아니지만 인디언들의 머리 가죽보다 가치가 훨씬 낮다. 예컨대 출루피족에게 가장 가치 있는 것은 그들의 영원한 적인 토바족의 머리 가죽이다. 차코 전쟁 동안, 그리고 그 이전에도, 출루피의 전사들은 그들의 영토에 침입하여 거주자들을 절멸시키려는 볼리비아 군대와 치열한 전투를 벌였다. 지형을 잘 알고 있던 출루피의 전사들은 몇 안 되는 샘물

근처에 매복하고 있다가 침입자들을 공격했다. 인디언들은 나에게 그 전투에 관해 이야기를 해 주었다. 목마름과 보이지 않는 적에 대한 공포로 겁에 질린 척후병들은 소리 나지 않는 화살을 맞고 죽어 갔다. 볼리비아 병사들은 그런 식으로 한꺼번에 수백 명씩 죽어 갔는데, 그처럼 많은 사람들의 머리 가죽을 다 벗길 수 없었기 때문에 인디언들은 단지 장교들의 머리 가죽만을 벗겼다고 한다. 이 모든 머리 가죽들은 그 소유주들이 가죽 상자나 광주리 속에 차곡차곡 정돈해서 죽을 때까지 보관했다. 그들이 죽으면 친척들은 머리 가죽들을 불살라 그 연기가 죽은 자를 카노클레의 천국으로 데려가도록 했다. 하지만 토바 전사의 머리 가죽에서 나오는 연기보다 더 고귀한 것은 없었다.[8] 최근에는 적들의 머리 가죽을 오두막의 천장이나 창에 매달아 놓기도 했다. 그 머리 가죽들을 둘러싸고 강도 높은 의례 행위(축하나 기념을 위한 축제)가 벌어지는데, 이는 전리품에 대한 전사의 깊은 개인적 애착을 드러내 주는 것이다.

  바로 이러한 것이 전사적 사회들에서 삶이 펼쳐지는 민족지적 맥락이고, 전사와 부족 사이의 관계들의 가장 비밀스런 씨실이 자리 잡는 지평이다. 만약 그 관계들이 정적(靜的)인 성격의 것이었다면, 만약 전사라는 특수 집단과 전체 사이의 관계가 안정적, 부동적, 불모적인 것이었다면, 지금 우리가 행하고 있는 성찰은 여기서 멈춰야 할 것이다. 그러한 식의 가설에 따른다면, 소수의 젊은이들, 즉 전사들만이 단지 위세의 추구라는 개인적 목적을 위해 부단한 전쟁을 영위할 뿐이고, 사회는 단지 전사들이 가져다주는 두 가지 이득 — 적들의 부단한 약화에 따라 확보되는 집단적 안정과 약탈로 얻는 노획물 — 때문에 전쟁을 찬양할 따름이다.

---

8. 나는 머리 가죽을 교환하거나 사기 위해 여러 번 시도를 했지만 모두 실패했다. 인디언들에게 그것은 자신의 영혼을 악마에게 파는 것과 마찬가지였던 것이다.

그리하여 사회적 몸체의 존재와 사회의 전통적 작동 방식을 변화시키는 혁신이 초래되기 전에는 유사한 상황이 끝없이 재생산되고 반복된다는 것이다. 따라서 우리는 마르셀 뒤샹(Marcel Duchamp)과 함께 문제가 없으면 해결책도 없다는 것을 확인할 뿐이다. 관건은 바로 이것에 있다. 문제가 존재하는가? 문제를 어떻게 언표할 것인가?

알아내야 하는 것은, 자신의 내부에서 전사 단체라는 특수 집단이 성장하도록 내버려 두면서 원시사회가 어떠한 위험도 겪지 않는가 하는 것이다. 이러한 질문은 나름의 토대를 갖는다. 원시사회에서 예컨대 가수(歌手) 집단이라든지 무용 단체의 존재는 기존 사회질서에 어떠한 영향도 미치지 않는다. 하지만 여기서 문제되는 것은 사회의 무력적 역량을 거의 독점하고 있는, 다시 말해 일종의 조직화된 폭력을 독점하고 있는 전사들이다. 전사들은 그러한 폭력을 적들에게 행사하는 것이지만, 또한 자기 사회에 대해서도 행사할 수 있는 것이 아닐까? 그 직접적인 물리적 현실에 있어서의 폭력(사회에 대한 전사들의 "내전")이 아니라, 전사 집단에게 권력을 부여해 줄 수 있는, 그리하여 전사 집단으로 하여금 사회에 대해, 때로는 사회에 대항하여 권력을 행사하도록 해 주는, 매개체로서의 폭력 말이다. 사회적 몸체의 특별한 기관으로서 전사 집단은 **정치권력의 분리된 기관**이 될 수 있을까? 달리 말해 전쟁은 모든 원시사회가 그 본질에 있어서 피해 나가고자 하는 지배자(소수의 전사들)와 예속민들(사회의 나머지 부분) 사이의 사회적 분화의 가능성을 자기 내부에 은닉하고 있는 것이 아닐까?

우리는 차코의 부족들 또는 아파치족에게서 전쟁의 동력학이 어떻게 위광재적인 노획물의 추구를 자원에 대한 약탈로 변형시키는지 보았다. 물질적 재화의 공급 원천들 중에서 전쟁 노획물의 비중이 점점 커진다면, 장기적으로 보아 전사들에 대한 원시사회의 의존성이 점점 더 강화될 것이고, 그리하여 전사들은 부족의 사회-정치적 생활을 자기들 마음대로 이끌어 나갈 수 있을 것이다. 우리가 앞서 살펴본 사례들에서는 아직 부차적이고 잠정적인 것이었지만, 전쟁의 경제적 효과는 사회를 충분히 그러한 길로 접어들게 할 수 있는 것이다. 그렇지만 탐구해야 할 것은 지역적이고 정세적인 상황들이 아니라 전사 단체의 존재에 내재하는 논리, 그 단체의 윤리에 내재하는 논리이다. 우리는 결국 단 하나의 질문을 제기하게 된다. 전사란 누구인가?

전사는 위세에의 욕망을 달성하기 위해 전쟁에 열정을 바치는 자이다. 위세에의 욕망은 젊은 투사가 적의 머리 가죽을 벗겨 와서 (엄밀한 의미의) 전사 단체에의 가입을 요청하고 전사로서의 "명칭"을 획득할 때 실현된다. 그렇다면 이러한 성취가 새로운 전사에게 이제는 평화롭게 음미하기만 하면 될 번복될 수 없는 지위와 확고한 위세를 보장해 주는 것일까? 전혀 그렇지 않다. 그의 경력은 끝난 것이 아니라 이제 막 시작한 것일 뿐이다. 첫 번째 머리 가죽은 종착점이 아니라 오히려 출발점일 뿐이다. 이러한 사회들에서 아버지가 획득한 영예를 아들이 물려받지 않듯이, 젊은 전사는 첫 번째 무훈으로 모든 것을 면제받지 않는다. 그는 매번 새롭게 시작해야 한다. 성취된 각각의 무훈은 위세의 원천이기도 하면서 동시에 위세의 실추일 수도 있다. 전사는 그 본질에 있어서 **부단히 앞으로 떠밀려 나가도록 운명 지어져 있다.** 획득된 영예는 결코 그 자체로서 충분하지 않고, 부단히 새로운 검증을 요청 받는다. 모든 실현된 성취는 또 다른 성취를 부른다.

전사는 따라서 영원히 만족하지 못하는 인간이다. 이처럼 불안한 형상의 개인성은 위세에의 개인적 욕망과 위세를 부여해 주는 사회적 인정 사이의 결합의 결과이다. 모든 성취된 무훈에 대해 전사와 사회는 동일한 판단을 내린다. 즉 전사는 이렇게 말한다. 잘 했다, 그러나 나는 더 많이 할 수 있다, 더 많은 영예를 획득할 수 있다. 또 사회는 이렇게 말한다. 잘 했어, 하지만 너는 더 많은 것을 해야 돼, 우리가 더 많은 위세를 인정할 수 있도록 해야 돼. 달리 말해, 전사는 개인적 인성(무엇보다 영예의 추구)에 의해서나 부족에 대한 완전한 종속성(오직 부족만이 영예를 부여하므로)에 의해서나 그로 하여금 언제나 좀 더 멀리 나갈 것을 원하도록 밀어붙이는 논리의 포로가 된다. 그렇지 않다면 사회는 전사들의 과거의 성취에 대한 기억을 금세 잊어버릴 것이고 또 그들에게 부여해 주었던 영예도 잊을 것이다. 전사는 오로지 전쟁 속에서만 존재하고 그리하여 언제나 적극적 행동을 요구당할 수밖에 없는 것이다. 축제 때 칭송되는 그의 무훈의 이야기는 또 다른 무훈에 대한 요청일 뿐이다. 전쟁을 하면 할수록 사회는 그에게 더 많은 영예를 부여한다.

오직 사회만이 영예를 부여하거나 거부할 수 있다고 한다면, 전사는 사회에 의해 지배되고 소외될 것이다. 그렇지만 이러한 종속 관계는 부족에게 피해를 가져다주고 전사에게 이득을 가져다주는 쪽으로 뒤집힐 수도 있다. 사실상 이러한 가능성은 언제나 더 영예로운 성취 속으로 전사를 소외시키는 전쟁의 논리 속에 기입되어 있다. 원래 전사 개인의 일이었던 전쟁의 이러한 동력학은 전쟁을 점차로 사회의 집합적인 작업으로 변형시킬 수 있는 것이다. 즉 전사는 이제 부족을 전쟁 속으로 소외시킬 수 있다는 것이다. 기관(전사들 전체)은 기능(전쟁 행위)을 발전시킨다. 어떤 식으로? 우선 고려해야 할 사실은, 비록 그들의 임무를 개인적으로 성취하도록 그 성격이 운명 지어져 있음에도 전사들은 자신들의 위세를 더 높이기 위해 부단히 새로운 공격을 조직해야 한다는 이해 관심(intérêts)의 동일성으로 인해 하나의 단체를 이룬다는 점이다. 또 그들은 개인적인 적들에 대해서가 아니라 부족의 적들에 대해 전쟁을 치르는 것이다. 달리 말해 적을 결코 평화롭게 내버려 두지 않는 것, 언제나 괴롭

히는 것, 쉴 수 없게 만드는 것이 그들의 이해 관심이다. 그래서 특정한 사회들에서 "직업화된" 전사들의 조직적 집단은 항구적인 **전쟁 상태**(원시 사회의 일반적 상황)를 **항구적인 실질적 전쟁**(전사적 사회의 특수한 상황)으로 변형시키는 경향을 갖는다.

그러한 변형이 끝까지 밀고 나가진다면 그 사회학적 결과는 주목할 만할 것이다. 사회구조 자체를 건드리면서 그 비분화된 존재를 변화시킨다는 점에서 말이다. 이제 전쟁과 평화를 결정할 권력(절대적으로 근본적인 결정)은 더 이상 사회 자체에 속하는 것이 아니라 전사들의 단체에 속하게 된다. 그리고 전사들의 단체는 사회의 집합적 이익보다 자신의 사적 이익을 우선할 것이고, 자신의 특수한 관점으로 부족의 일반적 관점을 대체할 것이다. 전사는 원치 않는 전쟁의 주기 속으로 사회를 집어넣을 것이다. 부족의 대외적 정치는 더 이상 부족 자체에 의해서가 아니라, 부족을 모든 이웃 민족들에 대한 항구적 전쟁이라는 불가능한 상황으로 몰아넣는 소수에 의해 결정된다. 애초에 위세를 획득한 집단이었던 전사 공동체는 이윽고 사회로 하여금 전쟁의 강화를 받아들이도록 하는 **압력 집단**으로 변형되고, 결국은 평화와 전쟁에 대한 결정을 혼자서 결정할 **권력 집단**이 될 것이다. 전쟁의 논리 속에 이미 기입되어 있는 이러한 도정(道程)을 통과한 전사들의 집단은 권력을 소유하고서, 사회로 하여금 자신들의 목적을 뒤따르도록 강요하기 위해 권력을 행사할 것이다. 즉 전사들의 집단은 정치권력의 분리된 기관으로 제도화되는 것이고, 전체 사회는 지배자와 피지배자가 분화된, 근본적으로 새로운 형상을 갖게 된다.

전쟁은 그 자체 내에 원시사회의 동질적인 사회적 몸체를 분화시킬 수 있는 위험을 담고 있다. 한편으로 전쟁은 원시 공동체로 하여금 비분화된 존재를 보존하도록 하지만, 다른 한편으로 지배자와 예속민들로의 분화의 토대를 제공해 줄 수 있는 것으로 나타난다. 원시사회 그 자체는 비분화의 논리에 복종하지만, 전쟁은 비분화의 논리를 분화의 논리로 대체하려는 경향을 갖는다. 그러므로 원시사회는 동력학적 갈등과 사회적 혁신으로부터의 피난처에 있는 것이 아니다. (사회적 몸체를 고유한 총체성으로 유지하려는) 집단의 사회적 욕망과 (더 높은 영예를 위해서는 어떤 수단이라도 선택하는) 전사의 개인적 욕망 사이의 갈등과 같은 내적인 모순, 다시 말해 하나가 다른 하나를 완전히 축출해야만 하는 두 가지 대립된 논리 사이의 모순으로부터의 피난처에 있지 않다는 것이다. 그래서 사회학적 논리가 승리하여 전사를 없애 버리든지, 아니면 전사의 논리가 승리하여 비분화된 몸체로서의 사회를 붕괴시켜야 하는 것이다. 그 중간의 길은 없다. 그렇다면 사회와 전사들 사이의 관계의 문제는 어떻게 제기될 것인가? 관건은, 전사가 사회를 숙명적으로 몰아넣는 치명적 분화로부터 스스로를 방어할 수 있는 메커니즘들을 사회가 설치할 수 있는가 하는 것이다. 이것은 곧 사회의 생존의 문제이다. 부족인가 전사인가? 둘 중 누가 더 강한가? 그러한 사회들의 구체적 현실 속에서 문제는 어떤 해결책을 만날 것인가? 이를 알기 위해서는 다시 이 부족들의 민족지를 검토해 보아야 한다.

우선 자율적 조직으로서의 전사 집단에 부여된 한계들을 알아보자. 사실상 이 집단은 획득된 위세의 지평 위에서만 제도화되고 사회적으로 인정된다. 전사들은 일정한 특권들(지위, 이름, 머리 모양, 특별한 채색 등)에의 권리 ─ 그들의 위세가 여성들에게 행사하는 에로틱한 매력들도 포함하여 ─ 를 획득한 남자들이다. 그들의 생사를 건 목표 ─ 위세 ─ 의 성격 자체 때문에 그들은 통일된 정책이나 전략을 발전시킬 수 있는 전체나 고유한 집합적 목적을 추진하고 달성할 수 있는 사회적 몸체의 부분이 될 수 없다. 즉 각각의 전사는 개인주의적 성격을 가질 수밖에 없기 때문에, 전사들 전체는 동질적인 집합체로 등장할 수가 없다. 위세를 획득하고자 하는 전사는 결국 자기 자신의 힘만을 믿을 수 있을 뿐이며 또 그러길 원한다. 물론 경우에 따라 그는 출정에서의 이득을 공유할 자신의 전우와 연대적 관계를 맺을 수도 있지만 말이다. 그러나 전사들의 군단(群團)이 반드시 하나의 팀(équipe)처럼 짜이는 것은 아니다. "야만적" 전사의 최후의 표어는 결국 "각자는 자신을 위해"인 것이다. 위세를 탐닉하는 것은 전적으로 개인적인 일이다. 그러니 위세를 획득하는 것도 마찬가지로 개인적인 일이다.

하지만 그러한 논리에 따를 때 획득된 위세(완수된 성취)는 전사에게 단지 임시적인 만족, 덧없는 향유만을 가져다줄 뿐이다. 부족에 의해 찬양되고 축하 받는 각각의 무훈은 결국 전사로 하여금 자신의 위세의 원천을 갱신하고 자신의 성취들을 언제나 확장시키면서, 더 높은 곳을 겨냥하고, 더 먼 곳을 바라보며, 처음부터 다시 시작하도록 강제할 뿐이다. 다시 말해 전사의 임무는 언제나 미완성의 **끝나지 않는** 임무일 뿐이다. 그는 언제나 그의 과녁을 벗어나는 목표에 결코 가 닿을 수 없다. 전사를 위한 휴식은 없다. 단지 끝없는 추구만이 있을 뿐이다.

단지 자기의 것일 뿐인 개인적인 작업은 어떠한 기득권도 만들어 내지 못한다. 전사의 삶은 부단한 전투일 뿐이다. 하지만 그것이 전부가 아니다. 성취를 갱신하면서 위세를 다시 획득해야 한다는 개인적이자 사회적인 요청에 부응하기 위해서는, 동일한 무훈을 되풀이하거나 적의 머리가죽을 가져오는 똑같은 작업 속에 평화롭게 정착하는 것만으로는 충분치 않다. 이러한 손쉬운 해결책(이처럼 말할 수 있다면)에는 전사 자신도, 부족도 만족하지 않는다. 매번 작업은 더 어려운 것이어야 하고, 맞부딪쳐야 하는 위험은 더 끔찍한 것이어야 하며, 치러야 하는 모험은 더 큰 것이어야 한다. 이처럼 해야 하는 이유는 무엇일까? 그 이유는 그것이

동료들과의 개인적 차이를 유지하기 위한 유일한 수단이기 때문이다. 전사들 사이에도 위세의 경쟁이 있기 때문이다. 한 사람의 무훈은, 바로 그것이 무훈으로 인정받는 것이기 때문에, 다른 자들에게는 도전이 된다. 더 잘해야 한다는 것이다. 신참자는 선배와 동등해지려 하고, 선배 전사는 더 많은 용기를 보여 주면서 위세의 차이를 유지하려 한다. 개인적인 명예욕, 부족의 사회적 압력, 집단 내부의 경쟁의 효과들이 한데 합쳐져서 전사를 무모한 과열 경쟁 속으로 내모는 것이다.

이러한 과열화가 현장에서는 어떻게 구체화될까? 전사들은 자신의 승리에 더 많은 가치를 부여해 줄 최대한의 어려움을 추구한다. 예컨대 전사들은 자기 영토와의 인접성이 보장해 주는 안정성을 포기하고, 적의 진영으로 더욱 멀리 침투하는 장거리 출정을 행한다. 아니면 그들은 그 용맹성과 잔혹성으로 특별히 유명하고 그래서 머리 가죽의 가치가 더 높은 적들과 대결하러 떠난다. 또 영혼, 정령, 유령 들로 인해 위험이 배가되는 밤중에 공격을 나가기도 한다. 이는 인디언들이 결코 하지 않는 것이다. 또 공격 진영이 조직되었을 때, 전사들은 그 진영으로부터 멀리 떨어져 나와 단지 몇 명만으로 첫 번째 공격을 행하기도 한다. 쏟아져 내리는 화살들과 화승총 사격의 한가운데를 뚫고 질주하여 적의 장소에서, 적의 진영에서, 적의 촌락에서 적을 살해함으로써 더 큰 영예를 얻을 수 있는 것이다.

탐험가들의 증언들, 선교사들의 연대기들, 군인들의 보고서들은 때로는 경탄할 만하다고 여겨지는, 그러나 오히려 더 빈번하게 이해할 수 없다고 여겨지는, 전사들의 용맹성을 묘사하는 수많은 이야기들을 담고 있다. 물론 그들의 용맹성은 부인할 수 없는 것이다. 하지만 그 용맹성은 전사의 개인적 인성에서 비롯된 것이라기보다 위세를 위한 전쟁의 고유한 논리로 인한 것이다. (남아메리카에서건 북아메리카에서건) 이러한 영예의 논리를 알지 못하는 유럽인들의 관점에서는 인디언들의 무모성이 비정상적인 미친 짓으로 보일 수밖에 없다. 그러나 토착적 관점에서 볼 때 그러한 무모성은 단지 전사들 공통의 규범에 상응하는 것일 뿐이다.

위세를 위한 전쟁과 영예의 논리는 도대체 전사를 어떠한 최종적 단계의 용맹성으로까지 이끌어 갈 수 있을까? 도대체 어떤 범접할 수 없는 업적이 최고의 영예를 가져다줄까? 그것은 적진을 단신으로 공격하는 전사 개인의 성취, 절대적인 불평등성에 의해 특징지어지는 도전 속에서 모든 동료들의 힘을 합친 것과 맞먹는 개인적 성취, 적들 전체에 대한 자신의 우위를 확인하는 개인적 성취이다. 혼자서 모든 자에게 대항한다는 것. 이것이 바로 무훈을 위한 과열 경쟁의 최정점이다. 여기서는 숙련된 전사의 지식도 빛을 발하지 못하고, 어떤 노회한 감각도 별 도움이 안 된다. 전사가 그러한 성취를 위해 첫발을 내딛자마자 그에게 도움을 줄 수 있는 유일한 것은 그러한 대결 속에서 그의 고독한 현존이 초래하는 숨 막히는 놀라움뿐이다.

예컨대 샹플랭은 이로쿼이족을 공격하기 위해 홀로 출정하는 알곤킨 전사를 말리려고 하다가 다음과 같은 얘기를 듣는다.

> "그가 적들을 죽이지 못하고 복수를 하지 못한다면, 그것은 그에게 살아남는 것이 불가능했기 때문일 뿐이다. 그의 심장은 그에게 말한다. 가능한 한 급히 서둘러 떠나라고. 그는 이 일을 하는 것에 대해 충분히 숙고했다."(165쪽)

이로쿼이족의 경우에도 같은 일들이 행해진다. 휴런족과 함께 거주했던 예수회 선교사들은 다음과 같이 그 놀라움을 기록한다.

"심지어 가끔씩 어떤 적은 대단한 용기를 지니고서 완전히 벌거벗은 채 한 손에 도끼만을 들고 홀로 밤중에 촌락의 집들로 쳐들어온다. 그리고 자고 있는 몇 사람을 죽인 후 도망치는데, 그를 추격하는 1~2백 명과 하루 또는 이틀 동안 온종일 대결해야 한다." (III, 1642년, 55쪽)

알다시피 제로니모는 아파치족을 부단히 전쟁 속으로 끌어들이려 했으나 실패하자 단지 두세 명의 다른 전사들을 동반하여 멕시코 촌락들을 공격한다. 수족의 "검은 도약(Elan Noir)"은, 그를 추억하는 매우 아름다운 책(참고 문헌을 볼 것)에서, 밤중에 홀로 수족의 말들을 훔치러 온 크로우족의 전사가 어떻게 죽임을 당했는지를 얘기한다. 또 "검은 도약"은 샤이엔족의 전사가 빗발치는 총탄을 뚫고 혼자 치렀던 미군 부대와의 그 유명한 전투에 대해서도 얘기한다. 그 전사는 그 전투에서 죽었다. 아마존의 야노마미족의 경우, 그 유명한 후지웨(Fuziwe, 참고 문헌을 볼 것)를 비롯한 많은 전사들이 적들과 홀로 치른 전투에서 죽었다. 아직도 출루피족은 널리 이름을 떨쳤던 한 명의 카노클레의 죽음을 기념한다. 영예의 정점에 이르러서 그는 선택의 여지가 없었다. 가장 뛰어난 군마(軍馬)에 올라타고서 그는 홀로 며칠을 달려 토바족의 영토로 쳐들어갔고, 적의 진지 중 하나를 공격하다가 죽었다. 출루피족의 기억 속에는 토바족의 유명한 전쟁 영웅이었던 칼라린(Kalali'in)의 형상이 생생하게 새겨져 있다. 그들이 나에게 이야기해 준 것에 따르면, 20세기 초에 그는 밤중에 잠들어 있는 출루피족의 진영에 홀로 침입하여, 매번 아무도 모르게 목 졸라 죽인 두 명의 머리 가죽을 벗겨 갔다고 한다. 몇몇 출루피 전사들이 그를 붙잡기로 결심하여 함정을 파놓았고, 끝내 그를 사로잡았다. 칼라린의 행위들은 증오와 함께 언급되지만, 그의 죽음은 경탄과 더불어 언급된다. 왜냐하면 그는 고문을 당하면서도 아무런 비명도 지르지 않고서 죽어 갔기 때문이다.

이러한 사례들을 더 이상 열거할 필요는 없다. 수많은 일화들이 담겨 있는 책들을 읽으면 되기 때문이다. 그 일화들은 하나같이 전쟁에서의 위험에 대한 경멸이 언제나 영예에의 욕망과 결합해 있음을 드러내 준다. 이러한 결합은 적에게 포로가 될 경우 **결코 탈출하려 하지 않는**, 유럽인들을 당혹케 하는, 전사들의 행동 방식을 한편으로 설명해 준다. 거의 대부분의 경우 전쟁 포로들의 운명은 이미 정해져 있다. 기껏해야 잔인한 고문들을 거쳐 살아남거나, 아니면 (대부분의 경우가 그러하듯이) 죽임을 당하는 것이다. 알곤킨족의 동맹자로서 1609년에 이로쿼이족에게 승리를 거둬 열두어 명의 포로를 잡았던 샹플랭의 얘기를 들어 보자.

> "우리 편은 불을 지폈고 불이 활활 타오르자 각자가 불씨를 집어 들고 그 불쌍한 포로를 불로 태워 고통을 주었다. 때로는 등에 물을 뿌려 포로를 쉬게 하였다가, 이윽고 손톱을 뽑고 손끝과 성기 끝에 불을 붙였다. 그 후 머리 윗부분의 가죽을 벗겨 뜨거운 물을 부었고, 손목 부근의 팔에 구멍을 낸 후 막대기로 힘줄을 끌어당겨 힘으로 뽑아냈다. 그리고 힘줄들을 가질 수 없자 토막 내 버렸다." (145쪽)

30년 후에도 어떤 변화가 없었다. 1642년에 예수회 선교사들이 다음과 같이 확인한 것처럼 말이다.

> "포로들 중 한 명은 끔찍한 고문에도 불구하고 어떠한 고통의 표시도 드러내지 않았다. 이로쿼이족은 그의 평정함에 화가 머리끝까지 치솟았다. 그러한 평정함은 나쁜 징조였는데, 그들의 분노를 경멸하는 전사들의 영혼은 그들에게 대가로 죽음을 가져다줄 수 있기 때문이다. 그들은 그의

평정함을 보고서 왜 비명을 지르지 않는지를 물었다. 그는 대답했다. '나는 너희들이 할 수 없는 것을 한다. 지금 내가 당하고 있는 것을 너희들이 당한다면 너희들은 나처럼 할 수 없을 것이다. 너희가 지금 내 몸에 갖다 대고 있는 쇠와 불은 너희로 하여금 크게 비명을 지르고 아이들처럼 울도록 할 것이다. 하지만 나는 미동도 하지 않는다.' 이 말을 듣고 화가 난 사람들은 이미 반쯤 구워진 그에게 달려들어 머리껍질을 벗기고 피가 철철 흐르는 머리에 불로 달구어진 붉은 모래를 뿌렸다. 그리고 그를 처형장 밑으로 끌어내려 집들 주위로 끌고 다녔다."(III, 1642년, 48쪽)

투피-과라니족이 살던 곳에서는 전쟁 포로가 정복자의 마을에서 수년 동안 안전하게 그리고 심지어 자유롭게 지낼 수 있었다. 하지만 그는 언젠가는 처형을 당하고 잡아먹힌다. 그는 이 사실을 잘 알고 있지만 도망치려 하지는 않는다. 게다가 어디로 도망칠 것인가? 자신들의 부족으로는 절대 도망칠 수 없다. 포로가 된 전사는 더 이상 부족에 속하지 않기 때문이다. 그는 공동체에서 **완전히 축출되었다**. 그의 공동체는 곧바로 복수를 하기 위해서, 단지 그의 죽음을 기다릴 뿐이다. 그의 부락 사람들이 그를 받아들이기를 거부하므로, 그는 도망칠 곳이 없다. 그는 포로이고, 그의 운명은 종결된 것이다. 캐나다의 인디언들에 대해 예수회 선교사들이 적고 있는 것처럼, 전쟁 포로의 도망은 "그들 사이에서는 결코 용서받을 수 없는 범죄이다"(III, 1644년, 42쪽).

따라서 전사와 죽음 사이에는 불가피한 친화성, 비극적인 인접성이 있다. 승리자는 또다시 전쟁터로 떠나 더 큰 무훈을 획득함으로써 영예를 보존해야 한다. 하지만 맞서야 하는 위험의 한계를 부단히 확장해 가면서 그는 언젠가는 위세를 향한 그러한 질주의 필연적 종말을 맞아야 한다. 적들과의 대결에서의 외로운 죽음이 그것이다. 패배하여 포로가 되면, 그는 이제 그의 부족 사람들 눈에는 사회적으로 존재하기를 멈춘 것이다. 모호한 노마드(nomade)인 그는 삶과 죽음 사이를 떠돈다. 심지어 그에게 죽음이 주어지지 않더라도 말이다(차코의 부족들의 경우, 포로를 처형하는 것은 매우 드문 일이다). 전사에게 다른 대안이란 없다. 그에게 열려 있는 유일한 길은 죽음을 향한 길이다. 그의 임무는 끝이 없는 것이다. 그의 임무가 끝이 없는 것이 아니라면, **전사는 결코 전사가 아니다**. 최고의 무훈을 실현하면서 그는 절대적 영예와 함께 죽음을 얻는다. 전사는 그 존재에 있어서 죽음을-향한-존재(être-pour-la-mort)인 것이다.

그래서 도브리츠호퍼가 다음과 같이 썼을 때 반은 맞고 반은 틀린 것이다.

> "아비폰족은 영예를 추구하지만 결코 죽음을 추구하진 않는다." (II, 360
> 쪽)

아비폰족이건 다른 부족이건 어쩌면 전사들은 죽음 그 자체를 추구하지는 않을 것이다. 하지만 죽음은 전사가 선택한 길목의 끝에서 필연적으로 도래한다. 전사들은 영예를 뒤쫓다가 죽음을 만난다. 따라서 전사들의 매우 높은 사망률은 결코 놀라운 것이 아니다. 과거의 연대기들은 가장 뛰어난 전사들, 즉 전쟁 지휘자들의 용모와 이름을 기록하고 있는데, 이들은 거의 모두가 늦건 빠르건 전쟁터에서 죽는다. 또 지적해야 할 사실은, 이처럼 죽음을 당하는 것은 특히 특정한 연령 계급에 속하는 자들이라는 것이다. "야만적" 기사(騎士)의 꽃이라 할 수 있는 이십대에서 사십대까지의 사람들이 죽는다는 것이다. 이러한 죽음을-향한-존재에게 있어서 과도한 집착은 어쩌면 영예를 위한 열정 밑에 보다 심층적인 또 다른 열정이 깔려 있음을 말해 주는 것일 수도 있다. 이 또 다른 열정은 바로 **죽음의 본능**이다. 죽음의 본능은 전사 집단을 관통할 뿐만 아니라 사회 전체를 전염시킨다. 여자들은 아이 낳기를 거부하면서 부족의 급속한 소멸을 초래하지 않는가? 더 이상 재생산되지 않기를 열망하는 사회가 집합적으로 갖는 죽음에의 의지….

끝으로 한 가지 사실이 해명된다. 나는 앞에서 차코의 부족들의 경우 남자들 가운데 일부만이 전사가 되기를 열망한다고, 적의 머리 가죽을 가져와 전사로 명명될 수 있기를 열망한다고 지적했다. 달리 말해 나머지 남자들은 전쟁에 참여하긴 하지만, 적을 죽이더라도 머리 가죽은 벗기지 않는다. 전사의 명칭을 원치 않기 때문이다. 그들은 결연히 영예를 포기한다. 우리가 여태까지 살펴본 것은 그러한 선택의 이유를 알려 준다. 하지만 인디언들이 스스로 설명하게 하자. 우리는 그들의 담화에서 사고와 행위의 절대적 자유와 더불어 정치적 분석의 차가운 명석함을 발견할 것이다. 이 사회의 남자들은 각자 자기가 원하는 것을 행하며, 그 이유를 완전히 알고 있다.

차코 지역에 거주할 때, 나는 출루피족의 나이 든 전쟁 경험자들과 여러 차례 대화를 나누었다. 그들 중 몇 명은 "제도적인" 전사들, 즉 카노클레였고, 그들이 죽였던 적들의 머리 가죽을 가지고 있었다. 다른 사람들은 전사가 아니었는데, 적의 머리 가죽을 결코 벗기지 않았기 때문이다. 과거 전쟁 경험자들의 집단에서 카노클레는 매우 드물었다. 그들의 동료들 대부분은 이미 오래 전에 전투에서 죽었기 때문이다. 전사 세계의 성격이 바로 그러한 것이다. 나에게 전사의 진실을 이야기해 준 것은 오히려 비(非)전사들이었다. 그들이 카노클레가 아니었던 것은 카노클레가 되기를 원치 않았기 때문이므로, 오히려 카노클레의 실상에 대해 잘 알았다. 왜 뛰어난 자질을 가졌던 용사들이 카노클레가 되는 것을 원하지 않았을까? 유명한 샤먼인 아클라마체(Aklamatsé)나 방대한 신화적 지식을 소유하고 있던 타누(Tanu'uh)도 카노클레가 되는 것을 원하지 않았던 경우이다. 둘 다 65살쯤 되었던 이들 — 특히 타누 — 은 볼리비아인들, 아르헨티나인들, 토바족에 대항하여 수많은 전투를 치렀지만 카노클레는 아니었다. 수많은 상처(백병전, 화살, 총알로 인한 상처들)로 뒤덮인 타누의 몸은 그가 죽을 고비를 수차례 넘겼음을 말해 준다. 타누는 거의 틀림없이 십여 명 또는 이십여 명의 적을 죽였다. 나는 물었다. "왜 카노클레가 되지 않았나요? 왜 적들의 머리 가죽을 벗기지 않았나요?" 그의 모호한 대답은 거의 코믹했다. "그건 너무 위험해. 나는 죽고 싶지 않았어." 거의 십여 번 죽을 고비를 넘겼던 자가 죽는 것이 무서워 전사가 되기를 거부했던 것이다.

그에게 그것은 자명한 것이었다. 즉 카노클레는 죽도록 되어 있는 것이다. 전사의 명칭과 결부되어 있는 영예를 요청한다는 것은 다소간의 기간을 두고서 대가를 치러야 했다. 죽음이 그것이다. 타누와 그의 친구들은 전사를 지배하는 운동의 논리를 다음과 같이 매우 잘 묘사해 주었다. 카노클레가 되기 위해서는 머리 가죽을 가져와야 한다. 하지만 일단 이 발걸음을 내딛으면, 그는 다시 전쟁에 나가 또 다른 머리 가죽들을 가져와야 했다. 그러지 않을 경우 사람들은 그를 무시하고 잊어버린다. 바로 그 때문에 카노클레는 일찍 죽는다.

사회와 전사들의 관계에 대해 이보다 더 명확히 분석할 순 없다. 부족은 자기 내부에 전사들의 자율적 집단이 형성되는 것을 용인한다. 부족은 관대하게 그들의 위세를 인정해 주면서 전사들의 역할을 지원한다. 이 위세 집단은 압력 집단이 되고, 더 나아가 권력 집단이 될 수 있는 위험을 가지고 있지 않을까? 하지만 전사는 충분한 시간을 갖지 못한다. 그가 전사이기를 포기하면서 체면을 잃는 것을 선택하지 않는 한에서, 그는 자신의 사명의 함정에 빠지고 영예에 대한 욕망의 포로가 되어 곧

장 죽음으로 향하게 된다. 사회와 전사 사이에는 교환이 행해진다. 무훈과 위세 사이의 교환이 그것이다. 하지만 이러한 관계에 있어서 주도권을 갖고 마지막 승리를 거두는 것은 사회이다. 왜냐하면 최종적인 교환은 영원한 영예와 죽음의 영원성 사이의 교환이기 때문이다. 전사는 사회에 의해 이미 죽도록 운명 지어진 것이다. "야만적" 전사에게 있어서 행복이란 결코 없고 오직 불행의 확실성만이 있다. 왜 그렇게 된 것일까? 왜냐하면 전사는 분화의 씨앗을 가져다주면서, 권력의 분리된 기관이 되면서, 사회에 불행을 가져올 수 있기 때문이다. 그래서 원시사회는 전사가 담지하고 있는 위험을 예방하기 위해 방어 메커니즘을 설치한다. 비분화된 사회적 몸체의 생명을 전사의 죽음과 교환하는 것이다. 여기서 부족적 법의 내용이 다음처럼 명확히 드러난다. 원시사회는 그 존재에 있어서 **전쟁을-위한-사회**이지만, 동시에, 동일한 이유에서, **전사에 대항하는 사회**이다.[9]

이제 결론을 짓기 위해 전사 사회의 특수한 경우를 떠나 원시사회의 일반적 상황으로 되돌아오자. 앞의 성찰들은 원시사회에서 남녀 관계 문제에 대한 몇 가지 대답의 요소들을 제공해 준다. 또는 달리 말해 그 문제가 어째서 잘못된 문제인지를 보여 준다. 마르크스의 사상과도, 원시사회의 현실과도 아무런 관련이 없는 빈약한 교리문답의 옹색한 제작자인 마르크스주의 인류학의 주창자들은 원시사회에서 계급투쟁을 찾아낼 수 없자 그것을 대신할 사회적 갈등으로 여성들이 패배자가 되는 성적 투쟁을 찾아낸다. 원시사회에서 여성들은 남성들에 의해 소외되고 착

---

9. 북아메리카의 몇몇 부족들(크로우, 히다차, 만단, 포니, 샤이엔, 수 등)에는 전사들의 특별한 클럽이 존재한다. 자살-전사들의 동업 조합으로서의 "미친개 협회(Crazy-Dog society)"는 전투에서 결코 물러서지 않는다(참고 문헌을 볼 것).

취되며 억압받는다는 것이다. 이처럼 경건한 신조에 야릇하게도 특정한 페미니스트 담화들이 상응한다. 그러한 페미니스트 담화의 지지자들은 원시사회가 성적 지배의 사회이고 남성 지배에 의해 여성이 희생당하는 사회이길 끈질기게 원한다. 즉 결코 평등한 사회일 수 없다는 것이다.

원시사회에서 남녀 사이의 현실적이고 상징적인 관계들, 의식적이고 무의식적인 관계들은 민족학자에게 완전히 열정적인 성찰의 장을 제시해 준다. 왜냐하면 공동체 내부의 사회생활은 기본적으로 남녀 관계 — 흥미 없는 자명성 — 에 기초한 것이 아니라, 그들의 문화가 성차를 신화와 특히 의례 속에서 파악하고 사고하는 양식에 기초하기 때문이다. 더 명확히 말한다면, 특정 측면들에서 종종 남성성, 게다가 남성다움에 대한 숭배에 의해 각인된 원시사회에서 남자는 그럼에도 여성에 대해 방어적 위치에 있다. 즉 신화, 의례, 일상생활이 충분히 입증해 주듯이 남자들은 여성들의 우월성을 인정하고 있는 것이다. 이러한 우월성의 성격을 규정하는 것, 스스로를 여성들로부터 보호하기 위해 남자들이 사용하는 수단들을 파악하는 것, 그러한 수단들의 유효성을 검토하는 것 등은 오랜 진지한 연구를 요청할 것이다.

여기서 나는 전쟁과 원시사회를 연결시켜 주는 구조적 관계가 어떻게, 적어도 부분적으로, 양성 사이의 관계를 규정하는지 지적하겠다. 원시사회는 그 존재에 있어서 전사적이다. 다시 말해 원시사회에서 모든 남자는 그 존재에 있어서 전사라는 것이다. 즉 역할들의 성적 분화는 전쟁 행위를 남성의 기능으로 한정한다. 따라서 남자는 언제든지 전쟁에 나갈 태세를 갖추어야 하며, 실제로 종종 전투를 치른다. 잘 알다시피, 일반적으로 원시 전쟁에서 사람이 죽거나 하는 일은 잘 일어나지 않는다. 물론 전사적 사회라는 매우 특별한 경우를 예외로 할 때 말이다. 그럼에도 전쟁의 가능성은 항상 존재하기 때문에 위험, 부상 또는 죽음의 가능성은 남성의 운명 속에 이미 기입되어 있다. 따라서 원시사회의 남자에게는 기본적으로 그 조건이 각인되어 있다. 즉 그는 다소간 강도의 차이에도 불구하고 죽음을-향한-존재이다. 물론 전투에서 매우 적은 수의 사람만이 죽음을 당하겠지만, 죽음은 전투가 시작되기 이전부터 모든 사람에게 동일하게 위협적인 것이다. 따라서 전쟁을 매개로 해서 **남성성과 죽음** 사이에는 밀접한 관계, 본질적 인접성이 존재한다.

그렇다면 여자들은 어떠할까? 단지 다음과 같은 관념들을 환기하도록 하자. 여자는 남자들 사이에서 교환되고 순환되는 매우 귀중한 "재화"라는 간명하면서도 널리 받아들여진 관념과 또한 단순한 논리에 의해 도출되는, 여자는 전사의 휴식이라는 관념이 그것이다. 게다가 이 후자의 관념은 교환재 또는 소비재로서의 여성이라는 전자의 관념과 부합한다. 우리는 나중에 여성들에 대한 이러한 구조주의적 담화가 갖는 효과들과 허점들을 토론할 시간을 가질 것이다.

그 존재 자체를 온전히 규정하는 여성들의 본질적 속성은 공동체의 생물학적 재생산 그리고 또 사회적 재생산을 보장하는 것이다. 즉 여성들은 아이를 낳는다. 소비되는 사물의 양식으로 존재하거나 착취되는 예속민의 양식으로 존재하긴커녕, 여성들은 사회가 자멸하기로 작정하지 않는 한 절대적으로 필요한 아이들을 생산하는 자이다. 부족의 직접적 앞날이자 먼 미래로서의 아이들 말이다. 이는 물론 자명한 사실이지만, 그럼에도 이를 강조할 필요가 있다. 우리가 차코 지역의 사례에서 보았듯이, 아이 갖기를 **거부**하면서 부족의 사멸을 **결정**한 여성들은 이를 더 잘 알고 있었을 것이다. 여성성이란 바로 모성이다. 모성은 생물학적 기능이기도 하지만, 아이의 생산에 대한 사회학적 지배권인 것이다. 아이를 낳느냐 아니냐 하는 것은 전적으로 여성의 손에 달려 있다.

달리 말해 여기에서 드러나는 것은 **생명과 여성성** 사이의 직접적 인접성이다. 여성은 그 존재에 있어서 생명을-위한-존재이다. 그리하여 원시 사회에서 남녀 간의 차이가 드러난다. 즉 전사로서의 남자는 죽음을-향한-존재이고, 어머니로서의 여자는 생명을-향한-존재이다. 남녀 관계를 결정하는 것은 사회학적이고 생물학적인 삶과 죽음에 대한 남녀 각각의 관계이다. 부족의 집합적 무의식(문화) 속에서 남성 무의식은 성적 차이를 남성에 대한 여성의 뒤집힐 수 없는 우월성으로 파악하고 인정한다. 죽음의 노예인 남자들은 생명의 지배자인 여성들을 부러워하고 두려워한다. 이것이 바로 몇몇 신화들과 의례들을 진지하게 분석할 때 드러나는 원초적이고도 가장 중요한 진실이다. 신화는 현실적 질서를 전도시켜서, 사회의 운명이 남성에 의해 지배되는 것으로 사고하려 한다. 남성들이 자신들의 승리를 무대에 올리는 의례는 사회의 운명이 여성의 것이라는 너무 자명한 사실을 외면하고 상쇄하려 한다. 여성과 대면한 남성의 허약함, 고독, 열등의식일까? 이것은 세계 도처에서 신화들이 인정하고 있는 것이다. 신화들은 바로 성(性, sex)이 없는 세계, 여성들이 없는 세계로서의 잃어버린 황금시대, 되찾아야 할 파라다이스를 꿈꾼다.

부록
전사의 신화적 표상

나는 앞선 텍스트에서 전쟁과 전사를 현실과 정치로 간주했지만, 표상으로 간주하진 않았다. 하지만 야만인들에게서 전쟁과 전사에 대한 표상이 부재하는 것은 결코 아니다. 그 표상은 기본적으로 신화에서 표현된다. 여기에 내가 1966년에 수집한 출루피족 신화에서 두 가지를 발췌해 제시한다. 첫 번째 것은 전쟁의 기원에 대한 것이고, 두 번째 것은 전사에 대한 일정한 표상을 발전시킨다. 이들은 모두 미발표된 것이다.

1. 전쟁의 기원

예전에 출루피족과 토바족은 하나의 부족이었다. 하지만 젊은이들은 서로 간의 평등을 원치 않았고, 언제나 다른 자보다 뛰어나길 원했다. 두 젊은이 사이의 적대가 발생하면서 모든 것이 시작된다. 그들은 같이 살았고, 같이 물고기를 잡아먹었고, 같이 수확을 했다. 어느 날 그들은 필코마요강으로 놀러가 수영을 하고 또 격투기를 하며 즐겼다.[10] 그중 한 사람이 다른 한 명을 약간 세게 쳤다. 그러자 맞은 자는 화를 내며 대응을 하여, 상대의 머리를 나뭇조각으로 쳐 이마에 상처를 냈다. 이마에 상처가 난 젊은이는 똑같은 일을 상대에게 했다. 그때는 출루피족과 토바족이 하나의 부족을 이루고 있을 때였다. 그들은 같은 언어를 말했고 서로 간에 차이가 거의 없었다.

두 젊은이의 형제들과 동료들은 그들 주위로 몰려들었고, 각자는 그들의 아버지를 찾으러 갔다. 토바인들은 상대가 먼저 시작했다고 했다. 사실은 그 반대인데도 말이다. 그 전에는 인디언들 사이에 의견의 불일치가 전혀 없었다. 그 당시 마타코(Mataco)족이 출루피인들의 유일한 적이

---

10. 격투기는 출루피족이 좋아하는 스포츠이다. 이는 힘보다는 민첩성을 요하는 것으로 상대방을 땅에 집어던지면 이기는 것이다.

었고, 토바인의 유일한 적은 "앵무새 인간"인 초로티(Choroti)족이었다.[11]

그 사건이 있은 이후 사람들은 잘 익은 꿀을 먹고 술을 마시는 축제를 열었다. 축제 도중 토바인의 아버지가 일어나서 외쳤다. "지금 나는 상처 입은 내 아들을 생각한다."[12] 그리고 그는 아들과 싸웠던 젊은이의 부모들과 친구들을 가리켰다. 이때 한 출루피 전사가 일어나, 서서 딸랑이를 흔들며 노래하고 있던 몇몇 토바인들을 활로 쏘아 상처를 입게 했다. 취해 있던 모든 남자들 사이에 싸움이 벌어졌다. 이 모든 것은 두 젊은이 때문이었다. 싸움은 여자들에게까지 퍼졌고, 여자들은 남편들 곁에서 싸움을 했다. 싸움은 매우 치열했고, 서로는 결코 물러나려 하지 않았다. 하지만 그들은 싸움을 멈추고 협상을 했고, 다음 날 다시 만나 싸우기로 했다.

다음 날 새벽 모든 준비가 되었다. 기사(騎士)들은 서로를 도발했다. "카라과타(caraguata)"라는 짧은 섬유 치마만을 입은 그들은 굴곡 없이 뾰쪽한 화살과 할로 무장했고, 매우 수가 많았다. 출루피족이 싸움에서 우세를 점했다. 많은 사람들이 죽었는데, 출루피족은 화살을 잘 피했기 때문에 더 적은 수가 죽었다. 토바족은 그들의 가족과 아이들과 갓 태어난 아기들을 버리고 도망쳤다. 출루피 여인들은 그 아이들에게 젖을 주었는데, 그 아이들의 어머니들 중 많은 수가 전투 중에 죽었기 때문이다. 포로들 중에는 여자들도 있었다. 남자들은 하루 종일 죽은 토바 전사들의 머리 가죽을 벗겼다.

이 사건은 밤이 생긴 직후에 벌어졌다. 항상 낮만 있던 시절에는 출루

---

11. 마타코족은 필코마요강 상류의 오른쪽 연안에 자리 잡고 있고, 초로티족은 그 왼쪽 연안에 자리 잡고 있다. 그들은 출루피족과 같은 어족(語族)을 이룬다.
12. 사실상 음주 대회는 종종 싸움의 계기를 제공한다. 취한 사람들은 종종 몇 개월 동안 되새기던 감정을 폭발시킨다. 바로 이 때문에 축제가 벌어지면 여자들은 무기를 남자들로부터 멀리 떨어트려 놓는다.

피족과 토바족이 같이 살았다.[13]

이 신화는 몇 가지 지적을 필요로 한다. 이 신화는 전쟁의 기원과 사회의 탄생을 동시에 사고한다. 사실상 전쟁 이전에는 우주적이고 인간적인 사물의 질서가 아직 확립되어 있지 않았다. 그때는 낮과 밤의 교체가 없이 영원한 낮이 존재했던 인간 이전의 시기였다. 차이들의 다양성과 부족들의 복수성으로서 사회질서는 아직 생겨나지 않았다. 출루피와 토바는 서로 차이 나지 않았다. 달리 말해 "야만적" 사고는 그 신화적 표현을 통해 사회의 탄생과 전쟁의 탄생을 결합해서 사고하고, 전쟁을 사회와 실체를 같이하는 것으로 여긴다. 전쟁은 원시사회의 질서에 속하는 것이다. 여기서 토착적 담화는 인류학적 성찰을 추인해 준다.

우리가 다른 한편으로 확인하는 것은, 신화가 전쟁 발생의 책임을 젊은 이들에게 돌리고 있다는 것이다. 젊은이들은 평등을 좋아하지 않고 서로 간의 위계를 원한다. 그들은 영예를 원하기 때문에 폭력적이고 힘을 사용하며 위세에의 열정에 빠져든다. 신화는 여기서 명확하게 얘기한다. 젊은이들은 전사가 되도록 만들어졌고, 전쟁은 젊은이들을 위해 존재한다고. 전쟁 행위와 연령 계급 사이의 친화성을 이보다 더 잘 지적할 수는 없다.

2. 눈먼 전사들

어느 날 많은 카노클레들이 출정하였다. 며칠을 걸은 뒤 그들은 잠을 자기 위해 멈췄다. 우두머리가 말했다. "나의 아들들이여, 오늘밤은 여기

---

13. 토바족과 출루피족 사이의 이 전투는 1945년과 1950년 사이에 멈췄다.

서 자고 내일 다시 길을 나서자."

밤중에 부오트-부오트(Vuot-vuot)[14]라는 새가 노래하기 시작했다. 모든 전사들은 웃음을 터뜨렸는데, 그 새가 노래를 매우 못했기 때문이다. 그 새는 사람들이 놀리자 화가 났다. 새가 다시 노래를 부르자 사람들은 다시 웃었다. "이 작자는 진짜 노래를 못 부르는군." 그들 중 한 사람만이 다른 사람들보다 적게 웃었다. 다음 날 그들이 일어나자 모두 장님이 되어 있었다. 새가 복수를 한 것이다. 그들은 고함을 질렀다. 난 아무것도 안 보여! 나도 그래! 나도 마찬가지야! 남들보다 적게 웃었던 자는 희미하게 보였다. 그래서 말했다. "나는 완전히 장님이 되지는 않았어. 내가 뭔가를 볼 수 있는 유일한 사람이야." "그렇다면 자네가 우리를 안내해야겠군." 그래서 그는 인도자가 되었다.

그들은 모두 손을 잡고 매우 긴 줄을 이뤄 길을 갔다. 한 나무 앞에 이르렀을 때 희미하게 보이는 자가 꿀벌떼를 불렀다. "어디 있니, 꿀벌들아?" 가까이 있던 꿀벌이 대답했다.

— 나는 여기 있어! 하지만 꿀이 거의 없어. 겨우 내 아이들을 먹일 정도야.

— 그렇다면 할 수 없지. 더 멀리 가 봐야겠군.

다른 사람들도 모두 말을 했다. "맞아, 맞아. 더 멀리 가 보자. 더 멀리 가 보자."

그들은 계속 걸어 또 다른 곳에 이르렀다. 여기서 인도자는 다시 꿀벌을 불렀다.

— 꿀벌아, 어디 있니?

---

14. 어떤 새인지 알 수 없다. 뒤에 나오는 포-포(Foh-Foh, 과라니어로는 카부레이)는 글라우시디움, 브라질리아눔(glaucidium, brasilianum)이고, 이우누타(Iunutah, 스페인어 방언으로는 추냐)는 카리아나 크리스타타(Cariana cristata)이다.

— 여기 있지. 나는 꿀이 많아.

— 그렇다면 너의 꿀을 먹어도 되겠군.

모두들 소릴 질렀다. "그래, 그래. 여기 꿀을 먹자. 먹자."

희미하게 보이는 자는 나무 속의 벌통 구멍을 크게 해서 꿀을 끄집어
냈다. 모두들 꿀을 잔뜩 먹었지만, 아직 엄청난 양의 꿀이 남았다. 그들
은 서로 몸을 비비기 시작했고, 서로를 떼밀었고, 서로 주먹을 날렸다.

— 너는 왜 나에게 꿀을 묻히는 거야?

— 그럼 너는?

그들은 싸움을 계속했다. 희미하게 보이는 자가 그들에게 서로 싸우지
말고 계속 먹자고 충고했다. 아직 꿀이 많이 남았지만, 사람들은 목이 매
우 말랐다. 그래서 그들은 물을 찾기 시작했다.

인도자가 석호(潟湖, lagune)를 불렀다.

— 석호야, 어디에 있니?

— 나는 여기 있어. 하지만 물이 거의 없어. 뱀장어도 마찬가지야.

— 그렇다면 더 멀리 가야겠군.

장님들이 같이 말했다. "맞아, 맞아. 더 멀리 가자." 그들은 다시 걷기
시작했고, 이윽고 안내자가 다시 석호를 불렀다.

— 석호야, 어디 있니?

매우 큰 석호가 대답했다.

— 여기 있어. 나는 물이 무척 많아. 뱀장어도.

— 그렇다면 너의 물을 마셔야겠구나.

다른 자들이 외쳤다. "그래, 그래, 그거야, 물을 마시자." 그들은 물속
으로 들어가 갈증을 풀었다.

이제 그들은 뱀장어를 손으로 잡기 시작했다. 그들은 가방을 못가에
두었다. 뱀장어 한 마리를 잡으면 가방에게 열라고 명령했다. 가방이 입

을 열면 그 속에 뱀장어를 던졌다. 가방이 다 찬 다음에는 다시 가방더러 속을 비우라고 명령했다. 가방이 속을 비우면 다시 가방을 채웠다. 가방을 그처럼 두 차례 비운 다음에 그들은 거기서 물을 끄집어내고, 희미하게 보이는 자가 큰 불을 붙여서 뱀장어를 굽기 시작했다. 그러는 사이 포-포(Foh-foh) 새가 날아왔다. 포-포는 장님들이 뱀장어를 먹는 것을 재미있게 바라본 뒤, 내려와서 뱀장어 하나를 잡아 사람들 위에서 마구 흔들었다. 사람들은 뜨거운 기름방울들에 데었다. 그들은 서로 화를 냈다.

— 너 왜 나를 기름에 데게 하는 거지?

— 네가 그런 것 아냐?

그들은 서로 밀치고 싸우기 시작했다. 포-포는 높이 날아 자기의 나무로 돌아왔다. 포-포는 웃음이 나오려 했지만 참았다. 그가 그랬다는 것을 사람들이 알지 못하도록 말이다.

포-포는 날아가다 이우누타(Iunutah) 새를 만났고 그 모든 것을 이야기해 주었다.

— 저기 사람들이 있어. 내가 그들을 뜨거운 기름에 데게 했지. 그들은 서로 싸우기 시작했어. 정말 우스웠지. 나는 너무너무 웃고 싶었지만 참았어.

— 그럼 나도 구경을 가야지.

— 안 돼, 안 돼, 가지 마라. 웃으면 안 되기 때문이야. 너는 아무것이나 보고 웃잖아.

하지만 이우누타는 고집을 부렸다.

— 아냐, 아냐. 나는 가고 싶어. 만약 웃음이 나오면 곧장 그 자리를 떠나서 멀리서만 웃을게.

결국 포-포는 받아들였고, 이우누타를 전사들이 있는 곳으로 데려갔다. 거기서 포-포는 다시 똑같은 일을 벌여 사람들을 기름불에 데게 했고, 사람들은 다시 싸우기 시작했다. 이우누타는 웃음을 참을 수 없었고, 그래서 안심하고 웃기 위해 멀리 날아갔다. 하지만 장님들은 누군가가 웃고 있다는 것을 알아차렸다. 그들은 물었다. "어디서 이 웃음소리가 나는 거지?" 그들 중 하나가 자기 "이토이차"[15]를 집어 들고 웃음소리가 들려온 쪽을 향해 던졌다. 이우누타가 있던 들판의 풀에 불이 붙었다. 이우누타는 구멍 속에 숨었는데, 다리를 밖에 내놓았고, 그래서 다리가 불탔다.

　그때부터 이우누타의 다리는 빨갛게 되었다.

　이 신화에 대한 고전적 분석은 다음과 같이 결론을 내릴 것이다. 이 신화는 특정 새의 물리적 특성의 기원에 대한 것이라고. 그러나 내가 보기에 핵심적인 것은 그것이 아니다. 이 신화의 가치는 특히 그 유머러스한 면에, 그 명백한 조롱의 의도에 있다. 이 신화는 누구를 조롱하는 것일까? 그것은 물론 신생아보다 더 허약하고 헐벗은, 기괴한 불구의 전사들이다. 물론 그것은 부족에 의해 존중받고 강력하고 무모하며 자신에 찬 실제의 전사와는 반대되는 형상이다. 즉 신화는 현실을 뒤집는다는 것이다. 토착적 사고는 그 누구도 감히 행할 수 없는 것을 신화적으로 표현한다. 즉 전사를 조롱하고 우스꽝스럽게 만드는 것이 그것이다. 이 조롱적 신화의 유머는 한 전사적 사회가 자신의 전사들에 대해 지니는 거리감을 표현한다. 그러한 거리를 메우는 것은 바로 웃음이다. 이 웃음은 신화 속에서 전사들의 불행에 해당하는 것이다. 하지만 현실에서 사회는 전사에 대해 웃지 않는다(현실에서 사회는 전사를 죽게 한다). 사회는 단지 신화 속에서만 웃는다. 만약 현실에서 웃는다면 무슨 복수를 당할지 알 수 없는 것이다.

---

15. 불을 붙이는 기구.

신화의 또 다른 측면은 불평등에 대항하는 은밀한 경계 조처라는 것이다. 실제로 신화는 장님들의 왕국에서는 애꾸눈이 왕이라고 말하고 있지 않은가? 그리하여 신화의 도덕은 다음과 같이 말한다. 좋은 사회는 평등과 비분화 아래에서만 가능하다고. 눈을 크게 떠야 한다. 이것은 정치적 도덕이다. 신화에 대한 고전적 또는 구조주의적 분석은 "야만인들"의 사고의 정치적 차원을 은폐한다. 신화들은 물론 레비스트로스가 적고 있듯이 서로들 사이에서 사고한다. 하지만 신화들은 우선 사회에 대해 사고한다. 신화들은 자기 자신에 대한 원시사회의 담화이다.[16]

참고 문헌

1. 북아메리카

Champlain (S), *Les voyages de Samuel Champlain*⋯, Paris, PUF, 1951.
Elan Noir, *Mémoires d'un Sioux*, Paris, Stock, 1977.
Géronimo, *Mémoire de Géronimo*, Paris, Maspero, 1972.
Grinnell (G. B.), *The Cheyenne Indians*, University of Nebraska Press, 1972.
Lowie (R. H.), *The Crow Indians*, New York, Holt, Rinehart & Winston, 1966.
Relations des jésuites, Montréal, Editions du Jour, 1972(Ⅲ권, 1642-1646; Ⅳ권, 1647-1655)

---

16. 이 논문과 앞의 논문(*Libre*, 77-1)은 미완성으로 남은 보다 더 발전된 연구로 이어져야 하는 것이었다. 피에르 클라스트르는 그가 탐구하려 한 영역에 대해 매우 간략한 표시들을 해 놓았다. 다음의 것들은 그의 책의 또 다른 주된 연구 대상들이 되었으리라고 보이는 것들이다: 전쟁 지휘자들의 권력의 성격; 정치 구조의 변화를 촉발시킬 수 있는 단초로서의 원시사회의 정복 전쟁(투피족의 사례); 전쟁에 있어서 여성의 역할; "국가적" 전쟁(잉카족). [*Libre* 편집자의 노트]

2. 남아메리카

Biocca (E.), *Yanoama*, Paris, Plon, 1968(불어 번역판).

Dobrizhoffer (M.), *Historia de los Abipones*, Facultad de Humanidades, Universidad Nacional del Nordeste(아르헨티나), 1967-1970. 총3권(라틴어 원문의 스페인어 번역본)

Lozano (P.), *Descripcion corografica del Gran Chaco Gualamba*, Tucumán(아르헨티나), 1941.

Paucke (F.), *Hacia allá y para acá(una estada entre los Indios Mocobies), 1749-1767*, Tucumán-Buenos Aires, 1942-1944, 총4권(스페인어 번역본)

Sanchez Labrador (J.), *El Paraguay Catolico*, Buenos Aires, 1910, 총2권.

옮긴이 후기

　이 책은 클라스트르가 죽은 후 그의 연구 논문들, 민족지적(民族誌的) 에세이들, 서평들 12편을 모아 1980년에 출간된 것이다.

　여러 글들을 모아놓은 것인 만큼 독자들은 반드시 순서에 따라 이 책을 읽을 필요는 없겠다. 그럼에도 이 책을 순서대로 읽는다면, 앞부분에 실린 민족지적 에세이들을 통해 원시사회의 생동하는 현실을 생생하게 피부로 접한 뒤, 그러한 생생한 감각을 유지하면서, 뒷부분에 수록된 심층적이면서도 몹시 흥미로운 연구 논문들의 핵심 속으로 보다 손쉽게 파고들 수 있을 것이다. 이 연구 논문들은 1976년에 나온 그의 또 다른 논문집 『국가에 대항하는 사회』에서 충분하게 다루지 못한 내용들을 보다 세밀하게 다루고 있는 것들이다. 하지만 이 연구 논문들의 내용을 보다 실감 있게 이해하기 위해서는 앞부분의 민족지적 에세이들을 함께 읽는 것이 좋다. 어쨌거나 클라스트르의 고유한 관점은 이 책 전체를 관통하면서, 일견 잡다해 보이는 이 책에 아름답고 건실한 통일성을 부여한다.

　이 책은 지배와 권력 문제의 탐구에 핵심적으로 중요한 사실들을 풍부하게 담고 있다. 지배와 권력의 문제를 연구하려는 자들은 그 누구도 이 책을 그냥 지나칠 수 없다. 게다가 클라스트르는 지배와 권력의 사실들을 깊이 있는 인간학적 이해로부터 조명해 준다. 즉 이 책에서 지배와 권력은 단순한 정치의 문제가 아니라 인간학적 문제로 새롭게 등장한다. 그런 만큼 이 책은 지극히 논쟁적이기도 하다. 이 책이 건드리고 있는 논쟁점들 몇 가지를 간략히 소개하도록 하자.

우선 제7장에서 클라스트르는 라 보에시를 좇아, 강제나 공포 때문이 아닌 **자발적 복종**, 즉 예속에의 **사랑**이 존재한다고 주장한다. 하지만 클라스트르는 이러한 주장을 치밀한 논증 없이 단지 선언적으로 제시한다. 과연 자발적 복종이 존재할 수 있을까? 헤겔이나 사르트르는 단호하게 없다! 라고 대답할 것이다. 나도 헤겔 및 사르트르와 철저하게 같은 입장이다. 어쨌거나 이 문제는 가벼운 선언의 대상이 아니라 보다 정밀하게 해명되어야 할 문제이다.

제8장에서 클라스트르는 멜라네시아의 **빅맨**과 왕 사이의 연속성을 부정한다. 빅맨은 단지 위세를 가질 뿐이며 왕은 권력을 갖기 때문이다. 하지만 빅맨에게서 정치권력의 단초를 찾는 것조차 부정하는 것은 오류가 아닐까? 왜냐하면 비록 현실적으로 실현되지는 못할지라도 빅맨에게서 이미 권력에의 욕망이 발견되기 때문이다. 즉 위세와 권력의 차이라는 점에서 빅맨과 왕 사이에는 구조적 단절이 존재하지만, 모두가 권력에의 욕망에 의해 지배받고 있다는 점에서는 빅맨과 왕 사이에 구조적 연속성이 있다. 권력에의 욕망이 실현 계기를 찾을 때 빅맨은 권력자로 이행할 수 있다는 것이다.

제10장에서 클라스트르는 마르크스주의 인류학을 "근본적으로 무가치한 것"으로 규정한다. 현실로부터 이론을 발전시키는 것이 아니라 외부에서 발전된 이론을 현실을 왜곡하면서 적용하기 때문이다. 클라스트르는 마르크스주의 인류학자들이 "남들을 사이비 마르크스주의적 사기꾼으로 취급하느라 시간을 다 보낸다"라고 지적하는데, 이는 진리보다는 권력에 탐닉하는 마르크스주의자들 사이의 권력 정치의 양상을 있는 그대로 지적한 것이다. 나는 마

르크스의 생산양식 이론을 전적으로 지지하면서도, 마르크스주의 인류학에 대한 클라스트르의 비판에 완전히 동의할 수밖에 없다.

제11장에서 클라스트르는 교환을 **평화적으로 해결된 전쟁**으로, 전쟁을 **불행한 교환의 귀결**로 간주하는 레비스트로스의 입장을 비판한다. 하지만 그의 비판이 성립되기 위해선 보다 정합적인 논증이 필요하리라 보인다. 특히 클라스트르는 여자 교환을 정치적 동맹의 수단으로 보는데, 이는 결코 동의할 수 없는 주장이다.

제12장에서는 명예와 권력을 추구하는 인간 존재의 본질이 매우 명쾌하게 해부되어 있다. 하지만 너무도 흥미로운 **전사적** 사회들의 사례는 어디까지나 특수적인 것임을 잊어서는 안 된다. 제12장의 논의들을 보다 일반적 맥락에 위치시키기 위해서는 제1장 및 제2장과 더불어 읽는 것이 필요하다.

다른 한편, 제12장의 마지막 부분에서 클라스트르는 원시사회에서 남성 지배의 존재를 부인한다. 그는 이를 논증하기 위한 다음의 연구를 기약하고 있지만, 계획을 실현할 수 있는 시간을 갖지 못했다. 그렇지만 이 책에 이미 씌어져 있는 것만으로도 그의 주장은 별로 설득력이 있어 보이지 않는다.

1, 2, 3, 5장은 변지현이 옮겼고, 나머지 장들은 이종영이 옮겼다. 용어 통일과 전체 교열은 이종영이 맡았다.

이제 막 첫 발걸음을 내딛은 울력 출판사가 좋은 책들만을 내놓는 훌륭한 출판사로 성장하길 기원한다. 울력의 강동호 사장님께 우정의 인사를 전한다.

2002년 7월 21일
명일동에서
이종영